破解新兴技术创新动力之谜

——资源与网络融合视角的实证研究

项丽瑶　俞荣建　著

浙江工商大学出版社
ZHEJIANG GONGSHANG UNIVERSITY PRESS
·杭州·

图书在版编目(CIP)数据

破解新兴技术创新动力之谜：资源与网络融合视角
的实证研究 / 项丽瑶,俞荣建著. — 杭州：浙江工商
大学出版社,2020.5(2021.2 重印)

ISBN 978-7-5178-3840-1

Ⅰ. ①破… Ⅱ. ①项… ②俞… Ⅲ. ①上市公司—高
技术发展—研究—中国②上市公司—高技术发展—研究—
美国 Ⅳ. ①F279.246②F279.712.46

中国版本图书馆 CIP 数据核字(2020)第 078028 号

破解新兴技术创新动力之谜——资源与网络融合视角的实证研究

POJIE XINXING JISHU CHUANGXIN DONGLI ZHI MI——ZIYUAN YU WANGLUO RONGHE SHIJIAO DE SHIZHENG YANJIU

项丽瑶　俞荣建　著

责任编辑	范玉芳　谭娟娟
封面设计	林朦朦
责任印制	包建辉
出版发行	浙江工商大学出版社
	(杭州市教工路 198 号　邮政编码 310012)
	(E—mail:zjgsupress@163.com)
	(网址:http://www.zjgsupress.com)
	电话:0571-88904980,88831806(传真)
排　版	杭州朝曦图文设计有限公司
印　刷	广东虎彩云印刷有限公司绍兴分公司
开　本	710mm×1000mm　1/16
印　张	16
字　数	250 千
版印次	2020 年 5 月第 1 版　2021 年 2 月第 2 次印刷
书　号	ISBN 978-7-5178-3840-1
定　价	49.80 元

本著作是以下项目资助成果：

● 浙江省哲学社会科学规划重点项目"基于多层次组织内生动力模型的战略性新兴技术突破机理研究：中美生物制药企业实证"（16NDJC029Z）

● 国家自然科学基金面上项目（批准号 71973129）

前　言

　　新兴技术创新是对中国产业结构转型升级、实施创新驱动发展战略具有重大前瞻意义与现实紧迫性的崭新命题,蕴含着本土企业"弯道超车"的战略机遇与发挥后发优势的巨大空间。针对新兴技术创新远景混沌、过程跳跃与资源离散等鲜明的生态特征,新兴技术创新来自组织内部的生态动力枢纽仍未能充分揭示。资源基础与网络嵌入两个基本视角的创新研究存在诸多范式局限:资源基础视角创新观忽视资源多样性问题;网络嵌入视角创新观将创新网络视作单模网络,存在明显缺陷;资源基础与网络嵌入视角相互割裂,难以揭示新兴技术创新组织内生态动力的理论内核。

　　本书拓展并融合了资源基础与网络嵌入两种创新观,借鉴新兴技术突破性创新的最新理论成果,从知识/研究者双重资源多样性与知识网络/合作网络双模网络结构的整合视角,聚焦于新兴技术创新的组织内生态动力枢纽,构建新兴技术创新机理的理论框架。①组织拥有的双重创新资源(知识多样性与研究者多样性)、组织内部的双模创新网络结构(知识网络结构与合作网络结构),构成新兴技术创新的生态资源基础。基于此,构建"独立效应模型",揭示新兴技术创新组织内生态动力源泉。②新兴技术创新的四个生态动力维度结构之间存在多个交互效应,形成两大生态动力机制:知识多样性与知识网络结构交互,形成知识动力机制;研究者多样性与合作网络结构交互,形成团队动力机制。基于此,构建"交互效应模型",揭示新兴技术创新组织内生态动力机制。③更进一步,团队动力机制与知识动力机制之间存在驱动与交互的关系。团队动力一方面对新兴技术创新具有直接作用,另一方面通过驱动知识动力机制对新兴技术创新具有间接作用。同时,研究者多样性与知识多样性在新兴技术创新中具有交互作用。基于此,整合团队动力机制与知识动力机制,构建"整合效应模型",揭示新兴技术创新组织内生态动力系统。寻求新兴技术创新,正是知识多样性、研究者多样性、知识网络结构与合作网络结构所构成的"独立效应—交互效应—整合效应"等三个层次组织内生态动力枢纽的系统建构过程:有效管理双重创新资源的多样性,协同组织双模创新网络的结构,系统整合创新资源与创新网络,在多层次动态均衡中蓄积新兴技术创新的强劲动力。研究基于核心理论框架与相关模型,提出一系列新兴技术创新组织内生态动力机理的研究假设。

研究主题是从组织内部创新生态系统的视角来揭示新兴技术创新的内生动力。采用中美 7 个新兴技术创新领域,选择中美两国 251 家上市公司作为样本,运用多种实证研究方法进行研究:①对中美两国新兴技术创新及其组织内生态动力基础进行定量比较研究。研究结果表明:中美企业样本新兴技术创新绩效差异显著(包括数量和质量两个方面);美国企业样本知识多样性更加丰富,而研究者多样性中美企业样本则水平相当;知识网络结构洞和知识网络中心势方面,中美企业样本基本相当;合作网络结构洞和合作网络中心势方面,美国企业样本都显著高于中国企业样本。②运用负二项回归等方法检验独立效应模型,揭示了新兴技术创新组织内生态动力源泉。模型检验结果表明:知识多样性与新兴技术创新数量和总体绩效呈倒 U 形关系,而与新兴技术创新质量关系不明;研究者多样性与新兴技术创新数量、质量以及总体绩效都呈倒 U 形关系;知识网络结构洞与新兴技术创新数量、质量以及总体绩效都负相关,而知识网络中心势则与新兴技术创新数量、质量以及总体绩效都正相关;合作网络结构洞与新兴技术创新数量负相关,但是与新兴技术创新质量和总体绩效的关系都不明确;合作网络中心势与新兴技术创新数量正相关,与新兴技术创新质量正相关,而与新兴技术创新总体绩效呈倒 U 形关系。③运用多元回归方法检验交互效应模型,揭示了新兴技术创新的组织内生态动力机制。模型检验结果表明,知识多样性与知识网络中心势,以及研究者多样性与合作网络中心势,在新兴技术创新中都具有正向交互效应;知识多样性与知识网络结构洞具有负向交互效应,而研究者多样性与合作网络结构洞的交互效应未通过显著性检验。④运用结构方程模型检验整合效应模型,揭示了新兴技术创新组织内生态动力系统。模型检验结果表明:研究者多样性与知识多样性之间在新兴技术创新绩效中具有正向交互效应,研究者多样性与知识多样性和知识网络结构洞都正相关,而与知识网络中心势的关系不明确;合作网络结构洞与知识多样性和知识网络结构洞都正相关,而与知识网络中心势的关系不明确;合作网络中心势与知识多样性负相关,与知识网络中心势正相关,但是与知识网络结构洞的关系不明确。

研究更进一步,将视角拓展到组织外部,考察外部研发合作关系的异质性和研发投入的门槛效应。运用创业板公司发明专利面板数据,采用分层回归法和门槛效应检验方法,从企业异质性研发合作视角揭示新兴技术创新企业研发的内在机制及内外情境特征,实证研究结论表明:①企业间合作较校企合作更能提升企业发明专利质量;知识产权保护水平抑制企业间合作对发明专利质量的作用,而强化校企合作对发明专利质量的积极影响。②吸收能力强化企业间合作对发明专利质量的积极影响,而抑制校企合作对发明专利质量的作用。③研发投入强度与企业绩效存在三重门槛效应,专利申请数与企业绩效存在单一门槛效应。如果考虑环境动荡性因素,研发投入强度对企业绩效的影响就存在单一门槛效应,专利申请数对企业绩效的影响则存在双重门槛效应。

研究结论表明:企业寻求新兴技术创新要权衡创新数量和创新质量的双重目标,在"人海/精英""探索/挖潜"等策略维度上进行选择,在适度范围内促进研究者与知识的多样性,并根据创新资源多样性设计双模创新网络中心势,促进创新节点之间的合作,适度降低创新网络结构洞;通过创新资源多样性与创新网络结构之间的匹配设计,优化知识动力机制与团队动力机制;新兴技术创新的根本在于研发团队的有效构建,通过团队动力对知识动力的驱动作用来提升新兴技术创新绩效。探索资源基础与网络嵌入融合视角下新兴技术创新研究的新路径,对于创新网络研究与新兴技术创新研究具有范式探索意义。基于组织内部,从异质性、丰富性与动态性三个维度,解构知识与研究者等双重创新资源的多样性,从整体网络层面的结构洞与中心势,解构知识与合作等双模创新网络的结构,构建"独立效应、交互效应与整合效应"等多个层次的理论模型,揭示新兴技术创新的组织内生态动力机理的新理论并实证检验,取得诸多与主流创新网络研究不同的研究结论,具有显著的理论创新意义。研究结论对新兴技术企业寻求新兴技术创新,对企业研发伙伴的选择、发明专利质量的提升、破解新兴技术创新的多重决策困境,都具有策略上的应用价值与启示意义。

目　　录

第一章 研究概述

第一节 研究背景与命题提出

随着大数据、人工智能以及区块链等新兴技术的快速涌现,第三次技术革命方兴未艾。中国作为全球范围内新崛起的创新力量,在新兴技术创新领域取得快速突破,推动了我国在全球创新格局中由落后者到引领者的角色转型。学界普遍认为,新兴技术创新显著不同于传统技术创新。对创新后发者而言,新兴技术创新并非技术追赶范式下的缩小差距,而是全球扁平化创新格局中的起跑线之争。不论是技术本位还是中国情境,新兴技术创新都蕴含着全新的战略路径。然而,从创新的底层逻辑和技术哲学意义上来看,何为新兴技术创新? 具有何种理论内核? 其理论内核又如何决定其具象层面的战略路径? 本书尝试从技术迭代的新视角,来阐释新兴技术创新的生态特征,建立新兴技术创新路径选择的逻辑起点,并延展分析新兴技术创新不同于传统技术创新的战略路径。①

一、新兴技术涌现

1.新兴技术创新

21 世纪以来,以生物技术、增材制造(3D 打印)技术、人工智能技术、机器人技术、新一代信息技术(如云计算、物联网、大数据等),以及节能环保技术为代表的新兴技术创新(Emerging Technology Innovations)快速涌现,新

---

① 此部分引自俞荣建、李海明、项丽瑶:《新兴技术创新:迭代逻辑、生态特征与突破路径》,《自然辩证法研究》,2019 年第 8 期。

兴技术的突破性创新带来的第三次工业技术的大规模革新,深刻地影响了全球制造产业的传统版图。20世纪90年代,美国根据本国制造业面临的挑战和机遇,为增强制造业的竞争力和促进国家经济增长,首先提出了《国家先进制造技术战略计划》。2013年美国发起成立了"先进制造业合作委员会",出台《重振制造业计划》,提出"在美国发明,在美国制造"的理念,就美国制造业未来做出了展望,重点规划了11个技术领域,包括增材制造,传感、测量和过程控制,材料设计、合成与加工,数字制造技术,可持续制造,纳米制造,柔性电子制造,生物制造,工业机器人,先进成型与连接技术,先进的生产和检测装备,等等。认为这些领域将对制造业竞争力起到决定性的作用,应当成为全国研发行动的重点。此后,美国更进一步将其中的人工智能技术、机器人技术与增材制造技术等列为三大"制造利器",围绕这三种技术实施制造业创新网络计划,进行大规模的研发创新与制造业采纳推进工程。此后,欧洲各国、日本也相继做出响应,如德国提出"工业4.0"等基于新兴技术创新的先进制造战略,主导以信息物理系统为基础的工业革命。

2.新兴技术发展脉络

近年来,西方国家的传统工业日趋萎缩,而以新兴技术为基础的工业蓬勃发展。人们普遍认为,目前世界正在经历着一场新的技术革命,而新技术革命的物质基础是新兴技术群。新兴技术群不是一个或两个,而是一组相互联系、相互促进、相互制约的有机群体。新兴技术的群体是20世纪科学技术发展的一个显著特点。一方面,科学技术不断分化,人们对物质世界的认识向微观世界发展;另一方面,科学技术高度综合,新兴的横断型、边缘型和综合型科学技术越来越多。因此,代表时代科技水平的新兴技术必然呈现群体结构,以电子技术、生物工程、空间技术、海洋开发、光纤通信、材料技术等为主导技术,构成了新兴技术群体。在新兴技术群体中,以微电子技术结构为中心,构成了深刻影响社会产业结构和经济结构的技术因素,第五代电子计算机的研制,标志着技术发展进入了一个新的历史阶段,即用技术手段减轻和代替人的脑力劳动,从而为社会提供更丰富的智力资源。生物工程通过对遗传因素的控制和利用,按照人类的需要改良动植物,治疗遗传疾病。海洋工程将解决世界资源不足的问题,开发第四资源,保护环境。光纤通信加快了社会信息化的进程,改变了传统通信的面貌,成为未来社会机体的"动脉"。因此,新兴技术对社会经济、生产的意义和影响,是以往任何技术都无法比拟的。

自美国福特公司在 Ecoboost 发动机部件开发等工作中率先应用3D打印技术后,3D打印在全球范围内快速传播,走在数字制造革命的前沿(卢秉恒,2015)。2012年3D打印带动的经济效益总产值为21.2亿美元,2012年同比增长28.6%。2013年为30.7亿美元,《沃勒斯(Wohlers)报告2013》预测,预计2015年其收益将达到40亿美元,2017年将达到60亿美元,到2021年将达到108亿美元。我国当前3D打印的效益总量为10亿—15亿元人民币,预计到2021年,能达到100亿元人民币。英国《经济学人》(The Economist)预测,到2030年3D打印带动的经济效益将达到6000亿—12000亿美元。据麦肯锡预测,新一代机器人产业到2025年的产值将达到1.7万亿—4.5万亿美元,包括机器人辅助、工业机器人、手术机器人、个人及家庭服务机器人,以及商业机器人等。新一代机器人的发展,将促进结构化情境中的自动化机器向非结构化情境中的智能伙伴发展,实现"人机共融"(韩建达,2015)。随着西方传统制造强国纷纷将先进制造技术的研发创新列为国家战略,新兴技术创新快速涌现,改变着全球制造业的发展格局。

3. 新兴技术创新趋势

当今世界,新科技革命和全球产业变革正在兴起,新技术的突破加速带动了产业变革,对世界经济结构和竞争格局产生了重大影响。习近平指出世界科技发展有这样几个趋势:一是移动互联网、智能终端、大数据、云计算、高端芯片等新一代信息技术发展将带动众多产业变革和创新,二是围绕新能源、气候变化、空间、海洋开发的技术创新更加密集,三是绿色经济、低碳技术等新兴产业蓬勃兴起,四是生命科学、生物技术带动形成庞大的健康、现代农业、生物能源、生物制造、环保等产业。[①] 面对世界科技发展新趋势,世界主要国家纷纷加快发展新兴产业,加速推进数字技术同制造业的结合,推进"再工业化",力图抢占未来科技和产业发展制高点。一些发展中国家也加大科技投入,加速发展具有比较优势的技术和产业,谋求实现跨越发

---

① 习近平:《在参加全国政协十二届一次会议科协、科技界委员联组讨论时的讲话》(2013年3月4日),载《习近平关于科技创新论述摘编》。

展。有人提出了第三次工业革命即将到来的观点，认为第三次工业革命以制造业数字化为核心，是数字制造和个人制造的融合。如果实现了通过互联网平台汇集社会资源，集合社会力量，推动合作创新，形成人机共融的制造模式，那将使全球技术要素和市场要素配置方式发生深刻变化，将给产业形态、产业结构、产业组织方式带来深刻影响。比如，3D打印技术已经从研发转向产业化应用。可以预见，随着3D打印技术规模化和产业化，传统的工艺流程、生产线、工厂模式、产业链组合都将面临深度调整。虽然对第三次工业革命还有不同看法，但这恰好说明人们正在探讨世界科技创新发展趋势，以求抢占先机。著名的"技术奇点"理论提出者，来自美国的发明者Raymond Kurzweil曾耗费大半生时间，与多个领域的技术专家和学者、组织一起列出了他们认为是人类历史上最重要的技术突破和发明，把所有事件发生的时间标在对数坐标上，然后他吃惊地发现：在人类历史上，技术的发展并不是匀速的，而是不断加速的。人类的技术创新飞奔前行，整个商业世界与各国经济发展都在此情境下不断加速。

二、全球价值链深刻重构

近年来，全球价值链正经历着新一轮全局性的重大变革，影响深刻的动态重构，全球价值体系的区域板块结构在碰撞中交融，加快重组步伐。具体表现为：

发达国家跨国公司主导的全球价值链链条解构，网络重构与地缘经济的空间布局共同演化。全球价值链进一步碎片化，按照要素比较优势与全球竞争优势的双重逻辑，对价值创造的各个功能环节、架构产品的各个价值模块，进行跨国外包与全球化寻源，全球价值链的链条解构加速进行。与此同时，具有相近知识结构的价值功能组织或者价值模块组织，进行跨国合作、并购与联盟，构筑面向全球的专业化优势，全球价值链中的网络建构步入快车道；伴随着链条解构与网络建构的进程，全球价值链的地缘空间在碰撞中交融，区域经济板块大范围重组。

低端制造跨国漂移、高端制造向北加速回流与知识密集型服务向南延展等现象同时发生。中国制造产业在低端制造环节的比较优势正在消失，发达国家跨国公司乃至大批本土制造企业，纷纷将劳动密集型制造环节转移到东南亚、南美以及南非等新兴经济体，低端制造的跨国漂移属性充分释放；美国、德国等制造业先进的国家，出于增加就业、政治需要、国家安全与构筑持续的国际话语权等考虑，纷纷制订重振制造计划，制造产业特别是高端制造产业回流现象日趋显著；与此同时，中国与印度等新兴经济体的知识型人才队伍逐渐兴起，与发达国家相比具有相当的比较优势。发达国家跨国公司在中国设立研发中心，与中国建立研发联盟，向中国企业外包软件服务、咨询服务以及业务流程服务，知识密集型生产性服务向中国与印度的转移加速进行。

全球价值链的动态演化，受到国际贸易政策博弈与国内产业促进政策越来越强的波段冲击与复杂影响。近年来随着国际经济一体化融合趋势的不断加强，国家（区域）之间在多边合作中竞争博弈，在冲突加剧中寻求融合，纷纷通过各种政策强化全球价值链的利益争夺，对全球价值链动态演化产生强烈冲击。在国家（区域）之间的全球价值链政策协调层面，各国对中间品关税、外资企业待遇、知识产权保护以及反倾销政策等采取的策略差异显著，全球价值链解构、网络建构的各个波段与地缘演化受到越来越强的多边贸易政策影响。在产业环境改善与促进政策层面，各国通过科技政策、产业组织政策、产业金融与要素资源政策等营造多层次商业环境，激励重点产业投资并构筑竞争力，这些本地化政策行为对全球价值链的落地机制与动态漂移，也产生了十分重要的影响。

新一轮全球价值链的动态重构，是多个维度的相互集成，多种力量的共同演化，既有超越经济范畴、十分复杂的国际政治军事与区域社会文化背景，也存在其深层的客观规律与总体趋势，"世事如棋局"。在此意义上，全球价值链动态演化正构成中国制造企业升级的全球化情境与结构复杂的战略棋局。总体上，全球价值链动态演化既蕴含着推动中国制造企业跨越式升级的宏观动力，潜藏着升级机会，同时也具有鲜明的竞合博弈属性和遏制中国制造企业的升级空间。中国制造企业如何在全球价值链新一轮动态演化中，在战略上谋篇布局、未雨绸缪，在战术上突破困境、占得先机，取决于对全球价值链动态演化规律的深刻把握和洞察。

三、新兴技术创新的位势跨越

基于独特的创新市场梯度结构与大规模"平推式"的发展模式，改革开放以来中国制造企业构筑了潜力巨大的升级基础，但同时也面临着严峻的升级挑战。经过改革开放以来的快速发展,中国制造企业初步完成了技术能力与市场势力的原始积累,在全球价值体系中构筑了要素层面的比较优势与战略层面的竞争优势。多年来,通过梯度性的国家创新系统,中国制造企业具有海绵式的吸收能力,通过多种渠道引进和消化、吸收来自发达国家的技术,积累了工艺技术与产品技术等基础技术能力,能够模仿生产绝大多数主流产品,部分产业的核心技术达到了国际先进甚至领先水平。与此同时,中国制造企业积极开展与跨国公司各种形式的合作,向跨国公司进行产品模仿、市场经验、管理模式方面的学习,市场选择上避开与跨国公司在高端产品市场的直接竞争,利用市场显著存在的梯度结构特征,抓住空间广阔、规模庞大的中低端市场(郭斌,2015),在模仿的基础上进行产品设计的客户化创新与制造工艺的效率化创新,面向市场大规模建设低成本导向的生产制造能力,展开快速的"平推式"规模扩张(黄慧群,2015),获得生存领地与增长空间。部分制造企业通过为全球价值链旗舰企业开展 OEM/ODM 等形式的国际代工业务,拥有了相当的制造能力、技术水平与企业规模,这些能力和技术一定程度上可以在未来转移到海外更加广阔的市场中去。总体来看,改革开放以来中国制造企业承担着国际技术与国际市场的"二传手"角色,大幅度提升了市场势力与技术能力,形成了相对于其他发展中国家的显著竞争优势,构成了中国制造进一步升级的坚实基础。

但是,中国制造企业总体上还处于全球价值链低端环节,面临严峻的升级挑战。对于大部分中国制造企业而言,既往的土地资源与人力资源等生产的初级要素红利正在丧失,比较优势虽然在相当长时间内还会存在但已经逐步压缩,依靠比较优势获取竞争力难以为继。劳动密集型的生产方式与落后的工艺设备,导致产品在精度、稳定性、持久性等方面与国际先进水平存在差距。因此,中国制造在全球范围内认可度不高。绝大部分制造企业的核心零部件高度依赖进口,患有所谓的"心脏病"。中国制造企业全球创新网络参与程度不高,参与方式以简单进口为主,自主创新能力薄弱,使得产品与工艺的原始创新十分匮乏。低端制造产品缺少品牌,高科技产品只是停留在装配层面,增值率十分低下,在全球市场中缺乏根本性竞争力。这一系列因素相互交织,导致中国制造企业的全球价值链份额持续被挤压,部分制造产业近年来已经到了"贫困化增长"的临界点。同时,由于近年来产业政策、市场机制还不健全,所谓的重点产业与战略性产业普遍存在产能严重过剩、资源错配问题,这也成为短期内产业升级的沉重包袱。因此,中国制造企业迫切需要在巩固已有的大规模、低成本的"平推式"发展模式的基础上,向创新式、差异化的"攀升式"发展转变,探索创新驱动发展路径,全面提升核心能力,构筑全球化竞争新优势,促进全球价值链升级。

在上述背景下,生物技术、新一代信息技术、节能环保技术等具有丰富市场价值与潜在创新空间的新兴技术产业,从基于模仿的"平推式"发展,向基于创新位势跨越的"攀升式"发展转变,运用技术范式重构中蕴含的战略机遇,发挥"后发优势",实现"弯道超车",抢占新兴技术制高点,争取创新先机,是中国新兴技术产业跨越式的战略举措与紧迫命题。

四、新兴技术创新的动力之谜

面对日趋混沌化、分布式与开放性的新兴技术创新情境,中国企业面临多重困境。一方面,如何把握在一个较长时期内创新数量突破与创新质量跨越之间的动态均衡?中国不少企业的专利数量与日俱增,但对核心技术竞争力裨益甚少;不少企业试图寻求一步到位式的革命性新技术突破,结果往往因为缺乏量的积累而失败。另一方面,如何蓄积并整合面向新兴技术突破的多种创新资源?不少企业面对新兴技术领域的巨大创新空间,勇于跨界探索并在组织内部有效整合,快速取得令人耳目一新的创新成果;也有不少企业潜心钻研、十年磨一剑,一旦取得突破便实现技术和市场的双重登顶。部分企业采取"人海策略"进行研发,也有不少企业实施精英策略搭建研发团队。为何在新兴技术创新的策略上,会存在如此巨大的差异?表象背后的决策依据是什么?

新兴技术创新作为崭新的重大命题,主流创新理论鲜见深入研究,在研究范式上存在诸多局限,新兴技术创新的组织内生态动力机制等理论枢纽问题仍未得到揭示。新兴技术创新具有何种组织内生的动力机制?组织内的知识与研究者等多种创新资源,知识网络与合作网络等多种创新网络,如何交互和整合地推进核心技术创新?

针对崭新命题、基于全新情境、破解创新困境,迫切需要构建基于中国企业实际的新兴技术创新原创理论。本书针对主流研究范式局限,基于资源基础与网络嵌入融合的理论视角,采用中美企业新兴技术创新的比较案例与大样本实证研究,构建具有本土原创性的新兴技术创新内生机理理论,具有重要理论意义。在此基础上开发一系列针对本土情境的新兴技术创新战略、策略与政策分析工具,具有直接应用价值。

第二节 研究目标与研究意义

一、研究目标

本书研究的总体目标为:构建新兴技术创新机理理论,揭示新兴技术创新的组织内生态动力机理。为了达成这一研究目标,本书构建了新兴技术创新组织内生态动力机理的理论框架,在此基础上进一步构建"独立效应模型、交互效应模型、整合效应模型",采用中美新兴技术创新企业大样本实证检验等科学方法,达成以下目标:

(1)揭示中美企业样本在新兴技术创新领域的异同,包括基本情况、组织内生态动力源泉与新兴技术创新的多重效应。通过比较中美企业样本,分析在新兴技术创新上处于领先地位的美国企业,总结在新兴技术创新组织内生态动力方面的内在规律与优秀经验,衡量中美企业之间的差异以及对新兴技术创新绩效的影响,从而为中国新兴技术创新企业提供突破路径与方法论启示。

(2)揭示知识与研究者等创新资源的多样性、知识网络结构与合作网络结构影响战略性新兴技术创新的机理。通过构建独立效应模型,将新兴技术创新来自组织内部的生态动力源泉结构化为知识/研究者多样性与双模网络结构,识别新兴技术创新组织内生态动力源泉。

(3)揭示知识多样性与知识网络结构,研究者多样性与合作网络结构对新兴技术创新的交互影响机理。通过建立交互效应模型,将新兴技术创新来自组织内生态动力的机制结构化为知识动力机制和团队动力机制,揭示知识多样性与知识网络结构、研究者多样性与合作网络结构对新兴技术创新绩效的交互影响机理,识别新兴技术创新组织内生态动力机制。

(4)整合创新资源多样性与双模网络结构,揭示新兴技术创新的整合效应。通过构建整合效应模型,将新兴技术创新的团队动力机制与知识动力机制纳入同一框架下,考察团队动力机制对知识动力机制的驱动作用、研究者多样性与知识多样性的交互作用,揭示新兴技术创新整合效应,识别新兴技术创新的生态动力系统。

在上述理论与实证研究基础上,运用主要研究结论,提出新兴技术创新策略分析方法,并探讨新兴技术创新的政策启示。

二、研究意义

本书以新兴技术创新这一崭新命题为主旨,基于资源基础与网络嵌入的整合范式,构建新兴技术创新组织内生态动力机理理论,对主流(新兴)技术创新理论、创新资源与创新网络理论等,具有显著的理论创新意义:

(1)研究新命题:新兴技术创新。新兴技术创新是具有重大前瞻意义与现实紧迫性的崭新命题。现有研究鲜见针对新兴技术创新命题的深入研究。本书采用中美新兴技术创新案例与大样本实证研究,揭示新兴技术创新的内生动力机理,命题具有新意。

(2)探索新范式:资源基础与网络嵌入的整合范式。资源基础与网络嵌入两个基本视角的创新研究存在诸多范式局限:资源基础视角创新观忽视资源多样性;网络嵌入视角创新观将创新网络视作单模网络,存在明显缺陷;资源基础与网络嵌入视角相互割裂,难以揭示新兴技术创新的理论内核。本书拓展资源基础观与网络嵌入观并加以融合,将资源异质性拓展到资源多样性,将单模网络嵌入拓展到双模网络研究,并针对研究的崭新命题将二者有机整合,构建层次分明、逻辑递进的新兴技术创新研究新范式,具有探索意义。

(3)构建新理论:新兴技术创新内生动力机理理论。揭示知识与研究者等创新资源的多样性、知识网络结构与合作网络结构影响新兴技术创新的机理;揭示知识多样性与知识网络结构,研究者多样性与合作网络结构对新兴技术创新的交互影响机理;整合创新资源多样性与双模网络结构,揭示新兴技术创新的整合效应。新兴技术创新机理理论,具有原创性和理论新意。

新兴技术创新组织内生态动力机理研究的主要结论与翔实的统计数据,对新兴技术企业的策略决策和政府政策具有以下应用价值和启示意义:

(1)研究结论对相关企业的新兴技术创新策略分析具有直接应用价值。揭示新兴技术创新来自组织内生态动力源泉、机制与系统,对新兴技术创新企业构建新兴技术研发团队,积累新兴技术创新知识资源,有效地采取相关策略实现知识动力机制与团队动力机制的相互匹配,具有重要的现实应用价值。

（2）中美企业新兴技术创新定量比较实证研究结论，特别是对引领全球新兴技术创新的美国企业样本的优秀创新经验的揭示，对中国新兴技术创新企业在创新资源积累、创新团队构建与创新动力蓄积等方面，具有重要借鉴价值；揭示中美企业新兴技术创新组织内生态动力差异，对中国新兴技术创新企业实现技术追赶与"弯道超车"，具有战略启示。

（3）研究对中美新兴技术创新大样本的数据分析与统计研究结论，有助于客观、深刻、全面地把握中美企业新兴技术创新前沿动态与发展趋势，对我国政府相关科技政策决策具有重要借鉴价值。

第三节　研究思路、内容与结构

一、研究的总体思路

针对新命题，基于新情境，本书拓展并融合资源基础与网络嵌入两种创新观，借鉴新兴技术创新的最新理论成果，从知识/研究者双重资源多样性与知识网络/合作网络双模网络结构的整合视角，聚焦新兴技术创新的组织内生态动力，构建新兴技术创新机理理论框架：①组织拥有的双重创新资源（知识多样性与研究者多样性）和组织嵌入的双重创新网络结构（知识网络结构与合作网络结构），是新兴技术创新的 4 个原发动力。②创新资源多样性与创新网络结构之间存在多个交互效应，新兴技术创新来自组织内部的双重生态动力机制。知识多样性与知识网络结构交互，形成知识动力机制；研究者多样性与合作网络结构交互，形成团队动力机制。③四维动力机制对新兴技术创新具有两大整合效应，团队动力机制对知识动力机制的"团队—知识"驱动效应、研究者多样性与知识多样性的交互效应。在中国国内创新情境下寻求新兴技术创新，正是"独立效应—交互效应—整合效应"等三个层次的组织内生态动力枢纽的系统建构过程：有效管理双重创新资源的多样性，协同组织双模创新网络的结构，系统整合创新资源与创新网络，在多层次动态均衡中蓄积新兴技术创新的强劲动力。

基于这一核心理论认识，本书选择了中美 7 个新兴技术创新领域，采用了中美两国 251 家上市公司作为样本，根据中国国家知识产权局和美国专利商标局的新兴技术发明专利数据库,运用了多种实证研究方法进行研究:①对中美两国新兴技术创新及其组织内生态动力基础进行定量比较研究。对中美企业样本新兴技术创新绩效差异(包括数量和质量两个方面)进行深入的定量比较分析。②运用负二项回归等方法检验独立效应模型,揭示新兴技术创新组织内生态动力源泉,包括知识多样性、研究者多样性、知识网络结构(结构洞与中心势)、合作网络结构(结构洞与中心势),对新兴技术创新绩效(数量、质量以及二者乘积形成的总体绩效)的影响。③运用多元回归方法检验交互效应模型,揭示新兴技术创新的组织内生态动力机制包括知识多样性与知识网络结构(结构洞与中心势)、研究者多样性与合作网络结构(结构洞与中心势)在新兴技术创新绩效中的交互效应。④运用结构方程模型检验整合效应模型,揭示新兴技术创新组织内生态动力系统,包括团队动力机制对知识动力机制的驱动效应,以及研究者多样性与知识多样性在新兴技术创新中的交互效应。

二、研究的主要内容

1.新兴技术创新文献研究

本书将梳理新兴技术创新、突破性技术创新以及新兴经济体企业技术追赶等领域的相关创新研究,对创新研究的两个基本理论视角——资源基础创新观(Resource-Based View of Innovation)与网络嵌入创新观(Network Embedded View of Innovation)进行文献研究,揭示创新研究的两个基本视角存在诸多范式局限,发掘新兴技术创新的显著特点与面临的崭新情境,探索新兴技术创新动力的理论内核,梳理本土语境下对新兴技术创新命题的相关研究。基于新情境,针对新命题,本书将拓展现有创新研究的基本范式,在理论上另辟蹊径,进行跨领域探索与多视角整合,为构建具有本土化与原创性的新兴技术创新动力理论夯实基础。

2.新兴技术创新组织内生态动力机理理论研究

本书将拓展并融合资源基础与网络嵌入两种创新观,将研究视角从企业外部的创新环境聚焦到企业组织内部,研究知识/研究者双重创新资源,用资源多样性来刻画两种创新资源的属性特征;将企业组织内部创新网络划分为由知识节点联结构成的知识网络和研究者之间联结构成的合作网络,运用知识和合作双模网络的研究路径,从组织内部的整体网络而非自我中心网络层面,揭示新兴技术创新的组织内生态动力机制。知识和研究者双重资源多样性与知识和合作双模网络结构对新兴技术创新绩效具有独立效应、交互效应与整合效应。这是新兴技术创新的理论框架与核心假设。

3. 中美企业新兴技术创新定量比较研究

本书选择了 7 类新兴技术领域作为技术样本,从中美两国中选择 251 家上市公司作为企业样本,并根据中国国家知识产权局与美国专利商标局的权威发明专利数据,进行大样本实证研究。根据新兴技术创新组织内生态动力枢纽的理论框架,对变量进行操作性定义,并开发基于专利数据的变量测量方法,包括新兴技术创新数量、质量与绩效,知识多样性与研究者多样性,知识网络结构洞与中心势,合作网络结构洞与中心势,以及控制变量的测量方法。运用这些测量方法,进行中美企业新兴技术创新的定量比较分析,并报告主要变量的相关系数矩阵。

4. 知识/研究者多样性、双模网络结构与新兴技术创新绩效的关系实证研究

从拓展的资源基础与网络嵌入两个创新观融合的视角,基于新兴技术创新组织内生态动力机理的理论框架,按照新兴技术创新的组织内"生态动力源泉—生态动力机制—生态动力系统"逐步递进的思路,分别构建逻辑严谨、逐层递进的三个新兴技术创新组织内生态动力机理模型:独立效应模型、交互效应模型与整合效应模型。对这三个模型进行大样本模型检验。

5. 异质性研发合作与门槛效应研究

在明确新兴技术创新来自组织内部的动力机理之后,本研究进一步从组织外部异质性研发合作伙伴的视角,来揭示新兴技术创新来自组织外部的动力差异,研究企业合作伙伴和高校或科研院所的合作对知识创造质量的差异化影响,进而从内部和外部两个视角形成一个完整的网络动力框架。更进一步发现新兴技术创新在研发投入上的特殊属性,研究研发投入与新兴技术创新绩效的门槛效应,揭示新兴技术创新的门槛特征。

6.新兴技术创新战略与策略分析

研究将根据理论和实证研究结论,对新兴技术创新的战略和策略进行分析,具体包括:新兴技术创新的团队动力机制优化策略,如团队动力机制的主要参数设置、团队动力机制优化策略选择、新兴技术企业团队动力机制优化的具体举措等;新兴技术创新的知识动力机制优化策略,如知识动力机制的主要参数设置、知识动力机制优化策略以及新兴技术创新企业知识动力机制优化的具体举措等;整合新兴技术创新动力机制优化策略,构建新兴技术创新战略分析框架,探讨新兴技术创新的战略图谱与突破路径。最后对研究的理论与现实意义进行总结,分析存在的主要不足并提出进一步研究的方向。

三、本书结构安排

本书总共分为七章,第一章为研究概述,基于研究的理论与现实背景,提炼并界定研究的主要命题;第二章为文献回顾与研究评述,对资源基础创新观、网络嵌入创新观以及新兴技术创新等主要范畴进行理论回顾与评论,为后续的模型构建建立理论基础;第三章为理论发展与研究假设,对研究的核心问题进行理论发展,并提出一系列有待检验的研究假设;第四章为实证研究方法设计与中美企业样本新兴技术创新的定量比较;第五章为模型建构与实证检验,运用大样本数据和负二项回归、结构方程模型等方法,对理论模型进行统计分析与模型检验,对检验结果进行分析;第六章为拓展研究,从组织外部视角揭示研发合作异质性与门槛效应;第七章为研究结论、应用启示、创新价值与研究展望。

第二章　文献回顾与研究评述

梳理新兴技术创新、突破性技术创新以及新兴经济体企业技术追赶等领域的相关创新研究,可以发现两个基本的理论视角:资源基础创新观与网络嵌入创新观。但是,既有创新研究的两个基本视角存在诸多范式局限,忽略了新兴技术创新的显著特点与面临的崭新情境,难以揭示新兴技术创新动力的理论内核,鲜见在中国语境下对新兴技术创新命题具有针对性的深入研究。基于新情境,针对新命题,必须拓展现有创新研究的基本范式,在理论上另辟蹊径、进行跨领域探索与多视角整合,以构建具有中国本土化与原创性的新兴技术创新动力理论。

第一节　资源基础视角创新观:资源多样性及其创新影响

解释企业租金绩效差异的资源基础理论(Resource-Based View,RBV)假设,企业具有不同的有形和无形的资源,这些资源可转变成独特的能力。资源在企业间是不可流动的且难以复制的,这些独特的资源与能力是企业持久竞争优势的源泉。该理论把企业看成资源的集合体,将目标集中在资源的特性和战略要素市场上,并以此来解释企业的可持续的优势和相互间的差异(Wernerfelt,1984)。延续资源基础视角的创新理论,则将企业所拥有或者可以动用的创新资源,视作创新能力与创新绩效的源泉(Uzzi,1997;Bell,2005)。这些资源范围广泛,企业的人力资源、知识资源、资金资源以及企业所处的社会环境包括政府支持、行业政策、环境政策等都是企业创新必不可少的要素。李培楠等国内学者对创新资源的研究比较全面,他们收集了 2007 年至 2012 年这 6 年的中国制造业和高技术产业的数据,研究了企业内部的人力资源、资金以及企业外部的技术资源、政府支持资源等对创新绩效的影响。实证研究表明,在技术发展的不同阶段,各种资源对于创新绩效的影响方向不同,影响程度也不相同(李培楠等,2014)。

一、知识资源及其创新属性

1.知识作为创新资源

知识作为创新资源,是指通过企业的知识管理,在知识获取、处理、共享的基础上不断追求新的发展,探索新的规律,创立新的学说,应用到新的领域并在新的领域不断创新,推动企业核心竞争力不断增强,创造知识附加值,使企业获得经营成功。创新是人们创造性劳动及其价值的实现形式。学者们普遍认为,创新可以分成三种类型:知识创新、技术创新和制度创新。知识创新的核心是新的思想观念和公理体系的产生,其直接结果是新的概念范畴和理论学说的产生,为人类认识世界和改造世界提供新的世界观和方法论;技术创新的核心内容是科学技术的发明和创造,其直接结果是推动科学技术进步,提高社会生产力的发展水平,进而促进社会经济的增长;制度创新的核心内容是社会政治、经济和管理等制度的革新,其直接结果是激发人们的创造性和积极性,促使所有社会资源的合理配置,最终推动社会的进步。从更广阔的视角来审视,管理创新比制度创新有更丰富的内涵。信息技术引领的现代科技的发展以及经济全球化的进程,推动了管理创新,这既包括宏观管理层面上的创新——制度创新,也包括微观管理层面上的创新。因此,有研究也认为,创新应分为知识创新、技术创新、管理创新三种类型。

知识创新包括科学知识创新、技术知识特别是高技术创新和科技知识系统集成创新等。知识创新的目的是追求新发现、探索新规律、创立新学说、创造新方法、积累新知识。企业知识创新,一般有两种形式:累积式知识创新和激进式知识创新。累积式知识创新是企业在学习中结合外部资源进行持续创新。这种创新是在原有知识基础上的创新,创新的累积性还意味着学习过程必须是连续的,学习过程依赖的主体——企业组织不能随时间的流逝而解体。激进式知识创新是指企业突破惯性思维,发现现有知识中没有的知识,这一创新的来源既有科技创新给企业带来的根本性变革,也有企业效仿竞争对手引进的新知识、新技术与新理念。无论是累积式知识创新,还是激进式知识创新,企业都需要具备包容新知识的素质和才能。

知识资源被视作企业创新活动最重要的资源基础(Kogut,2000)。大量研究集中于知识显性/隐性/胶囊性等知识形态及其相互之间的转换(Fleming et al.,2001),知识在个体、团队以及组织之间多个层面的转移与溢出(Carnabuci,2009,2010)。英国科学家波兰尼首次提出了知识可以分为显性知识和隐性知识,显性知识是指可编码的,可以用语言文字描述的或者可以用公式、数学图形表示的知识。由于它的可传播性,与隐性知识相比,人们学习显性知识较为容易,可以通过教科书、文献资料或者口头传授等形式习得。隐性知识是指不能或者尚未用语言文字表述的知识,隐性知识"只可意会、不可言传",一般掌握在少数人手里,与个体的经验、组织的文化密切相关。显性知识与隐性知识是可以相互转换的。日本知识管理专家Nonaka 在 1995 年提出了 SECI 模型,他认为显性知识与隐性知识是相互作用的,知识创新的过程就是两种类型的知识螺旋式上升的过程。他把显性知识和隐性知识的转换过程分成以下四个方面:社会化(Socialization),即隐性知识向隐性知识转化;外化(Externalization),即隐性知识向显性知识转化;组合化(Combination),即显性知识向显性知识转化;内化(Internalization),即显性知识向隐性知识转化(Nonaka,1995)。以企业为边界总结知识资源的相关文献,可以把企业的知识资源分为企业内部知识资源和外部知识资源(Simon et al.,2004)。

知识作为创新资源,集中地体现在钱学森提出的开放的复杂巨系统理论中。复杂巨系统理论强调知识、技术和信息化的作用,特别强调知识集成、知识管理的作用。知识社会环境下科技创新体系的构建需要以钱学森提出的复杂巨系统理论为指导,从科学研究、技术进步与应用创新的协同互动入手,进一步分析,充分考虑现代科技引领的管理创新、制度创新。科技创新正是科学研究、技术进步与应用创新协同演进下的一种复杂涌现,是这个三螺旋结构共同演进的产物。科技创新体系由以科学研究为先导的知识创新、以标准化为轴心的技术创新和以信息化为载体的现代科技引领的管理创新三大体系构成。知识社会新环境下三个体系相互渗透、互为支撑、互为动力,推动着科学研究、技术研发、管理与制度创新的新形态即面向知识社会的科学 2.0、技术 2.0 和管理 2.0 的发展。三者的相互作用共同塑造了面向知识社会的创新 2.0 形态。

2．外部技术距离与创新绩效

随着创新越来越重要，很多企业努力解决怎样平衡技术资源组合的问题。本书立足于这个问题，寻求 Vareska 等人（2013）用制药企业的战略投资数据，研究技术多样性在绩效上的作用以及在什么样的条件下更易实现绩效。结果表明，中心企业与他的合作者之间的技术差异与创新绩效呈倒 U 形关系，并且这种关系受到外部资源多样性的影响。不同的外在的技术资源策略都有同一个目标，那就是接触到嵌入在其他企业的技术。然而，他们在特性和适用性上（适用于新的商业发展进程）有很大不同。例如，技术来源组合以技术多样性为特点（Oxley，1997）。

从创新的观点来看，定义技术来源组合的一种方式是合作者的技术能力以及这些能力与中心企业相符合的程度（Cantwellet al．，2000；Rothaermel et al．，2008）。当合作者的技术能力对中心企业来说非常相似时，技术距离的差异就非常小了；当合作者的技术能力对中心企业来说差异较大时，技术距离的差异就大。之前的研究证明技术多样性增加了重新连接现存知识的可能性，以达成创新（Fleming，2001）。因此，技术距离的差异很可能会提高企业的创新绩效。然而，这些积极的作用有两点限制。第一，较大的差异增加了复杂性的程度，并且检验这些活动的难度和成本增大（Oxley，1997），知识被整合的效率降低（Grant，1996）。第二，高水平的多样性使得研发人员更难认识不同的部分以及他们之间潜在的联系，导致发明的边际效应递减（Fleming，2001）。

企业外部的知识多样性与企业创新绩效的关系呈现倒 U 形，多项研究证实了这一结论。Victor 等人（2008）对技术密集型产业的实证研究结果表明，企业技术与外部技术距离通过更有效的学习交互，有助于提升创造能力，从而产生新奇、高质量的创新；但技术距离遏制吸收能力，对技术创新绩效具有消极作用，因此，技术距离与探索性创新绩效呈倒 U 形关系。Vareska 等人利用制药企业的数据，研究验证了在制药企业的联盟网络中，企业与他的合作者之间的技术异质性与企业的创新绩效呈现倒 U 形关系，而且，这种关系受到合作者技术多样性的正向调节：当合作者的多样性越大时，这种倒 U 形关系会被放大（Vareska et al．，2013）。因此，合作者的技术种类与样本企业相符合的程度，是企业选择外部研发合作伙伴的一个重要评判标准(Cantwell et al. ,2000；Rothaermel et al. ,2008)。

刘志迎(2013)以中国大学和企业为研究对象,选取了 13 所大学及与之协同创新的 191 个企业作为样本,用大学—企业联合申请的发明专利数作为测度两者协同创新绩效的指标,运用负二项回归模型,对技术距离、地理距离对中国大学—企业协同创新绩效的影响进行了探索。实证结果表明：技术距离对大学—企业协同创新绩效具有显著的促进作用,地理距离对大学—企业协同创新绩效具有显著的抑制作用,且正效应大于负效应。张丽华等人(2011)利用我国 31 个省、自治区、直辖市 2001—2007 年的数据,进行面板数据回归,考察技术距离对于知识溢出及创新产出的作用。结果表明,地理邻居的研发投入对于本地创新产出具有促进作用,而技术邻居的研发投入对于本地创新产出具有抑制作用。相关部门可以通过便利地区之间的交通以及增进彼此之间的交流与合作,扭转技术邻居之间的负向知识溢出关系。同时,各地国有企业所占比重及人力资源水平同样是决定各地创新产出的重要因素。周密等人(2015)以部门内部个体之间任务知识的转移为背景,从知识隐含性和知识复杂性两个维度将知识特性划分为四种类别：显性、简单知识；显性、复杂知识；隐性、简单知识；隐性、复杂知识。他们考察了这四种不同类别知识的知识距离和知识转移之间的关系。肖志雄(2014)讨论了知识宽度距离和知识深度距离对知识吸收能力的影响,并以服务外包企业为例,运用结构方程模型进行了实证研究。研究结果表明：知识宽度距离与知识吸收能力呈正相关关系,知识深度距离与知识吸收能力呈负相关关系。陈搏(2007)认为商品化的知识在交换中需要确定一个价格才能顺利成交。决定交换价值的因素不仅仅是知识本身的价值大小,还包括买卖双方之间的信任关系、知识的编码和抽象化方式以及买方的知识基础等。他引入"知识距离"的概念来替代知识编码和抽象化程度以及买方的知识基础等因素,用数学模型分析隐性知识转移的动态过程,并建立隐性知识交易的定价模型。

3.由技术距离到知识多样性

世界经济从大规模生产的工业化社会逐渐向以创新为核心的知识创造社会转变。知识创造需要发挥从各种智慧互相交流中产生的互动效应。RIETI 所长藤田昌久在与 Marcus Berliant(华盛顿大学)合著的 RIETI 工

作论文 *The Dynamics of Knowledge Diversity and Economic Growth*（《知识多样性与经济增长的动力学》）中，分析了在研究开发（R&D）中知识劳动者的多样性与经济增长之间的互动关系，同时，还对日本经济从 20 世纪 90 年代开始长期停滞和低增长的原因，以及日本为向知识创造社会转变所需要的研究开发体系改革进行了探讨。该文提出知识创造与传播的新微观动态学模型，这一模型重视从事知识创造活动人员所具有的智慧或者知识的（水平型）多样性；进而通过把这个模型与赫尔普曼-罗默（Helpman-Romer）模型的内生增长理论加以融合，分析在研究开发（R&D）中知识劳动者的多样性与经济增长之间的互动关系，同时，对日本经济从 20 世纪 90 年代开始长期停滞和低增长的根本原因进行探讨。一般认为，从 20 世纪末开始，世界经济正在从原来的大规模生产的工业化社会，逐渐向以广义上的创新或者知识创造活动为主要活动的社会即所谓 Brain Power Society（智能社会）或者知识创造社会转变。这个知识创造社会的主要资源是每个人的智慧本身，他们具有各种各样的知识，学习新知识，并具有在此基础上创造新知识的能力。不过，每个人的智慧都是广义上的"软件"，在相同的"软件"之间不会产生互动效应。对经济社会来说，重要的是发挥智慧的互动效应。在创造知识的合作中，相同的知识和各自固有的知识之间保持适度的平衡非常重要。但是，如果两人紧密合作的时间太长，相同知识的比例过度增加，就会以"三年过去，常识而已"而告终。因此，在拥有大规模智囊集团的一般经济社会里，为了避免知识过于膨胀，重要的是每隔一定的时间，互相调换智慧伙伴。有研究者将上述想法整理为动态学的数理模型，分析结果显示，通过每个研究开发人员与对自己来说具有最佳知识生产率的人员在一定期间内结成伙伴，其后又反复与其他人员重新结成伙伴，研究开发部门整体在长期过程中自我组织化，社会整体的知识增长率最高，达到理想状态的可能性非常大。在这个理想的状态中，研究开发人员整体分化为比较小的最佳规模智囊集团（研究所或大学）。在每个智囊集团内部进行密切的交流，但是在集团之间只进行舒缓的交流。如果智囊集团把大部分重点置于"相同知识"的"改善型"研究开发活动，则最佳规模比较小。另一方面，如果是生物或软件等把大部分重点置于"固有知识"的"前沿开拓型"研究开发活动，则智囊集团的最佳规模非常大。此外，如果由于 IT 等技术的发展，专利等公开信息的传播速度加快，那么为了避免智囊集团内部的相同知识膨胀，就需要进一步扩大智囊集团的最佳规模。

还有学者研究知识相似性,认为知识相似性与技术创新绩效负相关,从侧面验证了知识多样性有助于创新绩效。Colomboa(2014)等人的实证研究表明,垂直并购对象的技术相似性,与并购后的创新绩效负相关。朱亚萍(2014)认为在研发合作网络内,企业知识专门化在整合网络多样性知识中存在着矛盾作用,从而影响其探索式创新绩效。采用54家样本企业在2004—2009年间的面板数据,运用负二项回归模型进行实证研究,结果表明:①企业知识专门化对其探索式创新绩效具有显著的负向作用;②合作网络知识多样性正向调节企业知识专门化与其探索式创新绩效的关系并不显著;③网络密度负向调节企业知识专门化与探索式创新绩效的关系显著。

创新联盟的稳定性及其影响因素是企业战略联盟研究的核心问题之一。谢宗杰(2015)等人在知识异质性基础上,以企业利润最大化为导向,采用演化博弈的方法,对结成创新联盟企业的研发投资策略决策及其对联盟稳定性的影响进行了研究。研究结果表明:①创新联盟伙伴的知识创造能力越强,联盟采纳机会主义策略的概率越低,有助于联盟稳定性的提升;②联盟伙伴企业具有适当的知识距离,有助于创新联盟的稳定;③创新联盟的外部知识可转移程度越低,创新联盟越稳定;④合理的创新收益分配方案是维持联盟稳定性的关键因素,让具有较强知识创造能力的企业获取更多的创新收益,更有利于联盟的稳定性。

4. 组织内部知识多样性与创新绩效

Phelps(2010)的实证研究结果表明,技术多样性与探索性创新绩效正相关。更多学者指出,技术多样性有助于创新或呈倒U形关系(Rosenkopf et al.,2001;Corey,2010;Turner,1997;Henderson et al.,1996)。学者们还从吸收能力、创造能力、研发组织复杂性以及地理分散性等角度,来阐释知识多样性与创新绩效之间的复杂关系。一定范围内的技术多样性与知识利用正向相关,企业利用外部知识的能力很大程度上取决于企业自身的知识系统(Cohen,1990)。魏江(2013)等人的研究表明:企业内部的知识多样性具有吸收属性,多样性丰富代表着企业的研发经验积累,这种积累与外部知识的相关性就越大,从而越易于整合;但是,对于研发组织机构复杂的企业来说,多样化的研发分支机构会造成多样性知识整合的难度,提高了知识整合的成本,企业需要企业的每一个研发机构都必须知道企业内部其余每个研发机构的技术知识,会面临更高的成本来复制企业每一个地方的多样化技术资源。因此,研发组织的复杂程度与研发组织所处的地理分散性会弱化知识多样性对吸收能力的积极作用。许强、郑德叶等研究者关注大型企业母子公司的知识多样性如果互相影响并作用与企业的创新绩效。母子公司的知识相似度高,关联性强可以集中力量达到协同效应,母子公司的知识多样性程度高,虽然分散了一部分力量,但是知识的多样性可以促进突破性创新成果的产生(许强 等,2014)。

知识多样性通过吸收能力与创造能力,和探索性创新绩效呈倒 U 形关系。Gurneeta 等(2011)研究者也得出了类似的结论,他们认为企业的技术多样性与企业的知识利用之间呈现倒 U 形关系,知识利用的最高值在技术多样性的中等水平时出现,技术多样性的低值和高值都不利于企业对外部知识的学习、吸收和利用。另外,他们还把企业对知识的吸收能力分为纵向吸收能力和横向吸收能力,认为这两者是负向转换的(Gurneeta et al.,2011)。Yifen Huang 等研究者收集了 2745 个样本的面板数据,用负二项式回归方法检验得出了技术多样性与企业的创新绩效呈倒 U 形关系(Yifen Huang,2010)。该研究还把企业富余的人力、资金等资源作为调节变量,研究认为若这些富余的资源被吸收利用,那么将正向调节技术多样性与创新绩效的关系;若这些富余的资源未被吸收利用,则将负向调节技术多样性与创新绩效的关系。Walsh 和 Nagaoka(2009)两人在日美专利发明者调查分析中指出,日本的发明者在组织之间(企业或大学之间)的移动性远远低于美国。而且,近 30% 的美国发明者是在外国出生的,但是日本发明者在外国出生的则很少。这一情况显示出,日本要想向 21 世纪所需要的前沿开拓型创新体系转变,就需要重建一个重视固有知识、具有多样性和高度流动性的经济社会体系。

吕洁(2015)等人认为知识型团队的创造力不仅受到团队知识异质性和成员创造力的影响,同时还取决于团队成员之间的认知互动过程。通过 391 份知识型团队的领导与成员的配对问卷调查,从互动认知的视角,采用多层线性模型分析了认知冲突和任务知识协调对知识异质性与团队及其成员创造力之间关系的影响。研究结果表明:认知冲突在知识异质性和团队及其成员创造力之间有着显著的中介作用;任务知识协调则调节了知识异质性对团队及其成员创造力的影响。当任务知识协调水平高时,知识异质性与团队及其成员的创造力之间的关系具有正向显著关系;当任务知识协调水平低时,知识异质性与团队创造力之间呈倒 U 形关系,但与个体成员创造力之间的关系并不显著。彭凯等人(2012)从知识基础的企业观出发,通过知识 IPO 的过程,对 R&D 团队知识多样性、知识分享和整合以及团队研发创新三者之间的复杂关系进行了探讨,形成三者的关系模型。吴岩(2014)提出了创业团队的知识异质性、创业学习和创业绩效关系的模型。通过对珠三角 182 家新创企业的问卷调查,本研究得出以下结论:①知识异质性对创业团队的创业绩效具有显著的影响作用;创业学习对创业团队创业绩效具有显著的影响作用;知识异质性对创业学习具有显著的影响作用。②创业团队采取利用式学习,其显性知识异质性对财务绩效的正向影响将明显增强;其隐性知识异质性对非财务绩效的影响,有较明显的正向促进作用。③创业团队采取探索式学习,其显性知识异质性对财务绩效的影响作用几乎没有变化;其隐性知识异质性对非财务绩效的影响有细微改善。实证研究证明了创业学习在知识异质性与创业绩效之间起到中介作用。王兴元(2013)把团队知识异质性分为团队显性知识异质性、团队伪隐性知识异质性、团队真隐性知识异质性,研究了其通过团队互动与团队创新绩效的关系。实证结果表明:团队显性知识异质性通过团队互动最终影响团队创新绩效的作用并不显著;团队伪隐性知识的异质性对团队沟通、团队知识共享、工作冲突、团队协作有显著的正向影响,且最终促进了团队创新绩效;团队真隐性知识异质性阻碍了知识共享,引发了团队人际冲突,这些都阻碍了团队创新。调节变量作用分析结果表明,团队信任能够显著调节团队沟通、知识共享、人际冲突、工作冲突、团队协作对创新绩效的影响关系。

二、研发团队资源及其创新属性

1. 研发团队多样性

Cristina(2013)等人对来自西班牙的创新调查数据研究后得出结论:研发团队的性别差异正向影响根本性的创新。员工的性别差异正向影响企业创新绩效(Cees et al.,2013)。创新并不来自单个设计者的多样性,而是来自企业所有设计者的多样性,所以,企业需要平衡所有设计者的多样性,协作创新。Pierpaolo(2014)的研究调查了公司员工多样性与创新之间的关系,用的是公司在欧洲专利局的专利申请数据及丹麦的雇主与雇员的数据。分析从这些综合的数据库中获得的信息,判断员工在文化背景、受教育情况等方面的多样性,找出对公司创新活动有价值的东西。检验结果表明,民族的多样性可能会促进公司的专利活动,通过增加申请专利的倾向,增加总的专利申请的数量,以及扩大专利技术领域的广度等促进创新绩效。

Yang Yang等研究者针对员工多样性与创新绩效的关系做了相关研究,他们把员工多样性的一部分,即员工参与的差异性作为解释变量,来探讨其对组织创新的影响(Yang Yang et al.,2011)。Ching通过对中国台湾一个大型研究所的数据研究后表明员工个人的知识多样性正向影响个人的创造力(Ching,2014)。研发成员的个人特征差异对创造力与创新绩效的影响(Simons et al.,1995;Natalia,2008),但是这些变量通常是作为控制变量出现在模型中;或者与创新团队无关,关注的是企业家与管理团队的多样性(Simons,1995;Amabile et al.,2012)。企业家能力理论强调企业家的创新能力和降低不确定性能力(Dennis P. Leyden,2014),企业家需要具备在纷繁复杂的市场信息中寻找机会,做出正确决策的能力。Simon等研究者认为管理人员的知识异质性与创新绩效密切相关,除此之外,他们还构建了企业管理人员的关系网络,研究管理人员的网络结构变量与管理人员的异质性如何影响创新绩效。

2.外部研发伙伴的异质性

现有的研发联盟的理论聚焦于动机和行为的影响,而很少关注合作者的多样性。与各式各样的合作者进行合作能够获得新的机会,提升创新的技能,从而提高企业的创新绩效。Cees等人(2014)的研究解决了两个问题:一是研发合作者的功能和地理上的多样性对激进式创新和渐进式创新的影响;二是组织对研发联盟合作者多样性的决定的影响。1994—2006年间研发联盟网络中12811个创新企业的数据表明,功能和地理上的多样性作用于不同的途径。功能的多样性引起知识摄入的多样性和协同影响,这些对于发展和商业化新奇的产品是必需的。地理多样性使现有的产品成功地适应不同地域的要求,比如技术标准、市场规则以及顾客的偏好。组织对这两种合作者多样性的决定因素是先前的经验、专利以及信息技术基础设施。

Cees 等人认为合作者的多样性可以提高企业的创新绩效,他们用研发联盟网络中 12811 个创新企业的数据来论证了这个结论。样本企业与各式各样的合作者建立联系,能够从合作者中学习的知识多样且丰富,从而提升创新质量(Cees et al.,2014)。该研究把创新分为激进式创新和渐进式创新,激进式创新指的是创新质量的突破,渐进式创新表现在创新数量的增加。第一,研发合作者在技术上的多样性可以帮助企业实现激进式创新,创新质量上的跨越需要企业吸收不同种类的知识,知识距离太近不易实现突破性创新,而企业合作者的知识多样性正好符合了这个条件。第二,研发合作者地理上的多样性促进渐进式创新。不同的地域具有不同的文化背景、不同的行业标准、不同的市场规则,所以,样本企业需要不同地域的合作者帮助其更快更好地适应当地的市场情况。

3.研发团队社会特征与研发绩效

团队成员工作积极性不高与创造力不够是阻碍研发团队创新的最大问题,良好关系下的团队成员知识交流与思维碰撞对于研发团队创造力至关重要。戴万亮等人(2019)以二元学习为中介变量,知识异质性为调节变量,构建了内部社会资本影响研发团队创造力的有调节的中介效应模型。采用结构方程模型,基于对 308 个研发团队的数据进行实证研究后发现:结构资本和认知资本对研发团队创造力的直接影响显著,而关系资本对研发团队创造力的直接影响不显著;二元学习在结构资本及认知资本与研发团队创造力的关系中扮演部分中介角色,而在关系资本与研发团队创造力的关系中扮演完全中介角色;知识异质性正向调节二元学习中介效应。本研究有助于加强对团队创造力影响因素及作用机理的了解,也为提高研发团队创造力提供借鉴。曲小瑜(2017)以研发团队为研究对象,以学习空间(包括空间紧密度和知识面)为中介变量,团队反思为调节变量,建立团队行为整合对双元创新作用机制的概念模型;运用嵌套结构方程模型检验学习空间(包括空间紧密度和知识面)的中介作用,发现团队行为整合与双元创新之间具有显著正相关关系,学习空间紧密度和知识面均在团队行为整合和双元创新关系间起完全中介作用;运用多元回归分析检验团队反思的调节作用,发现团队反思在团队行为整合和双元创新间起正向调节作用。

亲社会动机在中国集体主义文化背景下具有特殊价值与作用。张晓洁等人(2018)构建了团队亲社会动机、知识整合、团队情感承诺与团队创造力的关系模型,利用基于 50 个研发团队的数据样本检验关系假设。结果表明:亲社会动机能促进研发团队创造力;知识整合和团队情感承诺在亲社会动机与研发团队创造力之间发挥中介作用。知识整合的中介作用显著强于团队情感承诺的中介作用。张文勤(2017)根据团队效能的投入—过程—产出(IPO)模型,整合团队目标取向理论与阶段性团队过程理论,考察研发团队学习目标取向、多维团队过程与团队绩效的关系。通过问卷调查,收集了105 个研发团队的样本(含 105 个研发主管样本与 506 个研发员工样本)数据,采用层级回归分析与路径分析方法,检验多维团队过程在研发团队学习目标取向与团队绩效之间的中介作用。研究结果发现:团队反思与团队努力在研发团队学习目标取向与团队绩效之间具有显著的中介作用;团队学习目标取向对团队监控的直接效应以及团队监控过程对团队绩效的直接效应均不显著。

肖余春等人(2019)试图从团队认知交互记忆系统和共享心智模型协同的角度探讨如何提高新产品研发的绩效。通过对杭州 53 家高新技术企业的新产品研发团队进行实证检验,他们发现交互记忆系统对新产品研发绩效有积极的影响,这种关系在共享心智模型下得到增强。他们还发现团队内隐协调在交互记忆系统与新产品研发绩效关系中发挥中介作用。孙灵希(2017)以来自 24 家企业的 83 个研发团队为样本进行研究,根据他们在差错管理氛围四个维度——差错学习、差错沟通、差错思考、差错胜任上的差异,分析得到四种差错管理氛围类群。根据进一步研究将其分别命名为:陌生知识回避、人际认同导向群,低机敏性应对、质量改进导向群,互助合作障碍、独立承担导向群,差错掩盖沉默、致力避免导向群。基于以上类群划分,在创新行为、知识转化和团队特征方面提出调整研发团队差错管理氛围的政策建议,有助于提高不同类型研发团队的差错应对水平及工作效率。

4. 研发团队知识交互的行为机制

为揭示制造企业研发团队知识转移与持续流动的微观机制,徐建中等人(2018)结合演化博弈与复杂网络相关理论,利用计算机仿真技术,探究了无标度网络载体下,制造企业研发团队知识转移行为的扩散现象。研究结果表明：组织激励奖惩制度、知识转移成本与知识协同收益之间的关系对制造企业研发团队知识转移网络演化结果有显著影响；小规模知识转移网络的演化深度与速度对三者关系变化较中大规模网络更敏感；知识转移直接收益与知识聚合收益对知识转移网络演化结果影响不显著。张胜等研究者（2017）认为研发团队内部成员之间的知识转移与共享是增强创新能力的重要路径，但知识黏性会阻碍知识转移。因此，研究知识黏性的成因对于提高研发团队创新绩效具有重要的意义。知识黏性的存在受很多因素的影响，他们从知识特性、知识转移者特征、知识接收者特征、知识转移双方的关系等多个角度对已有研究进行了述评，并分析了知识黏性的管理策略。基于以上分析表明：他们对知识黏性的未来研究方向进行了展望，指出对知识黏性的研究可从知识本身的特性进行深入挖掘；对知识黏性影响因素的研究需要同时考虑知识转移者的转移能力和转移意愿两个因素；可考虑将知识转移双方的信任关系或知识接受者的吸收能力作为知识黏性影响因素的自变量或者控制变量。

周莹莹（2019）基于组织学习的视角，从知识贡献者和知识寻求者两方面，探讨影响研发团队成员主动参与知识协同的动机因素，并构建理论模型。结果表明：个人声誉、共享意愿及群体认同对知识贡献者参与组织学习的动机具有不同影响；社会地位、渠道多样化及社会存在感对知识寻求者的主动性具有显著正向影响；应用性学习与探索性学习均对协同创新绩效有显著影响，且前者的影响大于后者；团队激励对组织学习和知识协同创新绩效间的关系具有干预调节作用。郭英远等人（2018）认为降低知识黏性对于提高研发团队创新绩效具有重要的意义，基于 Hipple（1994）的经典理论放宽了传统理论认为知识完全可转移的设定，提出了知识具有驻留特性，并构建了知识黏性影响的结构方程模型。研究发现：知识驻留对知识黏性具有直接、正向的影响；知识驻留通过转移意愿和转移能力的渠道，对知识黏性有间接、正向的影响；转移意愿、转移能力和吸收能力对知识黏性具有直接、负向的影响；信任通过转移意愿的渠道，对知识黏性具有间接、负向的影响。

研发团队创新行为对企业获取竞争优势至关重要。以往研究相对忽略了精神性因素对团队创新行为的动力机制。邓志华（2019）借鉴创新成分理论和创造力系统理论，聚焦于精神性因素对团队创新行为的动力机制以及团队外部社会资本的调节效应。对 106 个研发团队中 329 名研发团队成员数据的统计分析表明:团队精神型领导对团队创新行为具有显著正向影响;团队自省性在团队精神型领导和团队创新行为之间具有部分中介作用;团队外部社会资本调节了团队精神型领导对团队创新行为的正向影响,团队外部社会资本越高,团队精神型领导对团队创新行为的正向影响也越强,反之越弱。

5.领导力与研发绩效的关系

共享领导力是提高多元性、知识型的组织绩效的有效方式。基于领导力行为理论,孙华等人(2018)从7个行为维度对共享领导力和垂直领导力进行解构,考虑垂直领导力的影响,从微观层面研究共享领导力的产生及对创新绩效的作用。运用访谈和参与观察法对4个研发团队进行全生命周期数据收集,通过多案例研究方法和规范的质性分析技术来探究共享领导力行为在团队不同发展阶段的形成过程,以及垂直领导力行为对该形成过程的影响。研究结果表明:共享领导力不同行为的产生既直接依赖于垂直领导力,又通过依存环境间接依赖于垂直领导力;共享领导力的不同行为并非一次性形成,而是分别产生于团队生命周期的不同阶段,即在团队构建期首先形成跨边界领导行为,在成员磨合期形成激励行为和关怀行为,在规范执行期形成授权行为和变革领导行为;共享领导力行为的这种动态性决定了其直接作用于团队创新的学习绩效和产品绩效,对过程绩效没有直接作用,而垂直领导力行为则对过程绩效具有直接促进作用,并通过共享领导力间接作用于学习绩效。

三、资源基础视角的创新观:局限与拓展

资源基础视角创新观停留在单一资源的部分创新属性上,未能揭示组织内部资源多样性的丰富内涵与生态特征,以及多种资源在创新中的整合效应。这些研究存在的局限,难以揭示新兴技术创新的资源动力机制。

1.由资源异质性到资源多样性

当前的理论研究停留在资源的异质性与相互距离等相对狭窄的维度,对创新资源多样性的丰富内涵与生态特征揭示不够。知识异质性只是知识多样性的维度之一,对知识异质性基础上所扩展出来的知识分布离散程度

没有涉及,未能揭示知识多样性的丰富内涵和完整的生态特征。创新资源多样性理论研究的局限,难以解决企业创新实践中是采取"基于挖潜的知识聚焦战略"(在少数知识领域做深做精形成创新),还是"基于探索的知识多元化战略"这些问题(通过多个领域知识的跨界整合形成创新);研究者资源多样性的研究局限,难以回答"企业创新实践中,是采取'精英策略'还是'人海策略'"这一战略决策问题。

2. 由组织外部资源到组织内部资源

组织内部的知识基础是产生新技术的肥沃土壤(Simon et al.,2004),也是技术吸收能力的核心要素(Cohenand et al.,1990)。现有研究多关注技术距离对外部技术获取与探索性创新的影响,但是忽视了组织内部知识的异质性同样扮演着重要的角色(Smith et al.,2005)。虽然有部分研究涉及了研发人员在组织边界内的角色差异对知识资源交换的影响(Bouty,2000),以及对团队创造能力的影响(Audia,2007;Ford C,1996),但角色差异也远远不能够揭示研究者团队的情况。事实上,正是由于组织内部资源的多样性,才构成组织创新持久的生态张力(Carnabuci G,2010)。因此,研究组织内部创新动力源泉,需要将视角从外部技术距离转移到组织内部的知识异质性与多样性上来。

3. 由单一资源到多重资源

孤立地研究单一资源的异质性问题,是不能揭示知识与研究者多样性影响创新绩效的整合效应(交互/替代)的。由于知识多样性与研究者多样性研究的相对不足,两种创新资源多样性对技术创新绩效乃至新兴技术创新绩效的整合效应未能揭示。理论上,"知识多样性与研究者多样性对战略性新兴技术创新的影响是替代作用还是交互作用"这一问题仍然存疑。企业创新实践中,知识多样性与研究者多样性的交互或者替代问题,恰恰是企业在知识策略与团队策略之间寻求战略匹配决策的理论依据。

4. 资源基础创新观的总结评论

现有理论对资源的异质性以及在异质性基础上所拓展的多样性的丰富内涵和生态特征研究不够,缺乏对多种资源之间的整合研究,难以揭示战略性新兴技术创新的资源动力机制:资源多样性对新兴技术创新具有何种功效? 双重资源多样性对新兴技术创新具有何种整合效应,是替代的还是交互的? 也难以回答现实中企业寻求技术突破的战略匹配决策:是采取精英探索战略(知识多元化策略＋精英策略,即少数创新精英通过探索和跨界整合多领域知识)、精英挖潜战略(知识聚焦策略＋精英策略)、人海探索战略(知识探索策略＋人海策略),还是人海聚焦战略(知识聚焦策略＋人海策略)? 只有拓展资源基础创新观,研究知识资源与研究者资源的异质性及其整合效应对技术创新绩效的影响,才能充分揭示战略性新兴技术创新的资源动力机制。

第二节　网络嵌入视角的创新观:创新网络研究范式整合

网络嵌入视角的创新研究,将创新活动置入企业组织或社会网络中,研究网络结构与网络位置对创新活动的影响,认为企业在创新网络中的位置是创新资源获取与创新绩效的源泉(Granovette,1985;Burt,1992;Ibarra,1995;Podolny,1997)。创新网络领域的大量实证研究集中在创新网络结构与创新绩效之间的关系,非网络变量的各种调节、交互与中介作用,结果变量如何由技术创新绩效逐渐拓展为探索性创新、突破性创新绩效等方面。

一、网络嵌入性:创新网络结构与创新绩效之间的关系

当前的理论研究普遍从创新网络的密度、结构洞与中心势等三个维度来刻画创新网络的结构,研究三个维度与创新绩效之间的关系(Ahuja,2000;Burt,2004;Rodan et al.,2004)。一部分文献用网络节点的角色,来衡量网络结构,如买供关系、股东、横向合作等(Ishtiaq et al.,2011)。创新网络密度指实际联结数量与潜在联结数量的比值,整体网络和自我中心网络的网络密度计算方式有所差异。由于研究情境与纳入的变量不同,网络密度与技术创新绩效的关系实证研究结论纷繁多样(见表 2-1)。被较多研究者认同的是,网络密度与探索性创新绩效呈倒 U 形关系,增加网络密度虽有助于促进创新数量,但会遏制创新质量(Victor,2008)。创新网络结构洞指网络节点之间的联结状况。当一个节点需要通过第三方节点才能与另一个节点产生间接联系时,这对第三方节点形成了结构洞。从整体网络层

面看,网络出现类似于联结盲区的洞状形态。网络结构洞虽对创新结果的影响在研究中存在较大争议,一般认为,创新网络结构洞虽促进创新质量但是遏制创新数量,与创新绩效呈倒 U 形关系;创新网络中心度(势)方面,在自我中心网络中,节点中心度表示节点的联结数量,整体网络层面则用网络中心势概念,衡量节点的最高中心度与最低中心度之间的离差状况。节点中心度与网络中心势对个体或者网络层面的创新绩效作用如何,研究结论不一而足。部分观点认为中心度(势)与创新网络绩效呈正相关,新近的一些研究则表明与创新网络绩效呈倒 U 形关系(Christoph,2010),或者关系受到多种非网络变量的调节(Mia,2011;Ching,2014)。

Victor(2008)等研究者通过对制药、化学及自动化产业的进行实证研究后表明:网络成员间技术距离、网络中心度、网络密度这三个维度分别或共同影响创新绩效。研究把创新绩效分成两个方面来测量,一方面是新奇的创造,另一方面是吸收能力。研究结论显示,网络结构的三个维度各自对于创新绩效呈倒 U 形关系。而且,成功的探索性创新需要在新奇的创造和吸收能力的提高上达成相对平衡状态。组织与组织间的强连接比弱连接更有利于组织内创新的产生(Marco,2010)。组织间网络的连接强度与创新绩效并不是线性关系,Christoph 等人(2010)的实证研究表明组织间网络的连接强度与创新绩效呈倒 U 形关系,并且组织间网络的其他两个结构维度——结构洞和中心度与创新绩效同样呈现出倒 U 形关系(Christoph et al.,2010)。

Chunlei 等人(2014)用美国一家大型的微处理制造商的专利数据,构造了企业内部以研究者为中心的合作网络和知识网络,并且检验了两种网络的两种结构特征——结构洞与中心度在研究者探索性创新方面的影响。研究表明:在知识网络中,研究者的知识元素拥有更多的结构洞并不利于探索性创新,研究者的知识元素在知识网络中的中心度对于研究者的探索性创新呈倒 U 形关系;在合作网络中,研究者拥有更多的结构洞则更利于探索性创新,相反,合作网络中心度对探索性创新有负向影响。陈伟(2012)等人通过对东北三省装备制造业产学研的创新网络的研究,验证了网络中心地位、结构洞和中间中心度这三个网络结构变量对于网络成员创新产出的影响:创新网络中心地位对网络成员创新产出具有正向影响;网络结构洞对网络成员的创新产出起到了正向促进作用;网络中间中心度代表了网络成员的中介性,对网络成员创新产出并没有起到正向促进作用,这与国外的一些结论是不符合的。

Russell(2014)发展并验证了企业所处的环境组成是如何影响创新绩效的这一理论,该研究中企业所处的外在环境实际上指的就是企业与所在地的同行们的网络联系。研究表明企业与所在地的同行在地理位置上越接近,即企业的外部网络联结得越紧密,企业的创新绩效就越高。除此之外,文章把外部网络作为条件变量,研究了企业内部网络的结构与企业创新绩效的关系。企业的外部网络联结紧密时,企业内部网络的凝聚力越强,越能促进创新的生成;当企业与外部同行企业在地理位置上疏远时,企业内部网络的凝聚力越弱即内部网络越无效,反而越能促进创新的生成(Russell,2014)。因为,当外部网络联结紧密时,企业员工通过与本地同行的交互学习,可以获得新的知识,凝聚力高的网络又使员工更容易共享这些知识,由此促进企业创新。而当外部网络联结稀少时,无效的网络更能产生和保持多样性,无效的网络彼此较少连接并且在信息传播方面有缺陷,这样的网络反而能促进问题的解决,创造中间连接业务的机会。这两方面都容易产生新奇的发现(Lazer et al.,2007)。反过来说,当企业与企业处于相对分离的地域时,若组织内部的网络凝聚力很强,企业在创新方面则会有较差的表现。因为在这种情况下,公司从外部环境获取的新知识很少,而员工之间相对密集的联系将导致更加一致的想法(Granovetter,1992)。

表 2-1　创新网络与创新绩效关系研究的典型文献总结表

作者（年份）	样本	内部/外部网络	单模/双模	整体网/自我中心网	密度	结构洞	中心度（势）	其他变量	交互项	结果变量
Chunlei Wang (2014)	研究者	内部	合作网络	自我中心网		正相关	负相关	促进创造		探索性创新（发明专利数量）
			知识网络	自我中心网		负相关	倒U形	遏制吸收		
Ram et al. (2014)	企业		知识网络				正相关			技术标准委员会投票支持率
			合作网络				负相关			
Russell (2014)	企业	内部网络			正相关			地理临近性	＋外部网络密度×内部网络密度	创新绩效
		外部网络			正相关			正相关	与合作伙伴地理距离越近、内部网络密度越低时，创新效应越高	
Ching Tsung Jen (2014)	研究者	内部网络	单模	自我中心网	负相关		正相关	知识多样性作为中介变量，与个体创造力正相关		研究者个体创造力
Mia Reinholt (2011)	咨询公司员工	内部网络	单模	自我中心网			正相关			知识获取
							正相关			知识分享
Christoph (2010)					正相关	倒U形	倒U形			组织创新绩效
Corey Phelps (2010)	企业	外部网络	单模	自我中心网	正相关			技术多样性正相关	＋技术多样性×网络密度	探索性创新（发明专利数量）
Kuen-Hung Tsai (2009)	企业	外部网络	单模	自我中心网				吸收能力	一吸收能力×供应商合作	新产品创新绩效
Victor et al. (2008)	企业	外部网络	单模	自我中心网	遏制创造 促进吸收		促进创造 遏制吸收	技术距离 促进创造 遏制吸收	＋技术距离×网络密度 ＋技术距离×中心度	探索性创新（发明专利数量/质量）

二、创新网络研究进展

1. 创新网络结构

格兰诺维特（Granovetter）提出创新网络结构洞等概念以来，创新网络领域的大量研究主要集中在创新网络结构方面。Chih-Hsing（2011）提出社交网络桥接对于信息和知识的传播至关重要。它也是社交网络结构影响个人的关键机制。这项研究发现，当网络结构不够紧密时，结构性漏洞的好处就不会出现。通过聚类分析，这项研究还发现，光电产业在创新活动中比台湾其他产业更具有紧密的相互作用，从而获得了世界竞争优势。Nieves 等人（2012）研究了网络的过程，结构和治理维度对创新绩效的影响。他的文章重点是创新网络的多维方面以及这些维度如何影响网络性能。技术管理，基于资源、交易成本和社会资本的观点被应用于构建每个子系统或分析维度的模型变量。有研究者在分析了欧盟 CORDIS 数据库中的 350 名积极参与欧洲创新网络的项目经理的样本后得出结果：通过适当设计流程、结构和治理子系统，可以提高创新网络的绩效。崇锋和朱洪利（2019）使用我国 ICT 产业专利申请数据构建了创新网络并量化了创新主体在创新网络中的中心性、结构洞、网络密度等网络结构，在此基础上采用负二项回归模型探究了上述网络结构对其创新绩效的直接影响以及网络稳定性对该影响的调节效应。研究结果表明：①创新主体在创新网络中提高中心性结构与结构洞结构将促进其创新绩效的提高，且该促进作用在网络稳定性较低时更强；②创新主体在创新网络中提高网络密度结构将抑制其创新绩效的提高，且该抑制作用在网络稳定性较高时更弱。

Daron 等人（2016）使用了 180 万项美国专利及其引文属性来绘制创新网络及其实力，描述了将专利技术领域联系在一起的创新网络的实力和重要性。他们将技术进步量化为从各个领域溢出并丰富相邻技术的工作，同时指出这些溢出也是局部的，而不是普遍的。因此，网络某一部分的创新进步会极大地影响附近的学科。通过展示过去的创新如何预测 10 年以上视野中其他领域的未来创新，验证了创新网络的实力和稳定性。对科学进步是如何发生的，科学发明如何在自身上发展得更好等这些问题的理解，是对创新的累积过程及其对经济增长影响的描述的重要方面。

Xuemei 等人(2016)研究考察了影响企业知识转移绩效水平的四个因素，即网络规模、网络异质性、网络联系强度和网络中心性。在对中国高科技企业调查的基础上，本研究使用模糊集定性比较分析(fsQCA)探索了协作创新网络与知识转移绩效之间的关系。这项研究支持以下观点：不同的因果路径解释了企业的知识转移绩效。研究结果表明，网络规模、网络联系强度、网络的中心性决定了知识转移绩效的水平。但是，网络异质性对知识转移的性能没有显著影响。

2.基于个体的创新网络

员工个体是企业创新网络的基本单元之一。有相当部分研究从组织范畴或者社区范畴，来研究个体之间的创新网络传播、个体创意网络等。Denis 等人(2002)探讨了大型微电子公司员工之间的社会技术创新传播过程。基于科技与社会的行为者网络理论(ANT)被应用到社会技术创新的分析中，以了解创造者并将参与者的论点付诸实践的行动。行为者构造和组织了这些论点，目的是在支持该项目成功的工人之间传播创新。创新项目的作者希望改变不同参与者之间的关系状态。Denis 等人根据经理和工程师定义的标准建立了身份认同感，但是创新的预期收益(在这种情况下是技术和团队合作精神)没有被自动接受。网络分析揭示了如何构建具有说服力的论点，这些论点拒绝了旧的现实并证明了创造新现实的步骤。本书将通过一系列的论证和相关参与者的回应来揭示创新的构成方式和形式。

Rahmat 等人(2018)研究了信任在创新的思想生成和思想实现阶段对社交网络联系形成的影响，利用了来自两家公司项目团队的 153 名员工的数据。研究发现了可信赖性的两个维度，即能力和仁慈，预测了想法生成和想法实现的关系形成，而完整性则仅预测了想法生成的关系形成。对公司和创新阶段的适度分析表明，缺乏仁慈使能力在很大程度上不适合作为创新活动选择合作伙伴的标准，而高仁慈则增加了能力影响合伙人选择的程度。另外，缺乏完整性会使能力成为对伙伴而言无关紧要或否定标准。

Panel 等人(1993)描述了沃尔玛创新网络(WIN)合作实验，旨在测试刺激美国创新的基础设施——在美国发明和生产的新产品。WIN 合资企业专注于独立和小型企业的发明者，因为 WIN 在这里很可能会产生最大的影响。与许多人的看法相反，发明者仍然是新产品、新工艺和新服务的主要来源。与公司法人和机构法人相比,非公司法定代表人的发明者缺乏将创意推向市场的可行渠道,而且常常缺乏一些必不可少的资源或专业知识。WIN 策略不是尝试激发发明,而是简单地使现有想法和发明更容易进入市场。除其他资源外,WIN 还利用约 160 名沃尔玛志愿者高管、采购员和市场专家的专业知识,这些专家对可销售性进行了评估。尽管创新是 WIN 企业的主要重点,但底线目标是创造新的国内制造业就业机会。

Sharon 等人(2014)的论文报告了有关网络资源捆绑的变化如何影响创新网络的成功以及随着时间的推移它们如何改变轨迹的调查。创新网络是复杂的自适应系统,因此采用模糊集理论模拟方法来捕获复杂性。研究结果表明,知识变量与财务资源之间的相互依存是造成高性能创新网络的最大因素,而社会资本的损失及其与环境之间的依存关系则是导致创新网络绩效下降的最大因素。该论文不仅提出了创新网络中社会资本角色的细微的变化,而且特别强调了知识贡献的顺序。

3. 创新网络管理

企业对创新网络的管理成为新的研究趋势。旨在共同开发产品、服务或流程的创新网络代表了组织间业务网络的一种特殊形式。为了从这些协作中获得有用的结果,需要对网络进行彻底的管理。Johannes(2019)认为,通过任命专门的网络管理员来管理、协调和调节,任务管理被捆绑和集中在单个实体中。使用面向交互的网络方法作为概念基础,我们分析了网络管理员对网络的关系和目标成就绩效的直接和间接影响。我们的结果表明,网络管理员可以增强创新网络的核心管理功能,进而可以改善关系绩效(RP)。此外,还发现 RP 显著推动了目标达成绩效(GAP)。

Sven 等人(2016)通过研究网络管理员的简单存在对低复杂性设置和高复杂性设置中的核心管理功能和性能结果的影响,填补了这一空白。我们的结果证实,聘用网络管理员可以显著改善核心网络管理功能及关系和结构化网络性能,进而提高目标实现性能和网络保留率。此外,我们从交互分析中得出的结果表明,在高复杂性环境下,网络管理员的贡献更大。Yannis(2019)研究了区域创新生态系统中风险投资家和其他专业人员之间的社会网络发展。他通过对风险投资家的在线调查,考虑了他们的网络行为,特别关注私人和公共支持的风险投资基金雇佣的人之间的区别,以及他们网络的组成和空间搜索。结果表明,两个看似相似的专业群体(私人和公共风险投资家)内部存在显著差异,风险投资基金的公共依赖性与较高的互动量密切相关。一个基金对公众的依赖程度越高,它与创新系统的其他参与者的互动就越多。

有学者提出均衡的网络管理。Johannes 等人(2011)的研究包括面向互动的网络方法在创新文献中的传播。根据这些文献,我们假设均衡的网络管理可以通过促进伙伴选择、资源分配、监管和网络评估来提高网络保留率;均衡的网络管理提高了创新网络参与者的网络保留率。这些发现表明,均衡的网络管理会影响创新网络的保留。因此,创新文献应包括对四个网络管理功能的详细调查。对创新网络成功数据的影响,例如网络保留率。评估创新网络内的网络稳定性和社交互动可能会更好地理解创新网络环境中潜在的保留机制。

还有学者构建了创新网络的协调模式。Elodie (2019)探讨了网络中的中小企业(SME)项目承载者使用的协调模式。他们使用纵向深入的案例研究方法,对来自访谈,观察和其他来源的数据进行分析,以发现协调模式如何变化及这些变化背后的驱动力。结果表明,协调模式随着项目的进展阶段而变化。此外,枢纽公司对特定协调模式的选择受其对网络成员的依赖程度的影响。这些结果对中小企业具有重要的实践和理论意义。

Wenyan 等人(2012)研究了互补产品的创新网络。基于状态审查提出协作产品创新的框架和技术解决方案。公司面临的挑战包括日益增加的产品复杂性、更短的产品生命周期、更高的研发成本等。为了应对这些挑战,企业采用了创新网络的做法来与供应商、客户和其他外部合作伙伴进行共同创新。但是在过去,细分研究主要集中在策略级别而不是项目级别,这为产品创新提供了具体指导。因此,在这项工作中,作者基于对创新网络研究的梳理,提出了一个在项目级别的协作产品创新网络框架。还提出了用于协作产品创新网络的技术解决方案(模块化产品创新网络开发和基于本体的知识集成)。最后,作者给出了该方案在电热水器开发中的应用,以演示该框架的实现和潜力。

4. 创新集群与创新生态系统

创新生态系统是近年来学者关注较多的研究领域。研究对象多集中于企业和用户、政府、研究机构等"产学研用政"构成的创新生态系统。Koen（2000）研究生产者、用户和政府的互补效应，提出成功的创新取决于生产者、用户和政府机构网络中的互补能力。使用 Kauffman 的 NK 模型对创新网络中的互补效应进行建模，从该模型得出的假设是，生产者、用户和政府在专业创新网络中自我组织——特定技术的生产者越来越关注特定国家的特定用户市场。863 飞机模型（1909—1997）的数据显示了"二战"后一段时期的这些强大的专业化模式，指出了政策含义，强调了跨国合作的最新兴起，这可以理解为逃避历史专业化模式的一种手段。

Mariana 等人（2019）以企业 R&D 网络的多重性为研究对象，研究了两类边界跨越网络——企业与政府资助机构之间的二分网络和传统的企业—企业网络；并运用社会网络的观点来研究这些类型的网络对企业创新能力的影响，以及对企业内部研发努力的影响。研究结果表明，企业—GSI 网络和企业—企业网络的结构特征对创新能力都有正向影响，但企业—GSI 网络凝聚力在影响企业创新能力方面与 R&D 有较强的负向交互作用。此外，在企业—企业网络中，部门内中心性在驱动企业创新方面比部门间中心性对研发的负面影响更大。

Daniela（2011）采访了位于英国戴斯伯里科技园中的 46 家高科技创业公司的主要信息提供者。通过访谈分析，他发现不同的网络配置可以在同一个整体网络中共存。但是，这些并不是替代性的独立结构在起作用，而是通过跨越边界的参与者彼此相互作用。因此，研究不仅提供了与特定价值后果相关的网络配置的理解，而且也提供了与不同配置之间的相互作用有关的证据。这样做在企业营销和网络价值战略观点之间建立了桥梁。研究还显示出重要的管理影响和对决策者的影响。

Lachang（2017）了解了中关村产学研合作的创新网络，重点研究产业与产业之间的联系以及作为学术研究和知识转移、传播的关键机制的公共研究机构。从定性分析该网络的形成和发展过程入手，结合企业层面的社会网络分析和空间分析方法，揭示了中关村 IUR 合作创新网络的时空演化。研究显示该网络已从依赖以政府为中心的连接的单一驱动因素发展为基于政府和市场激励的更加多样化的系统。

Michel（2009）提出，硅谷的创新能力难以复制，而且世界各地的一些决策者未能重现硅谷集群是因为人们对硅谷创新动力存在误解。所以作者使用了复杂的网络理论 CNT(Barabasi et al.,2006；Jen,2006；Thompson,2004a)来分析硅谷的复杂创新能力,并了解代理的异质性以及支持创造和创造纽带的多重性。正如 Barabasi(2002)所提出的那样,将经济视为一个复杂的网络,其节点是公司,其链接代表连接它们的各种经济和金融联系。人们将创新和企业家精神理解为众多经济主体之间相互作用的结果。

多样性是生态系统的基本属性。Daniel 等人(2018)研究了欧盟资助的研究网络中合作伙伴的组织和地理多样性对其创新的商业潜力的影响。对603 个欧洲 FPs 支持的合作研究项目进行分析,使用来自创新雷达的数据,这是 DG CONNECT 开发的一个独特的调查数据库,用于评估信息和通信技术中 FP 项目的创新成果。研究表明,由具有更高组织多样性的研究网络开发的创新具有更大的商业潜力。这一发现支持这样一种观点,即通过建立制度多样的研究网络来改善创业生态系统的相关政策,可以对 FP 项目中开发的创新的商业化潜力产生有益的影响。相比之下,拥有更广泛的国际分散研究伙伴的研究网络可能创新潜力较小。这可能表明了地理多样性较大的 FP 项目存在协调和沟通困难。

5.产业与区域视角下的创新网络

Junmo(2002)的研究表示随着经济体和地区正转变为以知识为基础的实体,科学和技术作为推动经济增长的机车在世界许多不同地区的重要性日益提高。在意识到这种重要性的同时,明显的趋势之一就是在不同层次上建立研究网络。从宏观层面的国家创新体系和国际研究合作,到地区层面的科学城市,再到微观层面的技术孵化器,一个共同的线索一直在建立有效的网络。目前学术界对诸如国家创新系统和科学城市之类的宏观和中层机构已经进行了很多研究,而对微观研究网络的建设则留作进一步研究的领域。为此,这项研究的重点是论证在政府资助的研究机构与对技术有强烈要求的中小企业之间建立研究网络的必要性。

首先,基于产业的创新网络研究仍是热点。李菲菲等人(2019)认为技术创新的复杂化使得创新生态网络逐步成为汽车产业技术创新的新兴主体形态,我国汽车产业技术创新的历史复杂性使研究其发展演化过程更加具有现实意义。李菲菲等以复杂系统为视角构建汽车产业技术创新网络,系统地研究了我国汽车产业技术创新网络的外部形态和内部构成,揭示了我国汽车产业创新四种主要形态的运行机制,展示车企主导型、产业链主导型、产学研联盟主导型和创新生态系统主导型四种类型技术创新网络的演化过程,以期为我国汽车产业技术创新网络发展提供理论支撑。

Helen 等人(2006)介绍了对全球纤维行业中三个创新网络演变的深入研究发现,揭示和讨论了企业在整个创新过程中配置扩展网络的机制。转发了从发现中得出的三种配置类型的类型学。研究结果表明,成功的创新网络配置涉及识别创新价值在网络中的位置以及开发能力和机制来理解和访问该价值。这对于嵌入自己的知识基础和关系模式中的公司来说是个问题。

其次,基于区域或跨区域的创新网络研究成为主流。蒙大斌等人(2019)运用时序全局主成分法测度 2008—2017 年京津冀空间交易成本及其动态变化,构建 QAP 计量模型分析空间交易成本与创新网络空间拓扑的关系。研究发现:①京津冀地区空间交易成本近年显著下降,其中北京、天津两市与其他城市之间的空间交易成本最低,保定市位列第三,河北南部城市的空间交易成本相对较高;②空间交易成本显著影响创新网络在地理空间上的拓扑,能够在一定程度上解释这一动态过程;③滚动检验显示,空间交易成本降低与区域之间创新合作促进呈 U 形关系;④从分类检验来看,外生性空间交易成本对网络空间拓扑的影响不断减弱,而内生性空间交易成本对网络空间拓扑的影响不断加强。

殷德生等人(2018)研究了专利如何在长江三角洲城市群各城市之间流动,运用社会网络分析法,基于城际专利转移数据构建长三角城市群创新网络,揭示了专利要素在长三角城市群各城市之间的流动状况及其变化,刻画长三角创新网络演化趋势和结构特征,通过实证检验创新网络对城市创新产出的影响。

Robert(2003)研究了跨境技术合作指标,指出有用的技术指标对了解全球化的原因和后果至关重要。但是传统的基于技术的全球化指标用途有限,因为它们完全基于创新投入(例如研发支出)或产出(例如专利)。应对全球化现象需要更多地关注创新过程本身中发生的事件。技术合作的指标(例如战略联盟,合资企业,紧密的供应商与生产商之间的联系)有助于填补这一空白。关注这些合作安排将重点放在全球化过程中的关键组织角色(例如公司,大学,政府机构)上。基于这些创新网络动态的指标对于整合输入和输出指标具有重要意义。

6. 创新网络政策与制度安排

从实践的视角来看，创新网络研究最终会落到企业创新战略或政府创新网络政策上。构建创新网络，打造国家、区域或产业创新生态系统，是全球创新竞争的主要手段之一。Johan 等（2018）认为，科学、技术和创新（STI）政策是由历史背景下产生的持久性框架所决定的。在当代创新政策中，有三个框架。第一个框架被确定为从"二战"后政府对科学和研发的支持制度化开始，假定这将有助于增长和解决私人提供新知识的市场失灵问题。第二个框架出现于 20 世纪 80 年代，它强调竞争力，而竞争力是由国家知识创造和商业化创新体系塑造的。科技创新政策的重点是建立联系、集群和网络，鼓励系统内各要素之间的学习，并扶持创业精神。第三个框架与当代社会和环境挑战（如可持续发展目标和呼吁变革）相联系，并与前两个框架相区别。转型是指可持续性转型文献中概念化的社会技术系统变革。有人认为，这三个框架都与政策制定有关，但探索转型创新政策的选择应是优先事项。

国家集群政策方面，Stefan 等人（2017）研究了德国国家集群政策对协作网络结构的影响。实证分析基于 2011 年秋季和 2013 年夏末收集的原始数据，这些数据是由获得政府资助的集群参与者（公司和公共研究组织）提供的。结果表明，随着时间的推移，该计划在启动集群参与者之间的新合作和加强现有联系方面是有效的。在新形成的联系中，很大一部分是在没有为联合研发项目获得直接资金的行动者之间建立的，这体现了动员效应。此外，学者还观察到了集群空间嵌入性的差异发展。一些集群倾向于本地化，而另一些集群则增加了与国际合作伙伴的连接。中心度的变化主要由网络中的初始位置来决定，但这些变化的决定因素在集群之间有很大的不同。Tobias 等（2014）在文中分析了 1998—2007 年德国汽车行业有公共资助的公司之间的 R&D 网络的演变。基于随机参与者的模型能够估计演变过程的各种驱动因素。作者同时检验了在创新和演化经济学框架中得出的假设，并表明企业的结构位置以及参与者协变量和二元协变量是网络演化的影响因素。结果表明，与知识相关的影响（例如吸收能力，技术距离和知识库模块性）是网络演进的重要决定因素。此外，还发现传递性是相关的内源性结构效应。具有合作经验的公司倾向于以发起人和目标人的身份更紧密地参与合作。

一些研究关注了政策对产业创新网络的影响。Bjorn 等（2019）基于德国政策研究了燃料电池创新动态。他们首先研究燃料电池的期望与更广泛的期望网络在燃料电池领域的发展关系；然后检视政策措施如何参考这些预期，以及政策如何处理预期的动态演变。研究表明：单凭燃料电池的预期不足以引发实质性的政策支持；只有将其与对未来能源系统的愿景和预期以及进一步的背景发展联系起来，才能启动支持性的政策措施。此外，尽管德国当时为稳定对燃料电池的政策支持而做出了不懈的努力，预先阻止了预期的可能变化，但治理仍然必须适应预期网络的变化，特别是对电池电动汽车预期的上升。Xinning 等（2019）研究探讨了政府资助的中国太阳能光伏技术发展合作网络的动态，并探讨了网络演化对网络参与者后续创新绩效的影响，通过基于科学出版物和专利数据的文献计量方法，对网络结构特征和属性邻近变量进行了联合检验。在探讨政府资助的合作网络的演变过程中，研究发现，参与者更有可能与先前的合作伙伴，直接和间接合作伙伴以及具有类似特征的合作伙伴进行合作。这些协作模式反过来会对直接联系和网络效率产生负面影响，并增加参与者网络的属性接近度。

另一些研究聚焦于创新集群政策。赫连志巍等（2019）认为在集群创新网络中，各节点企业获取创新资源的能力不同，要想提升集群整体创新水平，那就需要各节点之间的联结活跃能力发挥重要作用。通过分析创新网络的结构属性及影响关系，他们提出创新网络活跃能力概念，并建立其概念模型。通过多元回归研究得出以下结论：创新网络活跃能力对集群升级具有显著的正向影响；税收减免政策在创新网络活跃能力与集群升级之间起着正向调节作用；创新基金在创新网络活跃能力与集群升级之间的调节作用并不显著。结合创新网络活跃能力的提升以及创新支持政策的完善，为集群的升级发展提出对策与措施。

基于政策手段和政策区域的政策网络是研究的最新趋势。Yutao 等（2019）研究采用政策网络的方法，考察了新兴经济体、政府间机构关系演进的三种机制：政策议程、权力集中和异质依赖，并将它们应用于中国创新决策演进的分析。研究结果表明，由于政策网络的权力集中性、异质性和依赖性，正式的创新政策网络不仅能通过政策议程的干预得以维持，而且具有自组织性。这种混合机制在中国创新政策网络演进中的存在，不同于自组织发挥核心作用的工业化国家的研究结果。Ivan等人（2019）发现在迅速变化的区域经济中，创新能力较弱的欧洲区域（以下简称落后区域）必须积极努力缩小与知识密集型区域之间的差距。他们利用区域一级的专利数据，组织了一个涵盖七年数据的面板数据集（2002—2008），以验证以下研究假设：合作，特别是与高度创新（知识密集）区域的合作，对落后区域的创新绩效能产生积极影响。

三、创新网络研究的范式整合

1. 创新网络研究的四个层面

网络嵌入视角下的创新研究涉及四个层面（Rodan, 2010; Phelps et al., 2012; Maxim, 2014）：全球创新网络（Global Innovation Network）、区域联盟网络（R&D Alliance Network）、企业自我中心研发网络（Ego Network）、内部组织间研发网络（Inter firm R&D Network）。Maxim（2014）等将这四个层面纳入一个框架中，研究了不同层次创新网络中成员流动性与企业发明能力之间的关系。研究结果表明：企业网络的成员流通速率与企业的发明能力呈倒U形关系，当成员流通的速率处于中等水平时，企业可获得最高的发明能力；企业在不同的区域网络之间流动对于企业的发明生产力也呈倒U形关系，当企业在区域网络中以中等速率流通的时候，企业具有最高的发明能力。在网络中心位置的成员比在网络外围的成员能够从成员流通或者企业流通中获得更大的利益；当全球网络的范围达到较高水平时，成员流通和企业流通处于中等速率时的积极作用都会被减弱。

2. 网络节点：知识、研究者与企业

网络内容方面的研究涉及知识与研究者两个方面。对研究者合作网络的研究始于经济生态学观点创新，根植于社会网络之中。有学者将研究者视为合作网络的节点，将研究者之间在研究过程以及研究成果之间的合作关系视作合作网络的联结（Fleming et al., 2007）。知识网络方面的研究认为创新是知识的整合与再整合（Schumpeter, 1934; Weitzman, 1998），这种整合网络是联结科学与技术的内核与枢纽（Carnabuci et al., 2009; Yayavaram et al.，2008)，因此，知识元素并非原子式，而是通过在创新中的共同应用所联结(Fleming，2001)。研究将知识元素视作知识网络的节点，将两个知识元素在创新中的整合关系视为知识网络的联结(Carnabuci et al.，2009)。

3.网络模式：单模与双模网络

单模(One Mode)网络的创新研究，将创新网络视作一个网络，在知识、研究者等网络上不做区分，统称为合作网络、研发联盟网络或者创新网络。而双模(Two Mode)网络，则对创新网络进行内容上的区分，认为企业创新活动是嵌入知识网络(或称技术网络)、合作网络(或称商业网络、组织网络)等两个网络当中，这两个网络对创新活动具有不同的影响。如 Chunlei 等人(2014)在新近的研究中，就将企业技术创新放置在双重创新网络中，一个是研究者之间的合作网络，一个是由知识元素之间的联系组成的知识网络，这两个网络的结构特征明显并且各自影响探索性创新。创新网络由单模向双模的拓展，是当前创新网络研究前沿的新趋势。这一拓展，可以更加清晰地揭示创新的知识逻辑与合作逻辑，并将二者区分开来，分别考察对创新绩效的影响机制，同时，还可以将二者融合起来，对知识网络与合作网络在创新中的交互或者替代效应进行研究。魏江等人(2014)将创新网络视作"技术网络/研发组织网络"构成的双模网络，并通过丰富的案例，揭示了技术网络与研发组织网络的同构/异构属性及对案例企业创新活动的影响。

4.网络形态：整体网络与自我中心网络

在既有的创新网络研究中，总体上呈现两个网络研究的视角，即整体网络层面(Kilduff，2003；Keith，2007)和自我中心网络层面(Borgatti et al.，2003；Brass，2004)。整体网络从多个节点、分布式的网络(Kogut，2000)来研究，考察网络作为一个整体所具有的结构特征与创新属性(Provan，2006)，研究的结果变量一般都落在所有成员企业层面；而自我中心网络则研究一个焦点企业放射状联结构成的网络(Kogut，2000；Kogut et al.，2001)，考察网络对焦点企业创新活动的影响，研究的结果变量一般都落在焦点企业层面。

5.研究样本：研究者、团队、企业与网络联盟

现有创新网络研究所选择的样本，主要包括研究者、团队、企业与网络

联盟等。首先,以企业作为样本,研究企业所处的外部创新网络的文献最为丰富,且近些年呈递增态势。这些文献多考虑关系联结的类型或强度,如供应商合作关系、研发机构合作关系,或者垂直/横向合作关系对技术创新的影响(Kuen-Hung,2009),外部网络的结构(密度、结构洞与中心度),以及地理临近性、技术距离等的调节作用(Russell,2014;Christoph,2010;Corey,2010)。其次,以研究者作为样本,探讨研究者个人的自我中心知识网络或者合作网络,对研究者个人的知识获取、创造能力、探索性创新等的影响。最后,还有部分研究以某个行业或者企业内部的研发分支机构与研发团队作为样本(Mia,2011;Ching,2014;Chunlei et al.,2014),而网络联盟作为样本的研究则很少。

创新网络演进的范式及其维度情况见表2-2。

表2-2 网络嵌入视角的创新观:创新网络研究的范式整合表

范 式	维 度			
网络层面	全球创新网络	区域创新联盟网络	组织内部创新网络	
网络节点	知识	研究者	专利	企业组织
网络模式	单模	双模		
网络形态	自我中心网络	整体网络		
研究样本	研究者	团队(分支机构)	企业	网络联盟

四、创新网络研究评论

从战略性新兴技术突破视角来看,需要对网络嵌入视角的创新观做如下拓展:

第一,单模网络研究范式需要向双模网络研究拓展。绝大多数研究将创新活动所嵌入的网络视作单模网络,如组织间合作网络(研发网络/联盟、技术网络/联盟等),或者知识网络(事实上与组织间合作网络含义相同)。事实上,企业创新活动双重地嵌入知识元素构成的知识网络,与由研究者之间的合作关系构成的社会网络,是典型的双模网络(Yayavaram,2008);Chunlei等(2014)新近的研究成果,采用了双模网络研究,研究企业内部研发组织的知识网络与合作网络(都是基于个体的自我中心网络)对研究者个体探索性创新的影响。但是,Chunlei 等未对知识网络与合作网络的整合效应进行研究。魏江基于组织网络与技术网络同构/异构协同视角,运用案例比较研究了跨边界研发网络架构问题,但未能揭示网络的具体结构变量,因此,仍需要进一步研究双模网络的整合效应,揭示双模网络之间的替代/交互关系。

第二,企业外部合作网络研究需要向组织内部网络聚焦。近年来绝大多数创新网络的研究都是从企业外部组织层面,以企业作为网络节点,研究放射状网络结构对企业创新活动的影响(Tsai W,2001;Zaheer et al.,2005;Ishtiaq,2011),这些研究有助于认识战略性新兴技术突破的外部力量来源。本研究定位于战略性新兴技术突破的组织内部动力,而现有研究较少关注企业内部的创新网络(如企业内研究者合作网络或者知识网络),因此需要将研究焦点从企业外部合作网络转向企业内部网络,才能揭示战略性新兴技术突破来自组织内部的网络动力机制。

第三,企业自我中心网络需要转向企业组织内部的整体网络分析。当前研究多从运用自我中心网络变量测度来研究创新绩效(Agrawal,2012),如节点企业的结构洞、中心度等,很少研究企业组织内部的整体网络结构变量,如整体网络结构洞(一般采取节点结构洞的均值或者加权均值)、中心势(节点中心度最高值与最低值之差)等对企业层面创新绩效的影响。因此,知识网络、合作网络以及创新绩效,都需要拓展到企业整体网络层面,才能研究战略性新兴技术突破的组织内部网络动力源泉。

网络嵌入视角创新观将创新网络视作组织间合作的单模网络,鲜有从知识网络与合作网络两个维度进行双模网络的研究,难以揭示战略性新兴技术突破的网络动力机制。如知识网络结构与合作网络结构,对技术突破绩效有何影响?知识网络与合作网络的整合效应,是替代的还是交互的?难以解决创新实践中,知识资源与团队资源的组织策略匹配问题。拓展网络嵌入创新观,整合知识网络与合作网络,基于双模网络的视角,能更充分地揭示战略性新兴技术突破的网络动力机制。

第三节 资源基础与网络嵌入的融合

创新网络结构的各项维度并不单独作用于企业的技术创新,网络维度影响作用的方向、强弱往往受到非网络因素的影响。现有研究多将三类非网络变量作为调节、交互变量或者中介变量纳入研究框架,包括技术特征、创新策略及吸收能力等资源基础与网络嵌入的融合关系(见图 2-1)。

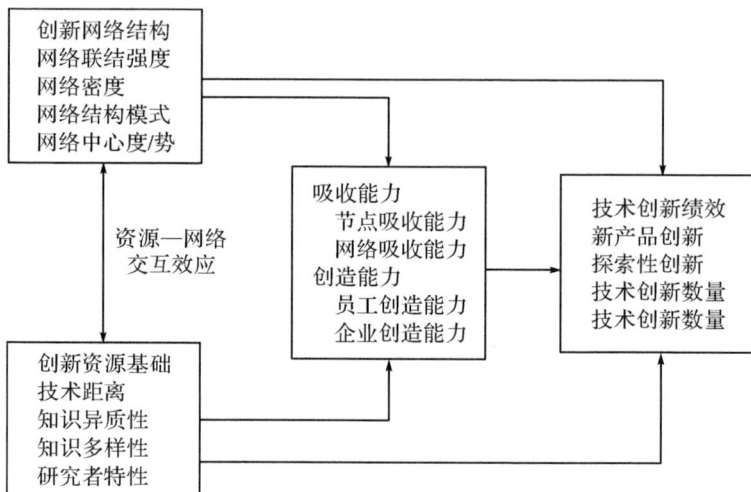

图 2-1　资源基础与网络嵌入的融合图

一、技术特征对网络嵌入性的影响

Phelps(2010)提出,在区域联盟网络中,网络结构的各项维度并不单独作用于企业的技术创新,网络维度影响作用的方向、强弱往往受到非网络因素的影响。这些非网络因素通常包括以下几个方面:企业联盟合作者的技术多样性能增加企业的探索性创新;认为吸收能力和创造能力在创新网络结构与创新绩效之间起中介作用;更进一步,企业联盟合作者之间的网络密度加强了多样性的影响,增加网络密度,以增加多样性正向作用的斜率,增加多样性作用的幅度,同时减少多样性的负面作用。Ching(2014)整合社会网络和创新理论,探讨了网络中心度、网络联结和知识多样性对个人创造力的作用。数据来自台湾一所大型研究所的 427 个样本。研究结果表明网络中心度正向影响知识多样性,而网络联结对知识多样性起负向影响作用。另外,作者还发现个人知识多样性正向影响个人创造力。研究理论上的贡献和实证结果增加了人们对社会网络和个人创造力的关系的理解。网络中心度正向影响个人知识多样性,个体网络的连接水平负向影响个人知识多样性,个人的知识多样性正向影响个人创造力。

二、创新策略对网络嵌入性的影响

网络的三个结构维度与创新绩效的曲线关系受到探索程度的影响,探索程度对网络联结强度、网络中心度与创新绩效的关系有消极的减缓作用。当探索程度增大的时候,网络联结强度、网络中心度的增加与创新绩效的增加速率就会减慢;而当探索程度减少的时候,创新绩效的递减速率就会加快。与之相反,探索程度的变化对网络结构洞与创新绩效的关系则起积极的正向作用(Christoph et al. ,2010)。员工网络的中心度、知识共享的自主动机、知识共享的能力的交互作用是:当这三个维度值都很高的时候,知识获取和知识分享的水平值也达到最高(Mia,2011)。

三、吸收/创造能力与网络嵌入性的关系

组织间学习网络视角的研究认为若组织占据网络的中心位置,那么就能促进创新,赢得更好的绩效,因为中心位置能够接触到其他组织的新知识。但是这种影响依赖于组织的吸收能力,或者成功复制新知识的能力。研究通过分析24家石油化学公司和36家食品制造商的数据验证了吸收能力和网络位置的相互作用对组织创新和绩效有重要的积极的影响。Tsai(2014)通过检验吸收能力如何影响不同类型的合作者与产品创新绩效的关系。研究中的样本是台湾技术创新调查数据库。分层回归用于分析模型,进一步探索企业规模和产业类型。结果表明:第一,吸收能力缓解了垂直合作对新的或改进的产品技术的绩效;第二,吸收能力对供应商合作和新产品绩效的影响会根据企业规模和产业类型的不同而不同;第三,吸收能力对客户合作和少量的产品变动绩效有消极的影响;第四,吸收能力对竞争者和新产品的边际变动具有积极的影响;第五,吸收能力对研究组织联盟和新的或改进的产品技术绩效具有积极的影响。这些结果丰富了合作网络和产品创新绩效的现有研究。

第四节　新兴技术创新相关研究

一、新兴技术与新兴技术创新

新兴技术是指那些在技术范畴层面与既有技术显著差异的技术或知识（Henry et al.，2014），其技术范式尚不明确，存在多种技术创新的潜在路径，往往是新材料的运用或者新知识的集成。新技术创新往往蕴含着多层次的市场反馈，会诱发相关知识的创造与创新（Alexander et al.，2012）。新兴技术创新同时也面临着巨大的风险，因此，新兴技术创新往往更多地出现在科学范畴而非商业情境下的技术范畴。20 世纪 90 年代以模块化生产为代表的先进制造开始兴起，伴随着制造技术革新和全球制造产业演进的步伐不断拓展与深化，总体上历经"新兴技术本位创新→新兴技术功能创新→新兴技术模式创新→新兴技术生态系统创新"的演进脉络。

1.新兴技术的基本范畴

20 世纪 90 年代，美国根据本国制造业面临的挑战和机遇，为增强制造业的竞争力，促进国家经济增长，首先提出了《国家先进制造技术战略计划》，先进制造的概念开始成为学界关注的热点问题。先进制造技术也成为当时语境下的典型新兴技术（邹元超，1997；呼江超，2003；等等），包括微电子技术、自动化技术、信息技术等先进技术给传统制造技术带来的种种变化与新兴系统。现在，随着第三次工业革命浪潮的兴起，新兴技术的外延已经发生了很大变化，主要指 3D 打印、人工智能、机器人、物联网等新一代信息技术代表的新兴技术。从外延上看，新兴技术产业首先指先进制造技术产业本身，如工业机器人、人工智能、增材制造技术等代表的新一代技术的产业；其次指采纳先进制造技术后实现了产业升级的传统产业，如传统产业采纳了工业机器人实现制造技术的革新和制造高端化。在产业转型升级的需求日趋紧迫的背景下，我国颁布实施《中国制造 2025》，提出"三个阶段、四个内容"的战略目标，"九大战略任务"和"大力推动的重点领域"及一系列战略工程，对中国新兴技术产业发展进行了全方位的战略性规划。

战略性新兴产业是以重大技术突破和重大发展需求为基础，对经济社会全局和长远发展具有重大引领带动作用,知识技术密集、物质资源消耗少、成长潜力大、综合效益好的产业。国家战略性新兴产业规划及中央和地方的配套支持政策确定了七个领域(二十三个重点方向),分别为节能环保、新兴信息产业、生物产业、新能源、新能源汽车、高端装备制造业和新材料。与战略性新兴产业有所不同,战略性新兴技术是一个国家或地区在一定时期牵引和支撑着战略性新兴产业形成和发展的高新技术集合体。每个领域的战略性新兴技术都是一个由众多单项技术或单元技术所构成的技术体系。对战略性新兴技术进行结构分析,目的在于通过专有技术开发中的主要难点辨识核心技术、关键核心技术,确定一定时期的主攻目标。重大产业关键共性技术是能够在多个行业或领域广泛应用,并对整个产业或多个产业产生影响和制约的技术。关键共性技术的研究难度大、周期长,特别是在基础材料、关键工艺、核心元部件、系统集成等方面的关键共性技术,产业关键共性技术的研究开发已经成为战略性新兴产业自主创新能力和核心竞争力构建的关键环节。因此,根据工业和信息化部组织编制的《产业关键共性技术发展指南(2011年)》,浙江省编制了《浙江省战略性新兴产业重大关键共性技术导向目录(2011年)》等文件,为战略性新兴技术的外延范畴提供了官方依据。此外,《战略性新兴产业专利技术动向研究》(甘绍宁,2014)、(Global Information Technology Report 2014)(世界经济论坛,2014)、(Six converging technology trends)(KPMG,2013)、(Ten IT-enabled businesstrends for the decade ahead)(Mckinsey,2013)等新兴技术趋势与专利动向的研究报告,也是新兴技术范畴界定的重要参考。

2.新兴技术创新的演进脉络

新兴技术创新分为三个方面:①新兴技术本位创新。先进制造的概念逐步拓展到制造功能先进性方面,邹元超(1997)提出了先进制造模式中必须实现零件标准化、部件标准化、产品模块化;呼江超(2003)提出应用先进制造模式可以加快企业新产品的开发和制造,是企业取得竞争优势的关键;张曙(1993)提出了精简化生产的典型模式——独立制造岛;方剑锋(2003)和胡国强(2007,2008)研究了在先进制造模式下企业作业成本管理;李全喜等(2004)和伍建军(2005)指出了在先进制造模式下供应链的质量管理的特点和实施方法。②新兴技术模式创新。主要是从模块化框架来研究先进制造模式,罗璟等(2004)提出了先进制造模式下要注重产品核心能力的培育。模块化制造模式成为研究的主流,学者们对模块生产系统进行了深入的研究。近几年,随着互联网、移动互联网以及物联网等新一代信息技术的兴起,先进制造模式的互联网化代表着先进制造发展的最新模式,全球家电领导企业海尔就开始了基于互联网生态系统的众创组织变革战略,基于互联网与云计算平台,构建面向消费者和用户的创业型、生态型制造模式,"互联网+"甚至成为先进制造模式的代名词。③新兴技术生态系统创新。近几年来,人们注意到国家制造业核心竞争优势来自制造产业系统。李放(2010)提出"产品开发为龙头""集成产品开发流程体系""价值链的模块化""全球价值网络的构建"形成全球价值网络,这一逻辑正是华为崛起的战略路径。李晓华(2013)构建了包括创新生态系统、生产生态系统与应用生态系统三个子系统的产业生态系统框架,分析了要素供给、基础设施、社会文化环境、国际环境、政策体系等辅助因素,验证了相互依赖、复杂连接、自我修复、共同演化等特征与机制。魏江(2015)指出后发国家先进制造产业持久的竞争力来自产业生态系统的先进性。

3. 新兴技术创新的生态特征

随着生命科学、互联网及信息技术等新兴技术的涌现,在新兴技术领域寻求创新,正成为创新驱动发展战略的前沿议题。传统技术领域内的技术创新,具有相对明确的问题指向、技术边界和轨道特征等范式约束。相比之下,新兴技术创新具有鲜明的生态特征:①远景混沌。不同于传统技术创新具有明确的技术问题指向性相比,新兴技术创新的指向性更加模糊,蕴含的技术远景十分混沌,很难预测新兴技术创新的明确进阶趋势,下一个创新会是什么,一项创新会在未来产生怎样的商业变革,都是一道道谜题。②过程跳跃。由于新兴技术处于技术生命周期中的婴幼儿阶段,往往呈非线性、跳跃性和不稳定的高速前进状态,新兴技术领域的突破性创新强度和频次,都要显著高于传统的成熟技术领域;对创新范式和技术轨道相对成熟的传统技术而言,编码化显性知识的逻辑重构,是实现技术创新的主要方式。然而,对于新兴技术创新而言,组织内部既存的显性知识积累水平有限,新兴技术创新更加依赖于非编码化、隐性的知识,需要研究者在混沌、模糊的知识丛林里,通过跨越知识界域探索潜在创新机会,在高度不确定和充满风险的情境下不断试错,寻求跳跃性的科学发现以创造新知识。③资源离散。新兴技术创新的知识边界模糊,很难确定新兴技术创新的潜在知识界域,与传统技术创新更多讲求存量知识整合以实现知识创造相比,新兴技术创新可能更多地来源于跨界的知识探索,知识等重要的创新资源在时间和空间上高度离散,创新资源整合更多地以分布式的方式进行。资源基础观认为,技术创新是对组织的知识资源进行创造性再整合以形成新知识的过程,通常将组织拥有的知识视作创新资源的主要形态和动力源泉,构成技术创新的"知识基"(Knowledge Base),包括编码化存储的显性知识,以及非编码化的隐性知识。相比于显性知识,与研究者高度黏合的隐性知识,在技术创新过程中扮演着更加关键的角色。此外,从技术创新的研究角度来看,编码化的显性知识,可以通过企业的专利存量、专利所属的产业分类等来直接衡量其存量水平。但是,隐性知识却缺乏类似的知识表征,只能通过其载体研究者的特征来识别。因此,从新兴技术创新的鲜明特点来看,知识和研究者两种资源是共同构成新兴技术创新的生态基础。作为新兴技术创新的两种生态资源基础,知识和研究者是通过何种属性提供创新动力的?既往针对传统技术的创新研究,大多只关注了创新资源特别是知识资源的存量水平。与传统技术创新更多地依赖创新资源存量不同,新兴技术创新资源的存量水平并不是决定性的,其生态学属性更加鲜明,新兴技术创新更多地取决于创新资源丰富的多样性特征。

二、新兴技术创新战略的主要观点

新兴技术创新的战略问题正成为各级政府和学界探索的重要议题。总结起来,新兴技术创新战略存在以下三个具有代表性的核心观点:①打造先进制造产业生态系统、构筑全球竞争优势。集中阐述战略性新兴技术产业发展战略的《中国制造 2025》,本质上是从产业生态、创新生态和文化生态的整合系统来构建战略,其主要逻辑是在继续提升传统制造业优势的前提下,基于先进制造技术创新,构建制造业长远发展的完善基础设施,打造国家创新系统,构筑制造产业发展的持久竞争优势(魏江,2015;黄群慧,2013)。金碚(2012)指出中国制造"压缩式的工业化"快速崛起的进程,具有区别于其他国家的根本特点,制造强国需要破除体制机制障碍。黄群慧(2013)指出为应对第三次工业革命以及未来与发达工业国家在价值链各环节的"全面竞争"的挑战,未来中国需要在转型升级战略、全球竞争战略、技术创新战略、产业发展战略、国家信息战略等方面进行适时调整。②非线性技术范式重构、实现新兴技术创新产业"弯道超车"。从技术范式重构的视角,利用产业出现非线性技术范式转型或者重构的机会,实现"弯道超车"。魏江(2015)用美国和德国汽车产业的例子,论述了非线性技术范式重构中的战略机会。美国以特斯拉公司为代表的新能源汽车的发展水平引领全球,技术能力和产业竞争优势远超德国同类汽车产业。特斯拉正是凭借新能源技术的突破性创新,重构了汽车产业核心技术范式,实现了跨越式发展。但是在传统汽车制造产业发展方面,德国传统汽车产业却远超美国,德国拥有的正是传统汽车制造核心技术范式的强大优势。③实施技术追赶战略,促进新兴技术产业渐进升级。以吴晓波为代表的一些学者提出了后发国家制造产业发展的技术追赶战略。李正卫与吴晓波(2004)较早地阐述了技术追赶与二次创新战略,可以通过合资方式吸引国外先进技术,但要避免技术能力陷阱,或者通过自主创新实现追赶,但要避免技术范式转换陷阱与研发投资风险。吴晓波(2005)从技术差距、吸收能力方面分析了上海、江苏与浙江的技术追赶进程:上海吸收能力强,技术差距小,追赶快;江苏注重研发,追赶快,但是差距大;虽然浙江生产效率高,但是吸收能力差,技术差距在拉大。吴东(2013)认为中国企业的技术追赶实践是在转型的"所有制制度"、多样的"技术体制"、多层次的"市场空间"以及新兴的"全球网络"四位一体的中国情境下展开的。吴先明与苏志文(2014)运用扎根方法,发掘出技术寻求型跨国并购存在"并购企业初始技术能力""关键技术缺口""有价值的创造性资产""技术融合"和"技术追赶"等五个范畴,构建了以跨国并购为杠杆的后发企业技术追赶模型。黄江明(2014)提出后发国家企业技术追赶的驱动因素呈现出复合的动态特征,企业选择跨越式的技术追赶路径存在极大的风险。喻登科(2012)认为战略性新兴产业集群协同发展的路径有单核、多核和星形等模式。

沈灏等(2017)提出新兴技术创新是近年来管理学研究的热点。为了更好地丰富新兴技术创新管理的研究理论、研究视角和研究方法,他们对新兴技术创新的内涵特征、理论视角、关键要素进行了评述,并扩展形成了多层次的新兴技术创新管理整合研究框架,归纳了较为完整的研究体系和脉络;提出未来研究应当重点关注新兴技术创新的能力体系构建、开放式学习视角的引入以及新兴技术创新过程中的动态资源管理等观点,并进一步结合中国转型经济环境开展更有针对性的研究。俞荣建等(2018)提出,不论是从技术本位还是中国情境来分析,新兴技术创新都蕴含着区别于传统技术创新的全新战略路径。俞荣建等(2018)基于技术迭代的新视角,界定新兴技术创新的生态特征,包括技术粒子多样性、迭代规则非线性与问题导向探索性等三个维度,建立了新兴技术战略创新路径选择的逻辑起源,并提出新兴技术创新的生态型战略路径。王伟楠等(2019)提出在新兴技术不确定性、组织模式网络化、市场的服务导向和价值共创等趋势下,传统创新生态系统所嵌入的技术情境、组织情境和市场情境发生了转变。现有创新生态系统文献缺乏对研究情境全面、系统的关注。因此,他们的研究以系统性评述为基础,整合应用文献计量分析与内容分析,识别出创新生态系统研究的焦点主题、理论发展、应用方法,以及由文献簇涌现的研究情境(包含技术情境、组织情境、市场情境),并从情境视角为创新生态系统理论与实践的发展提供启示。

李星宇等(2017)从知识视角出发,构建了新兴技术协同创新系统竞合共生模型,分析新兴技术协同创新系统稳定共存的条件,采用仿真方法研究新兴技术协同创新系统稳定性的主要影响因素。研究结果表明:新兴技术协同创新系统之间竞争的最终结果只与系统间竞争系数和成员企业贡献系数相关;核心企业学习能力和初始市场占有量影响了协同创新系统竞争初期的竞争优势;新兴技术协同创新系统达到稳定状态所需时间分别与竞争系数之差成反比,与成员企业贡献系数之差、初始市场占有量之差及企业学习能力最小值成正比。因此,系统中创新主体不断地提高自身的核心竞争力,深化创新主体之间的合作关系,加强知识的转移和共享是促进新兴技术协同创新系统稳定发展的有效途径。黄鹏等(2017)以协同融合和产学研合作促进创新生态系统建设,对我国实施创新驱动发展战略、加快建设创新型国家和世界科技强国具有重要意义。他们结合第九届科技进步论坛暨第五届中国产学研合作创新论坛的研讨成果,对产学研协同创新和军民融合创新、创新生态治理理念和方式、科技创新瓶颈和价值困境破解、创新治理体系机制构建以及创新发展的对策路径等进行述评。在此基础上,着重对创新生态、创新治理与新兴技术创新进行理论诠释,根据复杂适应系统理论构建创新生态、创新治理与新兴技术创新之间非线性效应影响机制模型框架,展望创新驱动及创新生态研究趋向。

三、新兴技术创新网络的结构特征

杨春白雪等(2018)提出创新网络已成为新兴技术企业提高创新效率的有效方式。在新兴技术发展演化过程中,其网络结构会发生变化,创新主体在网络中的地位发生改变,一些创新主体成长为网络中的核心,呈现出多核心特征。实证研究发现,知识状态和认知邻近性均显著影响网络结构,知识势差对网络中心性的影响和认知邻近性对网络规模影响不显著,知识转移在知识因素对网络中心性和网络联结强度的影响过程中起中介作用。曹兴等(2019)通过分析新兴技术多核心创新网络形成机理,研究了新兴技术创新网络知识增长机制,构建了新兴技术多核心创新网络双重双向形成模型。运用仿真方法动态模拟新兴技术多核心创新网络形成过程,分析新兴技术创新网络结构及其节点动态演进的规律。研究表明:新兴技术创新网络形成依赖企业间知识转移行为,具有生命周期特性;在网络形成发展期知识状态增速最大并趋于饱和;在网络形成稳定期具有无标度特性,呈现多核心网络结构;新兴技术企业扩大知识转移的频率和范围,加速提升企业知识状态,是成为网络核心企业的有效途径。曹兴等(2019)在分析新兴技术企业创新行为关系的基础上,构建网络中多核心企业创新行为博弈模型,运用数值仿真检验了初始成本、创新学习意愿和知识转移效率差异对企业创新行为的影响。研究发现:初始成本较低、创新意愿较强的核心企业,研发投入和利润均较高;初始成本差值和创新学习意愿差值对研发投入差值和利润差值均呈正向影响;知识转移效率差值对研发投入差值的影响呈正向关系,对利润差值的影响呈 U 形关系;核心企业个数对研发投入差值和利润差值均呈负向影响。因此,为减少非核心企业"搭便车"现象,应打造有多核心企业的新兴技术创新网络结构。许情等(2019)从分析新兴技术企业创新网络的结构特征及其演化特征着手,从微观角度介绍了创新网络中知识主体的协同行为策略,知识主体进行策略选择需要遵循相应的规则,以及主体策略选择的影响因素,从而总结出新兴技术企业知识协同的过程和网络化模式以及知识主体进行知识协同的目标。马慧等(2019)运用复合系统协同度模型,采用 2010—2017 年中部地区 6 个省的面板数据,从创新目标、资源配置和知识转移等方面测度中部地区新兴技术产业创新网络协同度。结果表明,中部地区新兴技术产业创新网络协同度整体上呈现增长趋势,但是协同创新水平较低,且6个省的协同度差异较大。湖北省和安徽省的协同度呈现有序增长趋势,湖南省、江西省、河南省和山西省的协同度呈现波动增长趋势,其中资源配置和知识转移是制约新兴技术产业创新网络协同度的主要影响因素。最后提出加强创新网络中主体之间合作研发资源的投入和整合,规范协同创新主体间合作模式,加速新兴技术知识的转移、吸收和再创造,进而提升新兴技术产业创新网络协同度的政策建议。俞荣建等(2018)基于新兴技术创新的生态特征,整合知识资源基础与知识网络结构两个知识生态系统的理论维度,探索新兴技术创新来自企业组织内部的知识动力机制:知识多样性与知识网络结构,影响新兴技术创新绩效的独立效应与交互效应。基于负二项回归模型、采用221家中国企业的新兴技术发明专利数据的实证研究表明:知识丰富性与新兴技术创新绩效正相关,而知识异质性与知识动态性和新兴技术创新绩效呈倒U形关系;知识网络结构洞与新兴技术创新绩效负相关,知识网络中心势与新兴技术绩效呈倒U形关系;知识网络结构洞与知识丰富性,在新兴技术创新中具有负向交互效应,而知识网络中心势与知识丰富性和动态性存在正向交互效应。创新组织需要通过跨界知识探索,构建丰富、异质、动态的组织内部知识生态,同时采取低结构洞、适度中心势的知识网络结构策略,来促进新兴技术创新。

许倩等(2019)在合作博弈论和知识协同理论的基础上,建立了知识协同演化博弈模型。通过对新兴技术企业创新网络中知识主体的协同行为策略进行分析,研究知识主体的协同行为策略的选择对其知识协同活动的影响,总结出创新网络中新兴技术企业知识协同活动的演化规律。陈明明等(2019)面对新一轮科技革命中出现的不同新兴技术,研究了市场进行动态选择的方式。他们着眼于本轮科技革命的新特点,将新古典经济学均衡分析与演化经济学演化思想相结合,构建技术创新的市场选择动力方程,将技术异质性、生产者与消费者的技术需求纳入一个分析框架,剖析技术创新的市场选择动态过程。研究发现:第一,市场经济系统中存在一个自发的、内生的技术创新选择机制,使技术个体群结构由多样性向单一性变化;第二,在不同的消费者偏好条件下,产品质量和成本不尽相同的技术个体在技术个体群中的权重变化趋势不一;第三,技术或产品市场完善程度与技术个体群结构变化速度成正比。

四、新兴技术创新的突破路径

1. 新兴技术创新动力基础

Chen 等(2012)研究了制药领域新技术创新绩效的影响因素,将新兴技术创新绩效的驱动力结构化为区域创新体系、组织探索性创新能力与吸收能力、社会认知结构以及风险投资介入。突破性创新(Radical Innovation)更多地出现在生物技术、汽车制造以及化学相关产业(Dahlin,2005;Yasunori,2010)。Yasunori(2010)以他汀类(Statins)药物突破性创新为切入点对美日企业 Merck 公司和 Sankyo 公司进行比较案例研究,发现在企业的组织能力之外,其所嵌入的社会生态网络与国家创新系统,能够交互地促进突破性创新绩效。突破性创新是把双刃剑,一方面蛰伏着巨大的创新空间,另一方面也蕴含着高度不确定性和风险(Kuusi et al.,2007;Yasunori,2010)。Dahlin 等(2005)对突破性创新进行了界定与绩效测度。

国内的相关研究大多关注突破性创新识别、组织方式(张洪石等,2005)、风险控制问题(彭灿,2008)等方面。有关新兴经济体后发企业技术追赶方面,相关研究则将本土企业技术创新的战略语境纳入创新研究范畴(Jorrit et al.,2013)。但是,对新技术创新、突破性创新以及新兴经济体国家企业技术追赶等领域的研究,大多只是从宏观层面展开,很少涉及新兴技术领域中本土企业如何构建创新动力的问题。国内学者们就"先进制造产业的竞争优势何在? 先进制造产业创新能力如何构筑? 先进制造产业具有何种模式?"等问题,探讨了先进制造产业突破发展的具体路径。技术升级在新兴经济体企业的赶超过程中起着至关重要的作用,这些企业旨在发展技术能力,并从模仿转向创新。关于新兴经济体的文献主要集中在企业如何在追赶的初始阶段克服技术知识匮乏的困难,而忽略了在后续阶段出现的组织问题。Stefan 等(2019)探讨了在追赶的高级阶段由新兴经济体企业所执行的组织活动。两家巴西公司,Petrobras 和 WEG,被选中进行研究,并为研究提供证据。结果表明,这两家公司都有系统地监测其环境,以寻找机会之窗,并不断投资学习机制,以克服知识方面的不足。此外,一项调整战略和技术的活动被认为是优化技术升级过程及其结果最大化的关键。

2.新兴技术创新能力构建

黄群慧等学者(2015)指出《中国制造 2025》对于中国先进制造产业战略规划的具体路径缺乏足够的指引。黄群慧认为,中国制造业的优势主要体现在模块化架构产品和大型复杂装备领域,而在产品架构一体化领域、制造工艺一体化领域以及既具有一体化特征又需要前沿科技支撑的核心零部件领域相对缺乏优势。未来中国制造业核心能力提升的可能方向,一是通过架构创新和标准创新加强将一体化架构产品转化为模块化架构的能力,缩短或者破坏产品生命周期演进的一般路径;二是针对国外技术与中国本土市场需求不匹配的机会,充分利用中国的市场和制造优势,不断提升复杂装备的架构创新和集成能力。

围绕创新能力从何而来的问题,陈劲等学者较早提出了自主创新概念,开展自主的原始创新是中国制造保持竞争优势的国家战略。自主创新不是要闭门造车,而是要实施开放式创新,积极引进发达国家先进制造技术,"为我所用"。国外先进技术仍然是中国制造产业核心技术的重要源泉(陈劲,2009,2014)。陈超凡(2015)提出以提升企业自主研发能力和培育开放式创新网络为突破口,摆脱低端锁定状态,建立起覆盖全球的价值网络,实现产业升级。构筑消化吸收能力是与国外先进技术合作的前提(李坤,2014;吴晓波,2009)。围绕创新能力的构建路径问题,蔡瑞林(2014)强调通过低成本创新驱动制造业高端化,着重"产品语义、符号"的创新来满足消费者的品位功能需求。徐康宁等(2010)提出基于本土市场规模效应进行技术创新;朱勤(2009)提出在市场势力与技术势力的互动中寻求技术渐进性突破;魏江(2015)认为,我国制造业创新能力的构建,需要突破四个具体问题——基于全球先进创新资源提高关键核心技术的研发能力,基于设计驱动的创新平台提高设计制造创新能力,基于大数据基础设施的制造业标准创新体系建设,基于原始技术创新与专利保护制度的知识产权体系建设。还有不少学者研究了制造产业创新的驱动因素(李廉水,2015;傅元海,2014;孔伟杰,2012)。

3.战略性新兴技术创新路径

传统制造产业的技术范式架构成熟,全球竞争格局相对稳定,中国具有传统优势的制造产业需要升级。黄永春(2013)等基于制造业与生产性服务业之间的逻辑关系,将中国一度时兴的"去工业化"论调与美国"再工业化"战略比较,认为中国制造业发展的正确战略路径在于发展生产性服务业以提升制造产业,而非"去工业化";何德旭(2008)以高新技术产业为驱动力,以现代服务业和现代制造业为发展的两个车轮,带动产业结构的整体升级;姚明明等(2015)研究了如何通过商业模式设计及其与技术创新战略的匹配,实现后发企业技术追赶,认为效率和新颖主题的商业模式设计能够发挥后发企业优势,克服后发企业劣势最终实现后发企业技术追赶绩效的提升,而商业模式设计与技术创新战略的匹配对后发企业技术追赶绩效有显著影响,不同的匹配对绩效的影响结果不同。

李新宁(2019)提出新兴产业发展过程中一般存在两次"死亡之谷",第一次"死亡之谷"较容易跨越,而第二次"死亡之谷"必须通过自主核心技术创新和确立主导设计才可跨越。其中,企业自主核心技术的创新需依靠技术创新能力与技术创新模式的协同发展,从而塑造动态梯度技术创新模式来完成。主导设计的确立需要从企业层面和国家层面协同治理:在企业层面上,有关主导设计的竞争策略主要体现为不断加大技术创新的力度,恰当地选择进入时机,主动实行联盟策略,对核心技术模块加强控制,选择模块化生产方式等;而在国家层面上,有关主导设计的竞争策略主要体现为加大对创新的支持力度,采取政府主导与市场主导相结合的手段,确立国家标准的用户基数,选择联盟策略,建立产业投资引导基金,等等。梅亮等(2018)从"责任式创新"这一新兴创新范式切入,聚焦人工智能技术创新治理议题,构建了责任式创新范式下人工智能技术创新治理分析框架(包括技术维、经济维、伦理维和社会维四个层次),并系统地分析了人工智能技术创新在理论和实践层面的双重性,从而为人工智能技术创新的可持续发展提供借鉴。康鹏(2019)基于专利数据的多案例研究,剖析传统企业新兴技术创新的路径选择问题。研究发现:传统企业新兴技术创新经历了进入期、成长期和繁荣期。在进入期,选择与旧业务具有融合性的非焦点新兴技术领域是传统企业快速开发新兴技术的良好切入点。在成长期,传统企业一般采取多种"旧业务+新技术"协同开发的技术成长方式。具有较强开发实力的传统企业会集中于某一新兴技术领域实施深度开发。在繁荣期,传统企业实现技术繁荣的重要因素是对技术资源集聚的主动控制。具有垄断绝对市场地位的传统企业从被动集中型转化为主动集中型。具有一定市场优势且行业市场结构稳定的传统企业从被动集中型升级为主动共享型技术控制模式。

刘洪民等人（2018）认为战略性新兴产业的发展为后发国家实现经济赶超提供了重要的机会窗口，但其外部性和技术、市场、组织的多重不确定性弱化了其战略性功能的发挥，需要政策的培育。新兴产业发展呈现典型的阶段性演进特征，在绩效评估基础上的产业政策需要随着新兴产业动态演进过程进行适应性调整。吴宇晨（2018）认为新兴产业发展存在范式改变，创新路径具有技术路线转换、市场不确定性强、初始投入高等特点。制度优势给予我国历史性赶超机会。通过推动发展布局战略性新兴产业，推进《中国制造 2025》等产业政策，再配合万亿规模引导基金及产业基金的超长期支持，以及需求端市场政策的指引，能够充分创造创新环境，帮助创新企业释放创新动力，保持强劲发展动能。

第五节　基于发明专利数据的技术创新研究

发明专利作为企业研发和技术创新的直接表征，基于海量发明专利数据研究企业的创新行为和绩效，是国际创新领域在方法论上的重要特征。虽然也有不少学者对利用发明专利衡量创新绩效的效度提出质疑，但是在"科学研究不完美"的假设下，利用发明专利可获得性强，数据量大，相比其他方式而言具有明显更高的效度等优势进行创新研究，仍是次优选择。利用发明专利数据来衡量企业的创新绩效和效率，近年来越来越多地被学者运用。蔡卫星等（2019）基于 2003—2015 年中国制造业上市公司和上市公司所属企业集团作为研究样本，检验企业集团如何影响企业的创新产出及其影响机制。研究将上市公司申请专利数量作为创新产出的指标，并进一步将发明专利界定为实质性创新。将外观专利和实用新型专利界定为非实质性创新，研究发现，上市公司作为企业集团成员将会显著促进实质性创新产出，而对非实质性创新无显著影响。罗利华等（2018）利用发明专利申请数、境外申请专利数及专利转让等数据构建了基于数量视角和质量视角的创新效率评价指标；并以南京市 525 家高新技术企业 2011—2013 年的数据为样本，对两种评价指标体系进行企业创新效率评价，验证了基于质量视角的企业创新效率评价指标体系的科学性。

一、全球情境下的技术创新

Berry(2019)在研究跨国公司知识活动的多市场重叠如何影响母国的创新国际化决策时,将母国的发明专利是否在子公司所属地域活动授权作为创新国际化的衡量指标。研究结果发现,虽然跨国公司知识活动的多市场重叠会促进跨国公司将母国的专利转移到子公司,但是当发明创新质量提高以及这一知识由较少的国家或地区掌握时,其专利转移行为会受到抑制。Piperopoulos 等人(2018)研究了对外直接投资(OFDI)是否确实能够提高创新绩效。他们以新兴国家跨国企业(EMEs)为研究对象,通过分析对外直接投资如何提高子公司的组织学习和创新绩效,以及地理位置的选择是否影响这种关系来解决这个问题,利用 EMEs 在母国的专利被引数作为衡量创新绩效的变量。研究结果表明对外直接投资对中国 EMEs 子公司的创新绩效有正向影响,且当对外直接投资的对象是发达国家而非新兴国家时,这种影响更大。

近年来有不少学者研究了海外嵌入性、海外链接与创新等问题。Kazuhiro 等人(2017)探索海外研发子公司全球知识外包的决定因素,揭示企业内部的垂直跨境嵌入。文章基于嵌入视角的悖论假设:嵌入可能会促进或阻碍知识转移。作者研究了不同类型的内部垂直嵌入——行政管理vs 知识在多大程度上促进了全球知识的外包。将海外研发子公司专利施引于非母国与东道国的数量作为衡量知识外包的变量。研究还发现,垂直管理嵌入抑制了全球知识外包,而垂直知识嵌入促进了全球知识外包。Turkina et al.(2018)从社会网络视角出发,探讨了集群与国外地区的连通性对其创新绩效的影响,将集群内企业申请的专利数量作为集群的创新绩效。研究还发现,水平和垂直连通性的改善都会刺激集群的创新性能,但是它们的相对影响在集群类型中各不相同。知识密集型集群的创新得益于其组成公司与外国知识热点的横向联系的增强。劳动密集型集群的创新主要得益于其组成企业与海外价值链中心企业之间更强的纵向联系。

魏浩等人(2019)基于高度细化的微观企业数据,分析了来自美国的进口竞争对中国企业创新的影响。研究发现:①从整体上来看,来自美国的进口竞争优化了企业的专利申请结构,对企业发明专利申请量具有显著促进作用,对企业实用新型专利和外观设计专利申请量无显著影响。②来自美国的进口竞争,对内资企业、低融资约束企业的创新总产出具有显著促进作用,创新总产出增加是高质量创新(发明专利)与低质量创新(实用新型专利、外观设计专利)同时显著提升导致的;外资企业、高融资约束企业的创新总产出下降是低质量创新显著下降,高质量创新变化不显著导致的,对低生产率企业高质量创新的促进作用大于高生产率企业。黎文靖等人(2018)将企业发明专利认定为高质量创新产出,研究了中国加入 WTO 后,因关税削减引起的进口竞争对企业创新的影响。研究还发现,关税削减后,企业的发明专利申请数量显著增加,而专利申请总数和非发明专利申请数量却没有受到显著影响,表明进口竞争激励企业进行了高质量的发明创新。

二、外部合作与创新

Doblinger 等人(2019)基于能源行业中政府的特殊作用,利用美国能源行业的清洁技术新创企业作为研究样本,对比了新创企业政府合作伙伴和其他性质合作伙伴对新创企业创新行为的影响,将专利申请和专利被引作为企业的创新行为和创新质量的衡量标准。研究发现:政府合作伙伴对清洁技术初创企业的创新具有重要的促进作用。Emilio 等(2019)基于知识基础观和组织学习视角,从企业角度来分析校企合作的动因和效益,将合作发明专利作为校企合作经验的指标之一。研究发现过去的合作经验增加了校企合作的收益。知识和信任在合作经验和利益之间的关系中起着重要的中介作用。

Scandura(2019)通过分析发明数据和专利数据,研究了企业外部知识对企业内部发明过程的贡献。作者使用了发明者的知识来源策略解释企业创新绩效。结果表明,外部知识和市场知识的单独使用或者联合使用都与企业的创新数量和质量有显著的正相关关系。此外,发明者较高的教育水平在联合使用外部知识和市场知识方面起调节作用。Vittoria 等人(2017)的研究基于知识的国内外联系如何影响企业创新的技术范围。利用公司专利分类构建企业创新的技术范围变量,他们通过对美国企业的实证分析,发现国内外知识的联系对企业创新的技术范围都有影响,但影响程度不同。国内外知识联系的广度与企业创新的技术范围呈正相关关系。

三、外部知识吸收与创新

Forman 等人（2019）研究了数字技术的采纳对距离的影响。将专利引用作为公司间知识流动的衡量指标，研究知识流出和流入方的数字技术的采纳是否能够克服地理距离和技术距离对知识流动的限制。研究发现，只有流入流出双方都利用的数字技术，才能克服地理距离对知识流动的限制；而即使双方均利用数字技术，知识流动也仅在技术距离更接近的领域进行。Yamashita 等人（2019）以日本跨国公司为样本研究离岸产品对本土创新的影响效应，将跨国公司国内专利申请数量、被引数量及国际专利申请作为本土创新绩效的变量，研究发现，离岸产品的增加对本土创新绩效的影响很小。此外，还发现了一些微弱的证据，表明离岸生产成本的增加降低了本土创新的质量（用专利被引数衡量）。

Gerg 等人（2019）利用 PATSTAT 数据库中 1977—2010 年的所有与 IT 相关的专利，构建了联合发明者网络，并分析了企业间发明者流动行为。研究着眼于企业创新的未来影响，并将发明者流动的网络特征与接收企业的协作网络特征相分离。研究结果表明，如果公司雇用拥有不同网络的中间发明者，有可能为公司带来深厚的知识储备，那么就会产生高影响力的创新。Papazoglou 等人（2018）利用专利被引企业是否来自同一行业或同一技术领域及被引次数作为创新扩散的两种代理指标，考察了企业的科技强度、技术合作、技术多样性和内部关注如何影响创新扩散的广度。研究结果表明，嵌入在企业发明中的知识在更广技术领域扩散的程度与企业科技强度和合作程度呈正相关，但与企业的技术多样性呈负相关。

唐宜红等人（2019）将工业企业数据库 1998—2009 年的数据和企业专利数据库 1998—2009 年的数据合并，采用专利申请数代替传统的全要素生产率作为企业创新的变量，用行业内外资企业专利数与行业专利数之比作为衡量行业内外资水平的变量。实证分析表明，FDI 通过行业间后向关联对中国企业产生显著的创新溢出效应，显著地促进了技术含量相对较高的发明专利和实用新型专利的提高，而行业内和行业间前向关联的创新溢出效应并不显著。进一步从内资企业异质性来看，FDI 对非国有企业、出口导向型企业和资本密集型企业的创新溢出效应更明显；从区域制度异质性来看，区域市场开放程度越大，越有利于内资企业从外资中获取创新能力，而区域知识产权保护程度差异未对 FDI 创新溢出效应产生显著影响。

四、组织内创新行为

组织内的创新行为与策略以及制度安排,是企业技术创新的最直接动力,其中,双元创新行为是近年创新领域的热点话题,学者们也大多采用发明专利数据进行实证研究。Wu 等人(2019)提出过程质量管理可以通过传递关于运用过程质量管理的公司所提供的有价值的信息,来降低潜在客户的购买风险。新兴市场中的企业必须在内部完成加速学习,同时克服与外部信息的不对称,并且还需通过过程质量管理来保持效率。该研究利用专利被引数据来衡量新兴市场企业的双元创新行为。Matthew(2018)开发了一个创新模型,认为创新技术是现有技术组件的组合。该模型包括两种相反的力量:一方面,最好的想法终会被用尽(知识是有限的);另一方面,当公司了解了哪些技术可以结合起来时,新的想法就会不断涌现了(知识是可积累的)。该研究利用了美国专利数据库 80 多年的数据检验该模型,其中,技术组成部分按 13517 个技术分类衡量。研究结果表明,主动学习对后续专利申请的积极影响大于被动学习的影响。Cui 等人(2019)利用专利数据衡量科技企业的探索式创新和利用式创新与薪酬机构的关系,基于发明专利的被引用、专利申请领域以及专利的原创性的数据构建等多个指标衡量企业的探索式创新能力。研究发现,在垂直薪酬结构中,拥有更强大的激励机制的公司,探索式创新能力更高。

五、科技政策与创新

大量实证研究通过发明专利数据来揭示科技政策的创新效应。Chen 等人(2018)研究了在中国这样的新兴经济体中,研发补贴和非研发补贴如何影响创业公司的 IPO 表现。研究发现,研发补贴对 IPO 绩效的影响呈倒 U 形关系,而非研发补贴对 IPO 绩效的影响为正相关关系。此外,国家所有权和专利强度均调节了研发补贴与 IPO 绩效之间的倒 U 形关系。而二者对非研发补贴与 IPO 绩效之间的调节关系并不显著。康志勇(2018)基于专利质量是企业创新产出质量的重要指标,通过文本解读法和知识宽度法两种方法来构建专利质量指标,研究政府补贴是否促进了企业创新质量的提升。文本解读法是将专利主权项中的名词数量作为专利质量的代理指标，知识宽度法则认为专利拥有的分类号数量越多，意味着专利拥有的知识宽度越宽，专利的质量也越高。研究结果显示，政府补贴对促进企业专利质量具有一定的促进作用，但持续的时间较为短暂。

Rafael等人（2018）利用一种专利引用树测度，结果发现由美国联邦政府资助的研究更能促进技术发展轨迹的多样化和引用活跃度。该研究将政府资助与突破性发明联系起来。政府资助研发的专利技术范围更广。联邦项目投资一些私人公司回避的技术领域，联邦资助的大学专利与非联邦资助的大学专利属于不同的技术类别。从某种意义上说，政府在创新活动的速度和方向上起着不可替代的作用。

曲彤等人（2019）从行为金融学视角出发，采用"产业政策—投资者关注—企业创新策略选择"这一研究思路，以2011—2015年我国A股制造业上市公司为样本，分析产业政策对企业创新策略选择的作用机制。将发明专利和非发明专利作为高质量创新和低质量创新的代理变量。研究发现，与发明专利相比，产业政策的资源效应显著增加了企业非发明专利申请的数量。我国证券市场具有典型的投资者有限理性特征，产业政策会带来投资者关注效应，当市场有效性不足时会进一步诱使管理层选择低质量的创新策略。对于非国有企业以及不具有政治关联的企业而言，产业政策引致的投资者关注效应是诱使其选择低质量创新策略的主要原因。张能鲲等人（2019）利用医药行业上市公司研究企业并购行为与创新产出的关系，将企业年度专利申请数量作为创新产出指标，并分别用总申请数量、发明专利数量、实用新型专利数量和外观设计专利等作为创新产出指标进行研究。结果表明：公司的并购行为产生正向技术创新效应，对发明专利申请量有显著正向影响，而对外观设计、实用新型和总专利申请量影响不显著。

第六节　总结评论

一、资源基础视角的创新观

资源基础视角创新观停留在外部资源的异质性维度,未能揭示组织内部资源多样性的丰富内涵与生态特征,以及多种资源在创新中的整合效应。这些研究存在的局限,难以揭示战略性新兴技术突破的资源动力机制。第一,停留在资源的异质性与相互距离等相对狭窄的维度,而对创新资源多样性的丰富内涵与生态特征揭示不够;第二,只关注了外部技术异质性与技术距离的研究,未能揭示作为技术基础的组织内部知识与研究者的异质性;第三,孤立地研究单一资源的异质性问题,未能揭示知识与研究者多样性影响创新绩效的整合效应(交互/替代)。

因此,拓展资源基础创新观,研究知识资源与研究者资源的异质性及其整合效应对技术突破绩效的影响,才能充分地揭示战略性新兴技术突破的资源动力机制。

二、网络嵌入视角的创新观

网络嵌入视角的创新观将创新网络视作单模网络,忽视了知识网络与合作网络的双模网络嵌入属性,从而未能揭示双模网络之间的整合效应。研究在网络范式和数据层面都难以揭示战略性新兴技术突破的网络动力机制:知识网络结构与合作网络结构对战略性新兴技术突破,有何独立功效与整合效应(替代/交互)?第一,单模网络研究范式需要向双模网络研究拓展;第二,企业外部合作网络研究需要向组织内部网络聚焦;第三,企业自我中心网络需要转向企业组织内部的整体网络分析。

将创新网络视作组织间合作的单模网络,鲜有从知识网络与合作网络两个维度进行双模网络的研究,难以揭示战略性新兴技术突破的网络动力机制:知识网络结构与合作网络结构,对技术突破绩效有何影响?知识网络与合作网络的整合效应,是替代的还是交互的?难以解决在创新实践中,知识资源与团队资源的组织策略匹配问题。拓展网络嵌入创新观,整合知识网络与合作网络,基于双模网络的视角,将更充分地揭示战略性新兴技术突破的网络动力机制。

三、资源基础与网络嵌入双重视角创新观有待融合

资源基础视角下的资源异质性研究与网络嵌入视角下的创新网络结构研究,相互分割、缺乏融合。关于资源多样性和网络嵌入之间整合效应方面的研究十分缺乏。这些研究局限,导致对战略性新兴技术突破的组织内部动力缺乏系统揭示。第一,未能揭示知识多样性与知识网络结构之间的整合效应,战略性新兴技术突破的知识动力机制有待进一步研究;第二,未能揭示研究者多样性与合作网络结构之间的整合效应,战略性新兴技术突破的研究团队动力机制有待进一步研究;第三,未能揭示"团队—知识""资源—网络"等多个动力机制之间的整合效应,战略性新兴技术突破的系统动力枢纽有待进一步研究。

四、新兴技术创新组织内生态动力之谜

研究战略性新兴技术突破这一崭新命题的理论与实证研究十分鲜见。整合新技术创新、突破性创新以及相关领域的最新成果,构建具有情境针对性和本土原创性的战略性新兴技术突破内生机理理论,是进一步研究的突破口。

本书对资源基础观与网络嵌入观进行情境化拓展,基于二者整合的视角构建战略性新兴技术突破研究范式(见图 2-2),作为本书的理论根基。

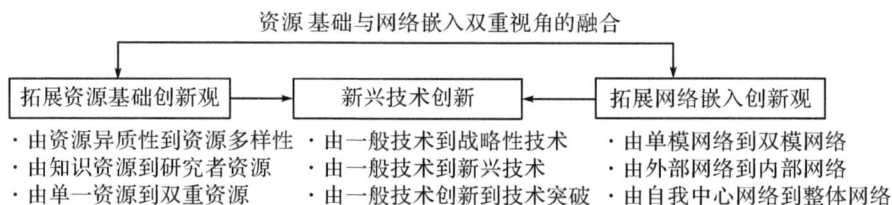

资源基础与网络嵌入双重视角的融合

拓展资源基础创新观	新兴技术创新	拓展网络嵌入创新观
·由资源异质性到资源多样性 ·由知识资源到研究者资源 ·由单一资源到双重资源	·由一般技术到战略性技术 ·由一般技术到新兴技术 ·由一般技术创新到技术突破	·由单模网络到双模网络 ·由外部网络到内部网络 ·由自我中心网络到整体网络

图 2-2 新兴技术创新组织内部生态动力机理研究的基本范式图

第三章　理论发展与研究假设

第一节　概念界定与理论框架

一、新兴技术与新兴技术创新

新兴技术创新所呈现的诸多生态特征,暗含新兴技术创新的动力源泉与动力机制,也应该区别于传统技术创新,但对此的理论研究,明显滞后于新兴技术发展进程,特别是新兴技术创新来自企业组织内部的动力枢纽,鲜有揭示。资源基础的创新观认为,企业拥有的创新资源是技术创新的动力源泉,"拥有何种资源"可以解释技术创新绩效;但是对新兴技术创新而言,具有何种资源基础,以及这些资源具有何种独特的属性特征? 网络嵌入的创新观认为,技术创新过程中企业所嵌入的创新网络特征,以及在网络中所处的位势,在技术创新中具有关键作用,"知识是如何组织的"能够解释技术创新绩效;但是对新兴技术创新而言,新兴技术创新的网络动力,特别是来自组织内部的网络动力,与传统技术创新有何不同?

拓展并融合资源基础与网络嵌入两种创新观,将研究视角从企业外部的创新环境聚焦到企业组织内部,研究知识/研究者双重创新资源,用资源多样性来刻画两种创新资源的属性特征;将企业组织内部创新网络划分为知识节点相联结构成的知识网络和研究者之间联结构成的合作网络,运用知识/合作双模网络的研究路径,从组织内部的整体网络而非自我中心网络层面揭示新兴技术创新的组织内生态动力机制:知识/研究者双重资源多样性和知识/合作双模网络结构对新兴技术创新绩效的独立效应、交互效应与整合效应。

二、新兴技术创新的迭代逻辑

20世纪90年代,美国率先提出了《国家先进制造技术战略计划》,随后,欧洲、日本等创新领先国家分别提出新一代技术革新计划。近年来,新兴技术已经快速演化成为大数据、人工智能以及区块链等全新技术形态。伴随着智能制造技术在制造产业中的大范围应用,云计算和大数据在社会创新中被越来越广泛地应用,创新已经从物质世界改造的技术范畴拓展到社会范畴,从而具有了深刻的革命性。然而,究竟何为新兴技术创新? 新兴技术是指发生在新的知识领域,区别于以往技术概念、诀窍或者范式,形成时间相对较短的技术形态。新兴技术创新正是这些新技术产生的行为过程,是在新技术概念驱动下新知识的原始生成或者既有知识的再集成。学者们关于新兴技术创新的理解,把握住了新兴技术的部分特征。但是,探究新兴技术创新的突破路径,必须对新兴技术及其创新的本质特征和内在结构进行更进一步的深刻把握,技术迭代为此提供了新的视角。

技术迭代是从哲学视角、技术本位层面,按照技术的内在逻辑对技术的解构。就范畴上看,技术迭代包括两大核心要件:技术粒子与迭代规则。技术粒子是科学知识层面的元形态,构成宏观技术现象的微观粒子、人类对现实世界的基本认知单元。技术粒子产生于兴趣驱动的科学偶得,具有"发现"属性。单一的技术粒子本身并不具备解决现实问题的技术功能,多个技术粒子通过一定的因果逻辑和架构路径聚合在一起才能具备特定的功能含义。如基础科学领域的生物化学知识,需要与特定病理知识按照一定的因果逻辑关系进行聚合,才能达成药品某一方面的技术功能,这一因果逻辑即为迭代规则。同理,单一的技术模块只具备医药产品的某一方面性能,只有多个技术模块按照一定的接口标准和因果逻辑关系进行聚合,才能形成技术的有机系统和完整产品架构。由此,技术是"技术粒子—技术模块—技术系统"的逻辑建构;其中,技术粒子处于科学层面,而技术模块和技术系统则是对科学的再建构,然后形成技术。技术为产品实现提供了关键武器,将技术转化为产品是应用领域的关键要务。可见,所谓STP范式,即"科学(Science)—技术(Technology)—产品(Product)"范式,正是由技术粒子构成的技术系统,按照不同迭代层次的建构结果。基于技术粒子和迭代规则两个维度,技术迭代可以作为理解技术创新范式的新视角。通过考察技术粒子的产生与衰退方式,可以理解技术创新范式的微观基础,判断技术创新的发源。如新旧粒子更新替换的比重蕴含着技术创新的原发性;判断技术粒子的门类隶属性,判断技术创新发生的科学边界和产业边界等。通过考察技术粒子的迭代逻辑和因果路径,可以理解基础创新范式的宏观路径,判断技术创新的方向和演进。Reinhilde 等人(2019)探讨了科学新颖性与技术冲击之间的复杂关系,将新发表的科学成果视为对已有知识进行新的组合的出版物,并通过专利申请中的科学参考文献来追溯科学与技术之间的联系。通过研究 2001 年发表的所有 SCIE 期刊文章和 PATSTAT(2013 年10 月版)的所有专利,Reinhilde 等人发现在获得新颖性分数的科学出版物中,特别是在其领域中获得 1% 高新颖性的科学出版物中,与非新颖性出版物相比,具有相当大的可能性产生直接的技术影响。除了这种直接影响的可能性外,新科学也有更高的间接技术影响的可能性,更有可能被其他有技术影响的科学出版物引用。在科学出版物中被引用过至少一次的专利,其中新颖和非新颖的科学现有技术在技术影响的速度或强度上没有其他显著差异,但是新颖科学的技术影响范围更广,并且达到了以前不受其学科影响的新技术领域。在新的科学领域也更有可能获得本身就很新颖的专利。

基于技术迭代的视角,技术创新可以按照新创技术粒子的比重(高、低)和技术迭代规则的修正程度(全局、局部)这两个维度构建分类矩阵,形成四种类型的技术创新:第一,技术粒子程度较低的生态繁衍与优胜劣汰、技术迭代的规则基本不变,则技术相对稳定,未发生显著技术创新。第二,新的技术粒子大量生成,但是迭代规则相对稳定,"运用新的技术知识,解决老的技术问题",为渐进性技术创新。例如,汽车变速箱技术采纳了新材料技术,解决了传统技术框架内的特定问题。第三,技术粒子保持相对稳定,或者引用了新的技术粒子,这些粒子是别的科学门类现存的而非新产生的。但是,技术迭代规则发生了根本性改变。"运用新的技术路径,解决老的技术问题",这种情况为突破性技术创新。第四,新的技术粒子大量生成和技术迭代规则根本性改变同时发生,"运用新的知识,采用新的路径,解决新的问题"意味着革命性的范式创新。其中,第二种和第三种情况,可以理解为传统技术创新,而第四种情况则可以定义为新兴技术创新。所以,从技术迭代视角来看,新兴技术创新的"新"字,具有三种内涵,即新的技术粒子、新的迭代规则、新的技术问题。基于技术迭代视角的新兴技术创新界定,具有更加明确的标准,为有效识别新兴技术提供了分析框架。

三、新兴技术创新的生态特征

技术迭代视角下新兴技术创新在技术粒子、迭代规则和问题导向等三个方面都具有全新含义,显著区别于传统技术创新,具有鲜明的生态特征:知识离散与多样性、过程跳跃与非线性和远景混沌与探索性。[①]

1. 新兴技术创新的技术粒子:知识离散与多样性

生态系统的首要特征是生态资源的多样性。新兴技术创新所基于的知识系统具有高度离散特征,这决定了新兴技术创新具有生态多样性。第一,所谓离散,指的是知识元素之间的逻辑关系是非线性的,甚至缺乏显而易见的关联,知识与知识之间的联结松散而模糊;第二,基于这种模糊的知识关联,知识边界得以大大扩张,更多潜在的知识元素被纳入新兴技术创新范畴;第三,相比于传统技术创新,新兴技术创新所基于的隐性知识比重要更高。显性知识的丰富积累是传统技术创新的客观基础,而新兴技术创新更需要探究真理的天分和深层的科学兴趣等主观心理特质。基于资源基础的创新观,新兴技术创新立足的知识基础和研究团队的多样性特征决定着新兴技术创新的水平与跃进的轨迹。Cristian(2017)探讨了不同类型的创新如何影响企业跨行业的创新发展。研究结果表明,只有产品创新才能显著影响整个行业的创新绩效。但是,技术和非技术创新对不同类型的创新倾向有不同的影响。Chul 等(2018)探讨了科技融合对创新冲击的影响,特别是科技融合如何帮助研发组织将科学知识运用到研发活动中。除了直接影响外,文章还从知识方面探讨了科学能力、知识溢出和知识成熟度的调节作用。实证分析采用的是零膨胀负二项回归模型,数据来自制药行业授予美国组织的 2074 项专利。结果表明,科学知识在融合中所占比例的增加与创新影响之间存在正相关关系。研究还发现,组织的科学能力、区域科学知识溢出和知识成熟度对趋同和创新影响之间的关系具有正向调节作用。研究结果强调了科学和技术之间融合的重要性,并为如何改进组织的研究和开

---

① 此部分引用俞荣建、李海明、项丽瑶:《新兴技术创新:迭代逻辑、生态特征与突破路径》,《自然辩证法研究》,2019 年第 8 期。俞荣建和李海明共完成 0.4 千字。

发过程提供了借鉴。

2.新兴技术创新的迭代规则:过程跳跃与非线性

过程视角的创新观认为,技术创新具有现实驱动、技术概念形成、知识挖掘和探索、试错,以及技术实现突破等几个基本阶段。相比于传统技术,新兴技术在这几个阶段中都表现出相当的跳跃性和非线性:第一,来自客观世界的现实驱动和技术概念的形成阶段,新兴技术更多的是科学偶得现象;第二,知识挖掘、探索和试错阶段,新兴技术主要基于探索性创新的特征,导致知识积累呈现显著的非线性轨迹,不断地试错既有可能创造令人惊奇的新知识,但也有可能导致知识创造的永续性失败。第三,新兴技术是否实现突破,成功完成创新的"临门一脚",一方面取决于技术本身的稳定性和逻辑力度,另一方面也取决于复杂的商业环境、社会环境和强大的伦理约束。新兴技术创新的迭代过程,规则难以被捕捉,其创新轨迹具有显著的非线性特征。Stefan 等(2019)探讨了新兴科学技术试探性治理的不同模式。考虑到与科学基础、技术创新、社会收益和潜在风险有关的所有不确定性因素和动态因素,试探性管理的概念显得尤为重要。尽管有人可能会说这样的不确定性不是新兴科学技术所特有的,但很明显的是,在工业、社会和公共政策中,人们对这些不确定性的认识水平已经提高,这主要是由于以前新兴技术(例如转基因生物、核技术)积累的经验。当公共和私人的干预被设计为审慎和初步的动态过程,而不是武断和持久的动态过程时,治理就是试验性的。试探性治理通常旨在为探索和学习创造空间,而不是规定确定的目标。文章提出了一种定位和关联贡献的直观推断法,得出结论:环境技术的固有偶然性要求对治理采取试探性的办法,这常常需要结合更明确的治理模式,并采取涉及平衡行动的混合办法。

3.新兴技术创新的问题导向:远景混沌与探索性

传统技术创新的关键枢纽问题往往都是困扰全球范围内研究者们的普遍问题,极少数掌握这些技术创新优势的企业建立起了十分牢固的创新优势。这种情况在汽车领域特别明显,丰田、大众等传统汽车制造技术领域的全球旗舰企业,占据着汽车领域技术创新的高地,维持了数十年垄断地位。基于发现和发明这两种创新哲学观,新兴技术创新和传统技术创新的现实诉求存在显著差异。新兴技术创新的发现范式,决定了新兴技术创新所瞄准的现实问题并不明确,而传统技术创新的发明范式,则从技术概念的产生与界定,就以解决某一社会或者商业问题为明确目的。特斯拉破坏性地修正了汽车领域的技术范式,跳出燃油效率与污染这一传统汽车技术创新领域的根本命题,突破了汽车动力的电力能源这一关键技术。而澳大利亚在新能源汽车领域进行了更加大胆地尝试:将公路设定为太阳能源收集场所,基于公路即动力的理念,建成了 2000 千米的太阳能驱动汽车公路。而汽车动力领域的下一个创新是什么,激发了全世界的科学家们强烈的探索兴趣。

多年来,颠覆性技术与颠覆性创新一直受到学术界的关注,但仍需更进一步了解颠覆的性质及其与新兴技术流程之间的关系。Munan Li(2018)通过分析技术兴起、颠覆和创新的相互作用来探讨这些问题,采用文献计量方法,探索了这些研究领域内的概念基础、主题和研究群体。结果表明,技术变革过程的研究围绕技术破坏和兴起的多重理论基础。Heeyeul 等(2017)提出了一种新颖的方法,用于识别和理解新兴技术非预期后果的整体概况。运用潜在语义分析(LSA)文本挖掘技术从面向未来的数据源中生成多组上下文相似的术语。由此产生的术语簇被用来描述未来社会新的情景。此外,通过将与条件和价值相关的术语视为与社会影响相关的文献的关键因素,该研究在概念化社会影响方面获得了更大的深度和广度。公司的创新可能是非技术性的,如组织和营销创新;也可能是技术性的,例如产品和流程创新。Seokbeom (2019)以实证的方式检视科技出版物中新兴科技观念的程度与未来科技影响力之间的关系,并以被引用的次数作业标准来衡量分析了三个科学领域中科学出版物的数据——纳米药物递送、合成生物学和自动驾驶汽车;通过文献计量指标来识别和量化从标题和摘要中衍生出来的新技术思想,衡量出版物在每个领域包含新技术思想的程度。研究分析表明,一篇论文包含技术新兴思想的程度与它在这三个领域中未来的应用是相关的。这种关系也适用于同领域和不同领域的其他出版物的引用。Seokbeom 通过一系列验证性的测试得出结论,即科学知识(论文)包含新兴思想的程度越高,其科学影响就越大。

四、新兴技术创新的组织内生态动力

本书结合新兴技术创新区别于传统技术创新的鲜明特点,梳理创新资源、创新网络、专利研究以及新兴技术创新等领域的新近研究成果,从三个方面对资源基础和网络嵌入两种观点进行拓展并融合,从理论上将新兴技术创新的组织内生态动力源泉结构化为知识/研究者多样性特征与知识/合作网络结构。旨在探索新兴技术创新的组织内生态动力机制,以及资源多样性和双模网络结构之间存在的多重交互效应。

1.新兴技术创新的组织内生态资源基础:知识/研究者多样性

资源基础观认为,技术创新是对组织的知识资源进行创造性再整合,以形成新知识的过程。这种观点通常将组织拥有的知识视作创新资源的主要形态和动力源泉,构成技术创新的"知识基"(Knowledge Base),包括编码化存储的显性知识,以及非编码化的隐性知识。对于创新范式和技术轨道相对成熟的传统技术而言,编码化显性知识的逻辑重构,是实现技术创新的主要方式。

相比于显性知识,与研究者高度黏合的隐性知识,在技术创新过程中扮演着更加关键的角色。此外,从技术创新的研究角度来看,编码化的显性知识,可以通过企业的专利存量、专利所属的产业分类等,来直接衡量其存量水平。但是,隐性知识却缺乏类似的知识表征,只能通过其载体研究者的特征来识别。因此,从新兴技术创新的特点来看,知识和研究者两种资源,共同构成新兴技术创新的生态基础。

作为新兴技术创新的两种生态资源基础,知识和研究者是通过何种属性提供创新动力的?既往针对传统技术的创新研究,大多只关注创新资源特别是知识资源的存量水平。与传统技术创新更多地依赖创新资源存量不同,新兴技术创新资源的存量水平并不是决定性的,其生态学属性更加鲜明,新兴技术创新更多地取决于创新资源的多样性。运用生态学的观点,将新兴技术创新的资源属性,从存量水平拓展到资源多样性,借鉴技术多样性(Technology Diversity)和技术距离(Technology Distance)的研究,进一步将新兴技术创新资源的多样性特征结构化为三个维度:资源丰富性、资源异质性和资源动态性。正是这些多样性特征对新兴技术创新绩效产生的影响,成为新兴技术创新的生态动力。从总体上看,资源多样性对技术创新绩效正面作用处于主导,呈正相关或者倒 U 形关系(Rosenkopf,2001;Corey,2010;Turner,1997;Henderson,1996)。

2.新兴技术创新的组织内生态网络秩序:知识/合作网络结构

揭示新兴技术创新的组织内生态动力,需要转变传统创新网络的研究路径(见表 3-1):①从外部网络到内部网络。从企业外部网络聚焦到企业内部网络。大量实证研究表明,企业外部的组织间网络会对企业的技术创新活动产生复杂影响,但这种影响归根结底都是通过组织内部,对获取的外部资源加以整合后发生作用的(Paul et al.,2004;Russell et al.,2014)。既有研究对组织间合作网络结构的影响已很充分,但是以企业为网络节点,将企业视作"胶囊",难以揭示企业新兴技术创新来自组织内部的动力"黑箱"。②从单模网络到双模网络。以知识和研究者作为网络节点,将组织内部的创新网络视作知识/合作双模网络,分别考察知识网络和研究者网络对新兴技术创新的动力机制。③从自我中心网络(Ego Network)到整体网络(Total Network)。将企业内部的创新网络视作一个整体,从整体网络层面进行研究,而非自我中心网络。虽然 Chunlei 等人(2014)以企业内部的研究者或者团队作为节点,研究组织内部的合作网络,但研究的是自我中心网络,难以揭示企业创新网络的整体结构特征。④以企业作为样本单位,有助于对新兴技术创新的组织内部创新网络进行比较。

表 3-1　新兴技术创新的组织内生态网络秩序:研究的路径选择表

维度选择	维度划分			
网络区块	外部网络	内部网络		
网络模式	单模	双模		
网络形态	自我中心网络	整体网络		
研究样本	研究者样本	团队(分支机构)样本	企业样本	联盟网络样本

当前研究多从网络密度、网络结构洞和网络中心势三个维度,来刻画创新网络结构。由于网络密度和网络结构洞呈负相关关系,因此大部分研究从这二者中选择其一。本书从结构洞和中心势两个维度,来刻画知识网络和合作网络的结构。网络结构洞用来衡量网络中节点之间的断裂状况,当创新网络中某个节点需要通过中间节点的过渡,才能达到另一个节点,则形成网络的结构洞(Burt,1992)。网络中心势是整体网络层面的概念,由网络中的节点中心度推理得到(Mia,2011)。节点中心度刻画网络中单个节点

的联结数量,而网络中心势则刻画整体网络中所有节点中心度的离散状况,可以用节点中心度的标准差来衡量。近年来,大量研究检验了创新网络结构的三个维度对创新绩效的影响(Christoph,2010;Ram,2014),但是由于研究路径和样本数据的差异,结论不一而足。

3. 生态资源基础与生态网络秩序的融合

融合资源基础和网络嵌入两种观点,探索双重资源多样性与双模网络结构对新兴技术创新具有的替代或交互作用(Phelps,2010)。在不同的知识多样性条件下,选择何种知识网络结构来与之匹配? 在不同的研究者多样性条件下,选择何种合作网络结构与之匹配可以优化新兴技术创新的团队动力? 知识/研究者双模网络结构,实际上是企业对创新资源的组织策略,通过资源多样性与网络结构的匹配,优化知识动力与团队动力,达成更优的新兴技术创新绩效。

五、新兴技术创新的组织内生态动力理论框架

借鉴资源基础与网络嵌入视角的创新观,从生态学视角对资源基础与网络嵌入两种观点进行拓展,分别构建新兴技术创新的生态资源基础与生态网络秩序观,并融合二者,从生态动力源泉、生态动力机制、生态动力系统等三个层面,独立效应、交互效应及整合效应等三种效应,来构建新兴技术和创新的组织内生态动力理论框架(见图 3-1)。

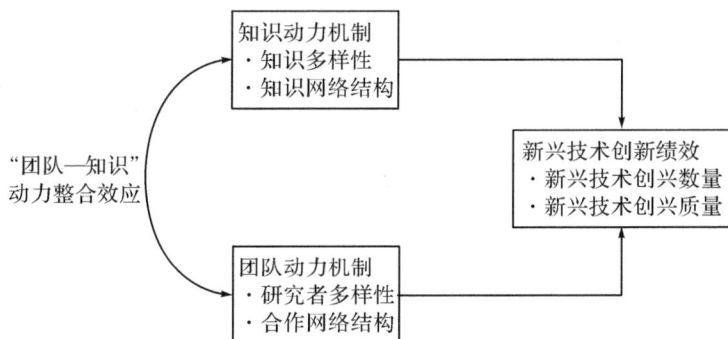

图 3-1　新兴技术创新的组织内生态动力理论框架图

1. 新兴技术创新的组织内生态动力源泉：独立效应

知识与研究者及其在组织内部的网络联结方式，形成新兴技术创新的组织内生态动力源泉。具体而言，包括知识/研究者双重资源多样性，知识/研究者双模网络结构。根据生态学观点，拓展技术创新的资源基础观，构建资源多样性的三个维度，分别是资源丰富性、资源异质性与资源动态性；拓展技术创新的网络嵌入观，构建网络结构的两个维度，分别是网络结构洞与网络中心势。组织内生态动力源泉的这几个维度，不仅对新兴技术创新具有积极或者消极的影响，而且具有独立效应。

2. 新兴技术创新的组织内生态动力机制：交互效应

新兴技术创新的组织内生态动力的各个维度一方面独立地影响新兴技术创新绩效，另一方面，在影响新兴技术创新绩效的过程中，具有多种交互效应，包括知识多样性与知识网络结构（结构洞/中心势）的交互效应、研究者多样性与合作网络结构（结构洞/中心势）的交互效应。组织内生态资源基础与生态网络秩序之间的交互效应，意味着各个生态资源基础与生态网络秩序之间形成整合的动力机制。正是这种动力机制，将双重资源多样性与双模网络结构等生态要素联结起来，分别形成知识动力机制与团队动力机制，对新兴技术创新绩效发挥影响。

3. 新兴技术创新的组织内生态动力系统：整合效应

知识动力机制与团队动力机制，在促进新兴技术创新的过程中，相互之间仍然会产生多种相互作用，譬如两种资源多样性之间的交互效应、多种角色的中介效应等，正是这种复杂的跨机制联系，将知识动力机制与团队动力机制整合成为一支系统的动力，对新兴技术创新绩效发挥作用。微观基础层面的动力维度，分别通过动力机制，以及动力机制之间的整合，成为企业宏观层面的整合动力。因此，知识动力机制与团队动力机制之间具有整合效应。

第二节　新兴技术创新的组织内生态动力源泉

寻求新兴技术创新,来自研发组织的内生动力是什么? 具有何种结构维度? 特定动力维度对创新数量和创新质量的影响有何差异,对新兴技术创新绩效有何影响? 特定动力维度是如何影响新兴技术创新绩效的? 动力维度之间有何差异? 根据新兴技术创新的组织内生态动力理论框架,构建独立效应模型(见图 3-2),检验四个动力维度对新兴技术创新的影响。研究将回答如下决策问题:在有限资源约束下,企业该集中资源蓄积何种创新动力? 如何蓄积这种创新动力? 譬如,企业如何在创新数量与创新质量之间寻求均衡? 该采取多元化的知识策略还是采取聚焦的知识策略(知识种族丰富性)? 如何把握知识跨界的度(知识异质性)? 如何把握知识与研发团队的动态性?

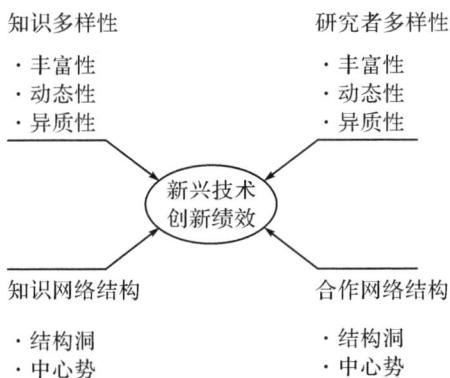

图 3-2　新兴技术创新的组织内生态动力源泉:独立效应模型图

新兴技术创新来自组织内部的生态动力,从生态资源基础角度来看,具有知识与研究者双重资源多样性两个动力源泉;从生态网络秩序角度来看,具有知识网络结构洞与中心势、合作网络结构洞与中心势等两个方面、四个维度的动力源泉。拓展传统资源基础创新观中对创新资源的属性界定,从资源丰富性、资源异质性与资源动态性等三个维度,完整刻画组织内部生态资源的系统属性;借鉴网络嵌入创新观对创新网络的结构维度界定,从网络结构洞与网络中心势两个维度,刻画生态网络秩序的结构特征。本节从维度层面,阐述组织内生态动力源泉,对新兴技术创新绩效的独立影响并提出相关假设。

一、新兴技术创新的组织内生态资源基础:知识/研究者多样性

1.生态资源基础:资源多样性及其结构维度

新兴技术创新绩效中,创新资源扮演着基础要素的角色。传统技术创新研究将创新资源视作创新过程中的要素投入,大多从资源存量的角度来探讨与创新绩效的关系。新兴技术创新不同于传统技术,新兴技术创新的资源基础也与传统技术不同,前者更具有生态学属性。生物多样性是生态学的核心概念,新兴技术创新绩效首先取决于创新资源的多样性特征。资源多样性指新兴技术创新所依赖的生态资源基础,具有的资源种类丰富程度及其动态的代谢与演化状态。整合以往研究关于知识异质性、技术距离等概念,将作为新兴技术创新土壤的资源多样性结构化为三个维度:资源丰富性、资源异质性与资源动态性,以完整刻画新兴技术创新资源基础的生态属性。其中,资源丰富性延续传统的存量观点,刻画企业拥有知识种类的"多与少",企业拥有不同界域的知识种类越多,知识资源越丰富,不同的研究者越多,研究者资源越丰富;资源异质性则从质量的角度,刻画企业拥有的不同资源之间距离的"远或近",企业拥有的知识界域跨度越大,知识异质性越大,而研究者之间的差异越大,研究者异质性越大;资源动态性则将概念从静态拓展到动态,刻画企业创新资源的"静或动",如果企业在利用既有知识的同时,更加强调跨界探索、拓展知识界域,则知识动态性就越强,研发团队中新的研究者不断加入,则研发团队动态性越强。丰富性、异质性和动态性三者综合,形成创新资源的多样性,包括知识多样性和研究者多样性。

2.知识多样性

知识视角下的新兴技术创新,其实质是新兴技术领域新知识的创造与整合。知识作为企业创新的基础性资产和创新的客体要素,是传统技术创新与新兴技术创新赖以实现的首要资源基础。传统技术创新更加依赖结构化程度高、边界明确、具有成熟体系的逻辑架构,而新兴技术创新的知识基础与之不同,其生态特征十分鲜明,具有无边界性、跨界域性与高度离散性。新兴技术领域的知识,存量较少、分布不均,且知识代谢速度快,新知识层出不穷,新旧知识快速更迭。正是这种典型的多样性特征,构成新兴技术创新

的知识资源基础，使得新兴技术创新呈现出显著不同于传统技术创新的情境、过程和结果。

（1）知识丰富性。知识丰富性从存量水平上刻画企业拥有知识的多少，构成新兴技术创新的知识基。毫无疑问，与一般技术创新一样，新兴技术创新同样需要建立在一定的知识基础之上，知识积累是新兴技术发明绩效的首要因素。但是，区别于一般技术创新往往是通过既有高水平知识基的利用性整合所取得的，新兴技术创新中的知识基并不丰富，通过现有知识基的再整合难以实现创新。知识基可以作为"探索器"来获取新的知识元素，也可以作为"种子知识"来培育新知识。知识基的水平越高，存量越丰富，对新兴技术创新的数量与质量绩效的积极作用越显著。

（2）知识异质性。企业拥有的知识是异质的，知识元素所蕴含的科学基础、逻辑架构与经验诀窍等不同层面，具有质性的差异。知识与知识之间的这种差异大小不一，高度异质性意味着知识之间具有不同的科学基础。而低度异质性往往是发生在同一知识界域内部的知识之间经验诀窍的差异。新兴技术创新的过程，是对异质性知识的整合。当两种知识异质性程度越大，整合的难度、风险与成本也就越大，新知识乃至发明的数量就越少，可见知识异质性与新兴技术创新的数量负相关。但是，一旦整合成功，往往形成突破性的科学或者技术创新，取得高质量的技术发明，可见知识异质性与新兴技术创新的质量正相关。因此，存在一个最优的知识异质性水平，在遏制创新数量和促进创新质量两个方面取得平衡，此时，新兴技术创新绩效最大。

（3）知识动态性。知识丰富性与异质性，从静态的角度衡量了知识的数量和质量。作为新兴技术创新的资源基础，其动态属性同样影响新兴技术创新绩效。从时间维度来看，企业在新兴技术创新中，存在挖潜和探索两种创新策略，即重复利用已有的知识领域，或者探索性地获取新的知识领域。当更多地采取探索策略时，企业所拥有的知识资源便更具动态性。新兴技术创新与一般技术创新一样，新兴技术创新同样需要企业聚焦于某一科学技术领域，在一个领域内往深处耕耘，形成厚实的知识积累，作为新兴技术创新的基石。但与一般技术不同的是，相比于既有知识的挖掘利用，新兴技术创新同时要求对跨越知识界领域的新知识进行探索，在新知识与存量知识的整合中实现知识创造。然而，由于新知识整合成本增加、研发风险加大等多种因素,无论是对发明数量还是质量,新知识探索对新兴技术创新的边际功效都将递减。因此新兴技术创新中存在一个最优的知识动态性程度。

(4)知识多样性与新兴技术创新绩效的关系。新兴技术创新是在知识与知识之间寻求创造性再整合的过程,知识资源的种类越丰富,则知识与知识之间的整合,在数量上具有更多潜在的可能性,同时通过吸收能力获取更多知识(Cohen,1990),从而直接有助于新兴技术创新的数量和质量的提高;知识异质性水平越高,资源之间的距离越大,其整合产生的新知识会更具新奇性和创造性(Amabile,2012),知识异质性有助于新兴技术创新质量的提高。但是,由于整合难度加大、整合成本增加,同时损失对组织外知识的吸收能力,知识异质性遏制了创新的数量。知识动态性方面,知识更新速度越快,意味着知识整合具有更多的可能性和更高的新奇性。因此,知识多样性和新兴技术创新的数量与质量都具有积极作用。但是,随着知识多样性的提高,在提升创新的可能性和新奇性的同时,知识混沌程度也会加深,在企业规模边界和研究者有限理性的约束下,整合成本和潜在的创新风险也在增加。换言之,新兴技术创新绩效并不会按照一个稳定的线性系数与知识多样性同步提升,而是按照递减的速度非线性地提升。

假设 1a:知识多样性与新兴技术创新数量和质量都呈倒 U 形关系,与新兴技术创新绩效呈倒 U 形关系。

3.研究者多样性

相比于知识在新兴技术创新中作为物化的生态资源基础,研究者则构成了更加能动的生态资源,其主观创新欲望与兴趣,隐性的研发经验、技术能力与创新禀赋,是知识创造中最富效率的催化剂,也是生态资源基础中的活跃因子。知识作为创新能力的客体内容,研发团队则是企业创新能力的主体承担者,二者共同构成新兴技术创新立体的生态资源基础。企业研究者数量和种类的差异、研发胜任特征的异质,以及研发团队的动态性,形成了研究者多样性特征。新兴技术创新所依赖的研究者,其多样性特征对新兴技术创新绩效具有重要影响。

(1)研究者丰富性。研究者丰富性,首先体现在企业拥有研究者的数量上。企业之间在研发团队的规模和研究者数量等基本维度上,存在显著差异,这种差异毫无疑问会对新兴技术创新绩效产生重要影响。全球范围内研发实力领先的新兴技术企业,拥有的研究者数以万计,而中小型新兴技术企业,特别是近些年在新兴技术领域逐渐增多的科学家创业型企业,研究队伍往往由不到十名的研发人员组成。从传统技术创新领域来看,研究者数量规模的差异,毫无疑问会影响甚至决定着企业的创新绩效。新兴技术创新情境下,将研究者数量按照研发任务规模进行平均,譬如按照发明专利数量进行平均,研究者丰富性指的是在平均每项发明专利中,参与发明的研究者数量。其次,研究者丰富性越高,研发活动的平均研究者数量越多,意味着企业采用"人海策略"进行研发。研究者丰富性越低,研发活动的平均研究者数量越少,意味着企业采用"精英策略"进行研发。传统技术领域,研究者丰富性通常作为企业创新能力的衡量指标,拥有更多的研究者意味着更高的研发实力和效率。相同规模研发项目的研究者人数与研发绩效的关系尚未见到相关的实证研究。

新兴技术创新情境下,研究者丰富性与创新绩效的关系,至少受到以下因素的促进或者制约。促进因素方面,研究者在平均数量上越丰富,研究者贡献的智力资本存量越大,越有助于创新数量和质量的提升;研究者在平均数量上越丰富,研究者之间的潜在合作机会越多,产生创新的可能性越大。

(2)研究者异质性。新兴技术企业的研究者不仅具有数量上的差异,更具有异质性的差异。根据研究人才的基本理论框架,研究者的异质性体现在创新动机、研发能力、研究职业的基本价值观,以及个体外在特征等四个层面。研究者的创新动机包括对科学探索与技术创新的内在欲望和浓厚兴趣,对创新风险的偏好程度以及面对创新失败的挫折感知模式。研究者的研发能力差异体现在结构与水平两个方面。结构方面,根据研发能力的SKA 框架,包括研发技巧(R&D Skills)、科学与技术知识(Science and Technology Knowlege)与解决研发关键问题的能力(Innovation Problem Solving Abilities)等三个维度。不同的研究者,在 SKA 的内在结构上存在显著差异。部分处于职业生涯初始阶段的研究者,更侧重于运用操作层面的研发技巧来工作,如科技查新技巧、专业研发软件的使用、专利申请与维护等。企业中大部分的研究者则是运用专业领域的科学与技术知识进行工作。具有高等专业教育背景与丰富经验的研发工作者构成了企业研发队伍的中坚力量。在新兴技术研发与创新过程中,最有价值的是针对不确定性、复杂性和动态性的创新情境提出富有技术洞察力的创新方向,并开发具有创造力的创新路径与具体方案,取得具有原创性、新奇性与有效性的创新成果。这种洞察力与创造力,体现为研究者运用创新禀赋与创新悟性,针对特定的创新命题,对其拥有的知识、经验、信息、常识等四个基本创新要素,创造性地整合以开发出卓有成效的创新解决方案的过程(见图 3-3)。研究者的价值观差异,研究者所持有的职业层面的价值观,包括对科技创新及其价值的判断标准,体现为研究者在创新中的一系列选择行为模式(如知识分享等团队合作行为)。研究表明,不同文化和教育背景乃至工作履历等因素,都会直接或者间接地影响研究者的价值观,并对其技术创新绩效产生影响。从团队层面来说,作为一系列差异化价值观的整合系统,企业研发团队的价值观异质性,对企业的创新绩效既有积极的促进作用,也有消极的抑制性。研究者的个人特征差异,研究者的个人特征包含性别、年龄、学历、专业背景、工作经验、文化背景等等。个人特征差异表明研究者的知识储备、学习能力、吸收能力、合作能力等方面都存在差异性。

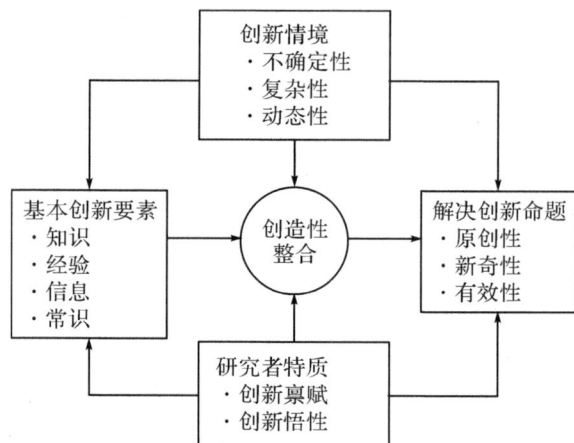

图 3-3 基于创新要素的研究者研发能力差异图

如果研究者的异质性越小,相似度越高,就可以通过信任机制降低合作成本,从而促进技术创新数量的增加。但是,研究者相似度高也有不利的一面,差异性小代表着研究者的知识储备的差异小,每个研究者熟悉的知识数量、类型都差不多,研究团队总的知识广度就小,从而难以激发差异性想法,限制个人创造力,对跨知识和专业领域的探索不利,抑制了技术创新质量的跨越。

相反,企业需要研究者之间具有个体差异性,Nonaka 认为,如果团队成员拥有差异性就能够更加完备地处理问题。研究者个体特征和知识储备差异越大,研究团队总的知识广度就越大,更容易碰撞出创新想法。虽然这种创新想法大多是不切实际的,但是一旦被组织吸收、实施后取得商业成功,将会形成高质量的创新成果。研究者差异性的优势在很多经典研究中都得到过印证,Simons 等人认为若团队成员的异质性较大,成员之间的互相讨论会更有效率,处理问题会更加全面。但是研究者的差异性对技术创新质量的影响并不是线性的关系。当研究者的差异过大时,新的问题就会出现了:第一,研究者的个性特征差异过大,会导致团队内部的沟通成本大大增加。第二,研究者的知识储备差异过大。知识的数量多以及种类丰富只是技术创新的基础,要获得技术创新,研究者需要对学习到的新知识进行消化吸收,需要寻求知识之间的潜在联系,因此当研究者的知识距离过远时,就会严重影响研究者的消化吸收,甚至还会降低研究者的工作效率。这两方面都抑制了技术创新数量的增长。

(3)研究者动态性。企业研发团队中有新成员不断加入,也有成员离开。作为企业雇员,研究者具有动态性。创新所基于的科技知识具有通用和专用两种属性,在职业价值最大化的假设下,研究者运用职业选择来优化职业生涯。通用性有助于研究者通过更换职业情境,获取更高的职业收益。职业情境包括,选择不同的研究方向,参与不同的研发项目,乃至服务于不同的企业组织。同时,知识的专用性增加了研究者更换职业情境的成本,使得研究者在某一个特定情境中具有黏滞倾向。从团队层面来看,研发团队作为个体研究者职业选择的集合,具有动态性。这种动态性体现为研究者的新老更替和研究者在不同研发项目中的流动。实证研究结果表明,团队成员流动速度与团队的创新绩效呈倒 U 形关系(Maxim,2014)。发明者的企业间流动是体现知识转移的主要来源,接收企业可以从移动发明者的协作网络中获得额外的好处。然而,对于公司如何能最大限度地发挥未来发明者的影响,以及什么样的共同发明者网络结构对公司最有利,人们的了解仍然有限。为了回答这个问题,Gerg 等(2019)构建了一个加权的和时间衰减的共同发明者网络通过对大量专利数据的研究,分析了企业间的发明者流动事件。该研究着眼于企业创新的未来影响,并将移动发明者网络特征的影响与接收企业协作网络的特征分离开来。研究结果表明,如果公司雇用了拥有不同网络的经纪人发明者,有可能为公司带来广泛的知识储备,产生高影响力的创新。研究发现,以微观世界特征来衡量,有凝聚力的公司网络夸大了未来经纪人和影响力大的发明者的影响。

(4)研究者多样性与新兴技术创新绩效的关系。研究者丰富性、异质性与动态性整合地构成了研究者多样性,作为新兴技术创新的生态资源基础,对新兴技术创新绩效具有重要影响。从上述各个维度的分析中可以看出,研究者多样性对新兴技术创新绩效的作用是把双刃剑。一方面,多样性提高了新兴技术创新的资源土壤的丰沃程度,有助于新兴技术创造性研究方向与原创技术概念的提出,从而促进创新结果的原创性与新奇性,产生高质量的创新成果。另一方面,研究者多样性也有助于创新方案的开发效率,"团队合作"与"单兵作战"在创新效率上具有显著区别。因此,随着研究者多样性的提升,新兴技术创新数量和质量都会显著提升。但是,在研究者多样性提升的同时,也提高了研发团队的组织难度。创新管理成本增加,创新风险增大,研究者多样性制造了创新"噪声"和冗余,使得多样性对新兴技术创新绩效的积极作用减弱,消极作用增强,总体的边际功效递减。理论上,当研究者多样性达到一定水平,研究者多样性对新兴技术创新就会起着遏制作用,创新数量和创新质量都将因此而下降。因此,研究者多样性与新兴技术创新绩效也呈倒 U 形关系。

假设 1b:研究者多样性与新兴技术创新数量和质量都呈倒 U 形关系,与新兴技术创新绩效呈倒 U 形关系。

二、生态网络秩序:知识/合作双模网络结构

1. 由单模网络到双模网络

借鉴 Chunlei 等(2014)的方法,将企业拥有的知识元素视作知识网络的节点,将两个知识元素在创新中的整合关系视为知识网络的联结。用企业发明专利的专利分类号,代表企业所拥有的知识元素,两个专利分类号在同一个专利中同时出现,便表示专利分类号代表的知识元素产生网络联结。可以根据专利分类号在发明专利中的共现频次,运用软件绘制企业组织内

部的知识网络图。将研究者视作合作网络的节点,用研究者之间合作申请的专利,来识别研究者之间的合作关系。根据专利发明者中研究者之间的共现频次来识别研究者之间的合作频次和强度,并据此构建共现矩阵,绘制企业内部的合作网络图(见图3-4)。

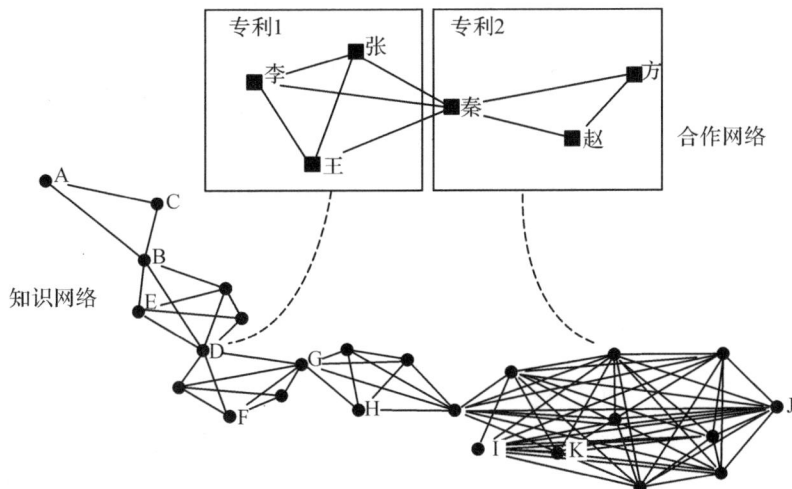

图 3-4　双模网络示意图

2. 双模网络结构洞

(1)知识网络结构洞。在企业内部的整体知识网络中,结构洞的存在阻碍了信息与知识的直接转移,降低了异质性知识整合的可能性,以及整体知识网络对外部知识的吸收能力,从而制约了新兴技术创新的数量。Chunlei等研究者用美国一家大型的微处理制造商的专利数据研究表明:在企业内部知识网络中,知识元素在网络中的结构洞变量与探索性创新之间存在负相关关系。知识网络结构洞会抑制研究者的创造能力,而创造能力恰恰是新兴技术创新质量的根本保证。因此,知识网络结构洞的存在,抑制了新兴技术创新的质量。

假设 2a:知识网络结构洞与新兴技术创新创新数量和质量都负相关,与新兴技术创新绩效负相关。

（2）合作网络结构洞。合作网络结构洞的存在,意味着部分研究者之间缺少直接联系,需要通过中介节点才能形成联结,合作网络中存在联系盲区。以企业或者研究者个体作为网络节点的多项实证研究表明,网络节点的自我中心网络密度越大,就能提供更多知识和信息资源,节点企业技术创新绩效越好。据此结论,结构洞的存在意味着较低的网络密度,限制了网络节点的知识和信息获取。对于新兴技术创新中的研究者来说,由于所处的创新情境远景混沌、知识资源离散,研究者之间的联系和分享更为重要,结构洞影响了合作网络整体上的吸收能力,从而对新兴技术创新数量具有消极作用。同时,结构洞的存在也限制了对异质性知识探索的可能性,遏制了研究团队的创造能力和探索性创新成效,会影响新兴技术创新的质量。因此,合作网络结构洞与新兴技术创新的数量和质量都负相关。

假设 2b: 合作网络结构洞与新兴技术创新数量和质量都负相关,与新兴技术创新绩效负相关。

3.双模网络中心势

（1）知识网络中心势。知识网络中心势越高,则说明企业所拥有的知识元素中,中心势更高的部分知识元素在技术发明中重复性利用的频率就越高,表明企业在此类知识领域具有专长,并以此作为专攻方向,通过与其他辅助性知识的结合,来实现新兴技术创新。"术业有专攻",企业在所拥有的全部知识领域中,选择专长领域进行深度挖掘,显然能够促进新兴技术创新的数量。同时,知识元素的中心势越高,说明企业在某一个或几个专长领域内挖掘的深度越深,由此更易产生质量更高的技术创新成果。

假设 3a: 知识网络中心势和新兴技术创新数量和质量都正相关,与新兴技术创新绩效正相关。

（2）合作网络中心势。合作网络中心势反映合作网络中研究者节点中心度的离散状况。中心势越高,说明部分研究者拥有更多的联结,与研发团队其他成员的合作频次更多,在研发团队中扮演领袖的角色。对于新兴技术创新来说,研发团队中少数个体在网络中处于权力、信息或者机会的优势地位,会在混沌情境下增进创新效率。对离散资源建立适度的组织秩序,有助于创新效率的提升,从而与新兴技术创新数量正相关。但是,由于个体认知能力和创造力的局限,中心势的增高会导致创新过程的程序化倾向,研究表明,研发团队明确的创新流程会遏制创造能力。因此,合作网络中心势与新兴技术创新的质量负相关。

根据 Victor(2008)的研究思路,合作网络中心势(DC)会促进新兴技术创新数量,遏制新兴技术创新质量,用公式可以表示为:

$$P_1 = a_0 - a_1 \cdot DC, a_1 > 0 \tag{3-1}$$

$$P_2 = b_0 + b_1 \cdot DC, b_1 > 0 \tag{3-2}$$

两式相乘:$P_1 \times P_2 = a_0 b_0 + (a_0 b_1 - a_1 b_0)DC - a_1 b_1 DC^2$。

可见,合作网络中心势与新兴技术创新绩效呈倒 U 形关系。因此,合作网络中心势对新兴技术创新绩效是把双刃剑。我们可以提出假设,合作网络中心势与新兴技术创新绩效呈倒 U 形关系(见图 3-5)。

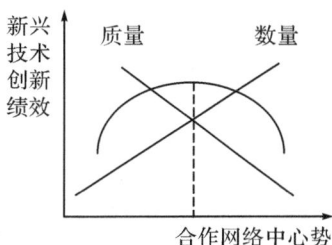

图 3-5 合作网络中心势与新兴技术创新绩效的倒 U 形关系图

假设 3b:合作网络中心势与新兴技术创新数量正相关,而与新兴技术创新质量负相关,与新兴技术创新绩效呈倒 U 形关系。

第三节 新兴技术创新的组织内生态动力机制

生态动力源泉构成生态学创新观点中生态系统的第一个要件。生态动力源泉在新兴技术创新中具有相互制约或促进的关联机制,表现为生态动力源泉与新兴技术创新绩效之间的因果关系,也表现为生态动力源泉之间的替代、调节或者交互关系。生态动力机制构成生态学创新观点的第二个要件。生态动力源泉的主要维度,双重资源多样性与双模网络结构,以集成的动力对新兴技术创新绩效起作用。双重资源多样性作为生态资源基础,刻画企业"拥有何种创新资源",双模网络结构作为生态网络秩序,刻画"创新资源是如何组织的",生态资源基础与生态网络秩序之间的匹配,可以产生更强的生态动力,促进新兴技术创新。

基于匹配的观点,资源多样性与双模网络结构之间具有交互关系,而非替代或者单向的调节。机制研究包括以下要素:解释变量与被解释变量(以及中介变量)之间的因果关系,解释变量之间影响被解释变量的替代、调节或者交互关系。策略匹配是一种典型的交互效应,两个解释变量之间相互调节。交互效应有正向交互与负向交互之分,当两个解释变量相互强化与被解释变量之间的关系时,具有正向交互效应;当两个解释变量相互遏制与被解释变量之间的关系时,具有负向交互效应。知识多样性与知识网络结构的两个维度——知识网络结构洞与知识网络中心势对新兴技术创新绩效的影响分别具有负向和正向的交互效应,形成知识动力机制;研究者多样性与合作网络结构的两个维度——合作网络结构洞与合作网络中心势分别具有负向和正向的交互效应,形成团队动力机制。由此,构建新兴技术创新组织内生态动力机制的交互效应模型(见图3-6)。

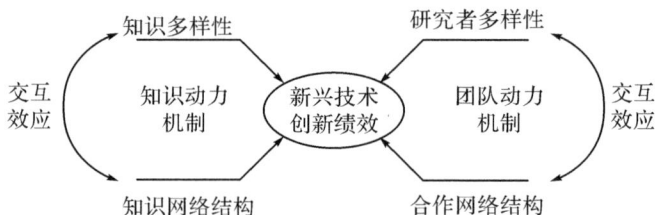

图 3-6 新兴技术创新的组织内生态动力机制:交互效应模型图

一、知识动力机制

具有特定多样性水平的知识资源,如何通过相匹配的知识网络结构进行组织,以最大化知识多样性对新兴技术创新绩效的积极作用? 换句话来说,知识网络结构洞与知识网络中心势,对知识多样性与新兴技术创新绩效的倒 U 形关系,具有何种调节作用? 知识多样性虽增加了新知识创造的可能性,但是也增加了知识的混沌,从而不利于新知识的创造。新兴技术创新需要采取与知识资源生态特征相匹配的知识组织方式,对组织内知识生态的系统秩序进行适度驾驭,知识网络结构洞与中心势正是这种关键的知识组织策略。知识动力机制刻画知识多样性与知识网络结构之间的匹配关系,形成知识动力影响新兴技术创新绩效的内在机制。

1.知识多样性与知识网络结构洞的交互效应

知识网络结构洞描述知识节点之间的联结状况,当两个节点之间需要通过第三方节点产生间接的联结时,第三方节点的自我中心网络便形成结构洞。以单个知识节点的自我中心网络为分析起点,考虑两种极端情况,一种为与节点 A 联结的所有节点之间不存在彼此联结,此时结构洞最大(见图 3-7a);另一种为与 A 联结的所有节点之间两两相连,不存在结构洞(见图 3-7b)。

（a）存在结构洞　　　（b）无结构洞

图 3-7　网络结构洞的两种简化情况图

当两种情况下知识元素之间的多样性都处于同一既定水平时,在结构洞最大的情况下,知识多样性与新兴技术创新绩效之间的关系要低于无结构洞时的情形。知识网络结构洞最大时,与 A 相联结的知识节点之间不存在联结,意味着知识网络产生的新兴技术创新成果是基于知识节点 A 的逻辑演绎,其他节点更多的是处于相对次要的地位,多样性知识的整合程度较低,每个节点潜在的创新功能未能发掘,多样性这一生态特征对新兴技术创新的积极功效未能发挥。相反,在无结构洞情况下,与节点 A 相联结的其他节点之间两两存在联结,这个联结改变了质量和数量两个方面:①创新的逻辑架构,不仅仅基于 A 知识节点,还基于三个同等重要的知识节点进行的创新,创新成果是按照所有知识节点构成的整合逻辑产生的,此时,这种整合效果充分考虑了每一个异质节点的多样性特征,从而充分发挥知识多样性促进创新的新奇性;②这一联结意味着知识整合可能性的增加,创造出不同知识组合的可能性增加,从而有助于促进创新数量。换句话说,知识结构洞的存在割断了知识节点之间的联结,遏制了知识多样性对新兴技术创新数量与质量的积极作用。反过来,当知识多样性程度高时,在同样的知识网络结构洞条件下,知识多样性除了自身对新兴创新绩效具有积极作用之外,还会遏制知识网络结构洞的消极作用。这一结论,可以由自我中心网络推演到整体网络。因此,可以提出假设:

假设 4a:知识多样性与知识网络结构洞,在新兴技术创新中具有负向交互效应。

2.知识多样性与知识网络中心势的交互效应

知识网络中心势,作为专业研发领域的确立,对新兴技术创新绩效具有直接的促进作用。同时,知识网络中心势,会强化知识多样性与新兴技术创新绩效的倒 U 形关系。由于专业研发领域的确立,所以研发与创新活动才有了战略导向。在研发战略的导向下,多样性的知识元素具有明确指向,避免了多种知识元素的异质性导致的知识挖掘方向的消耗问题。新兴技术创新的过程,是对异质性知识元素潜在创新价值挖掘的过程。在这个过程中,知识元素的潜在价值理论上具有无穷多的可能,一旦缺乏研发战略的指引,多种异质性的知识元素难以形成合力,知识元素以分散的方向存在,难以对创新绩效起到积极作用,其结果可能是每个方向都有一定的创新含义,但是总体上却缺乏突出亮点和创新贡献。同样,以知识网络中心势的两种典型情况作为分析起点,以整体网络层面的知识网络中心势来刻画知识网络节点中心度的离差状况。考虑到两种典型情况,一种为知识网络所有节点之间两两相联,此时网络处于低中心势状态(见图 3-8a);另一种为部分知识节点与所有节点相联结,而其他节点之间的联结不充分(见图 3-8b),此时网络处于高中心势状态。

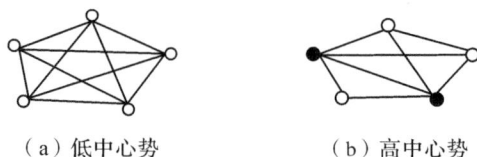

（a）低中心势　　　　　　（b）高中心势

图 3-8　网络结构洞的两种简化情况图

假设 4b:知识多样性与知识网络中心势,在新兴技术创新中具有正向交互效应。

二、团队动力机制

在特定研究者多样性条件下,如何通过相匹配的合作网络结构对研究者资源进行有序组织,才能最大化研究者多样性对新兴技术创新绩效的倒 U 形关系? 换句话说,合作网络结构洞与合作网络中心势对研究者多样性与新兴技术创新绩效的倒 U 形关系有何调节作用? 研究者多样性因为其蕴含的吸收与创造,在对新兴技术创新绩效产生促进作用的同时,也会导致研发队伍复杂性增加,提高管理成本,从而不利于新兴技术创新。因此,需要构建相应的研究者生态资源秩序,通过特定的逻辑来挖掘研发团队的吸收能力与创造能力,降低了研究者的复杂性,以此来促进研究者多样性与新兴技术创新绩效的积极关系。

1.研究者多样性与合作网络结构洞的交互效应

合作网络结构洞意味着企业的研究者之间存在合作盲点,合作网络中的节点相互联结不够充分,部分节点需要通过第三方节点的过渡,才能到达另一个节点。这种联结的断裂状况,割断了节点之间的合作,不利于吸收和创造,遏制了研究者多样性对新兴技术创新的积极作用。研究者多样性通过其蕴含的吸收能力与新兴技术创新数量正相关,合作网络结构洞的存在使得异质性的研究者之间直接合作存在障碍、缺乏黏合,降低了对新知识、新思想的吸收与整合。同时,因为合作网络结构洞的存在,所以才遏制了异质性研究者作为一个整体的创造能力以及对既有知识的挖掘、整合与再创造。这种具有原创性和新奇性的知识创造,恰恰是新兴技术创新的质量保证。因此,合作网络结构洞不仅对新兴技术创新绩效起着消极作用,还遏制了研究者多样性的吸收能力与创造能力,降低了对新兴技术创新的数量与质量,从而对新兴技术创新的总体绩效起着负向的调节作用。反过来看,在既定的合作网络结构洞条件下,研究者多样性的增加,会遏制合作网络结构洞对新兴技术创新绩效的消极作用。从而对合作网络结构洞与新兴技术创新绩效的负向关系具有负向的调节作用。

假设 5a:研究者多样性与合作网络结构洞,在新兴技术创新中具有负向交互效应。

2.研究者多样性与合作网络中心势的交互效应

在研究者资源多样性丰富的情形下,通过建立相匹配的合作秩序来对研究者之间构成的合作网络进行管理,选择部分具有专业优势和管理能力的研究者作为网络中心,提高合作网络的中心势,会发挥研发团队的吸收能力与创造能力,从而在数量和质量两个方面强化研究者多样性对新兴技术创新的积极影响。

数量方面,合作网络中心势增加了研究者多样性蕴含的吸收能力,从而有助于增加新兴技术创新数量。研发效率来源于成熟高效的研发秩序,这种研发秩序需要对研发团队的组织架构进行适度的职能化,确立部分研究者处于研发团队的管理者角色,赋予相应的组织权力,对研究者的研究方向、进度与过程进行管理,促进研究效率,从而有助于增加新兴技术创新数量。

质量方面,合作网络中心势提高了研究者多样性蕴含的创造能力,从而有助于新兴技术创新质量的提高。从多样性的研究者自身来看,由于其研究兴趣与研究能力等多方面的差异,研究者在创新中的一系列选择也存在显著差异,这种差异的结果一方面促进了新兴技术创新的质量,另一方面却导致了研发方向分散,研究成果缺乏整合,难以形成一股整合的创新力量,从而不利于新兴技术创新。合作网络中心势的组织安排,正是对研究者个体创造能力的整合,弥补了个体研究者创造能力不足和个体创造能力过度分散的不足,从而有助于提高新兴技术创新质量。因此,合作网络中心势会强化研究者多样性与新兴技术创新绩效的关系,具有正向的调节作用。反过来,在特定的合作网络中心势条件下,提高研究者多样性,会遏制合作网络中心势的负面效应,放大合作网络中心势对新兴技术创新绩效的积极作用。因此,研究者多样性与合作网络中心势在新兴技术创新中具有正向的交互效应。

假设 5b: 研究者多样性和合作网络中心势,在新兴技术创新中具有正向交互效应。

第四节 新兴技术创新的组织内生态动力系统

作为生态资源基础的双重资源多样性,与作为生态网络秩序的双模网络结构,一同构成新兴技术创新的生态动力源泉,各自对新兴技术创新具有独立效应;双重资源多样性与双模网络结构之间的交互,构成新兴技术创新的生态动力机制,包括知识动力机制与团队动力机制;再进一步,知识动力与团队动力在新兴技术创新中,并非独立地发挥作用,而是相互联系和影响,共同构成新兴技术创新的生态动力系统,整合地对新兴技术创新绩效产生影响。知识动力机制与团队动力机制具有整合效应。根据新兴技术创新组织内生态动力的理论框架,继第二节和第三节分别在生态动力源泉与生态动力机制层面探讨独立效应与交互效应之后,本节从生态动力系统层面,讨论知识动力机制与团队动力机制的整合效应(见图 3-9):①在将新兴技术创新的资源基础分为研究者与知识双重资源,并拓展双重资源的生态多样性的基础上,进一步探讨双重资源多样性之间在新兴技术创新中存在交互效应;②在分别研究知识动力机制与团队动力机制的基础上,探讨团队动力机制对知识动力机制的驱动效应,包括研究者多样性对知识多样性与知识网络结构的驱动,合作网络结构对知识多样性与知识网络结构的驱动。

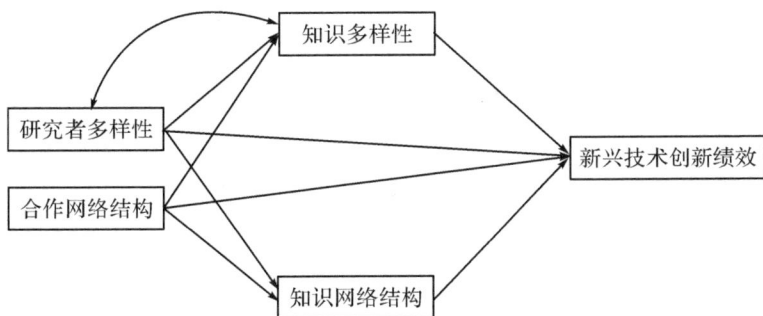

图 3-9 新兴技术创新的组织内生态动力系统:整合效应模型图

一、团队动力机制与知识动力机制的整合

新兴技术创新并非单一地取决于知识或者研究者两股动力,而是根植

于知识与研究者有机联系组成的组织内生态动力系统。作为生态动力系统,生态要素之间具有多方向、有机的复杂联系,正是这种复杂联系形成了相对稳定和平衡的组织内生态张力,产生了新兴技术创新。传统技术创新的知识基础观认为,知识与知识之间的架构逻辑中,蕴含着技术创新的空间与机会;突破性技术创新来源于知识逻辑在范式层面的重构,而知识元素的更新与动态演化,则代表着技术的渐进性创新。这一观点的一个基本假设是,知识的逻辑架构是清晰的,基于知识逻辑的技术范式相对明确,这符合传统技术创新的特点。因此,传统技术创新更多地依赖组织内知识逻辑的重构与知识元素的创造。相比之下,新兴技术创新来源存在的组织内环境更具不确定性和无边界性,知识资源存量往往稀少而离散,知识与知识之间的逻辑架构并不清晰,生态多样性特征更加明显。因此,与传统技术可以单一地通过知识路径实现技术创新不同,新兴技术创新难以基于知识的再创造与逻辑重构实现。同时,从事新兴技术创新的研究者队伍也缺乏成熟团队组织规范,研究者之间的联系更多的是随机的而非正式的,具有相当的偶然性与动态性。传统技术创新可以通过构建一支居于科学或技术前沿的高水平研究者队伍来实现,相比之下,新兴技术创新则难以单纯地通过研究者队伍的构建来实现。新兴技术创新在组织内的两种资源及其组织方式的生态特征,决定了新兴技术创新必须通过研究者和知识两种动力的系统整合来实现。

团队动力机制与知识动力机制的整合,需要考虑如下四个方面的具体问题:①团队动力机制与知识动力机制的系统整合,具有何种枢纽? 机制之间的整合,可以发生在多个层面、多个维度之间,以串行或者并行等多种方式涌现成为系统现象。揭示机制之间的整合枢纽是两种生态动力系统整合的关键。根据新兴技术创新的鲜明特点与组织内生态动力系统的显著特征,可看出团队动力机制与知识动力机制的整合发生在维度与机制两个层面。首先,团队动力机制是新兴技术创新的动力主体,知识动力机制是新兴技术创新的动力客体,团队动力机制驱动知识动力机制影响新兴技术创新绩效,二者之间串行整合为系统层面的动力;其次,团队动力机制的研究者多样性维度与知识动力机制的知识多样性维度相互强化,形成交互效应,二者之间并行地整合为系统层面的动力。②双重资源多样性之间在新兴技术创新中具有何种关系? 如前所述,双重资源多样性与新兴技术创新绩效之间都呈倒 U 形关系。将视角放到两种多样性整合的角度来看,研究者多样性和知识多样性在新兴技术创新中是替代的还是交互的?替代效应说明其中一种资源多样性可以弥补另一种多样性的不足,在二者加总的水平上对新兴技术创新绩效产生影响。而交互效应则不同,不仅意味着两种资源多样性必须在水平上相互匹配,而且有能够强化对方的积极作用。③双模网络结构,在新兴技术创新中又具有何种关系?合作网络结构的两个维度,合作网络结构洞与合作网络中心势,分别影响知识网络结构的两个维度。换句话来说,合作网络的特定结构,一定程度上决定了知识网络的结构,研究者创造知识,研究者的网络结构影响组织内知识的网络结构。④双重资源多样性对双模网络结构又具有何种交叉的相互作用?根据研究者驱动知识的基本假设,研究者多样性会驱动知识网络结构,即不同的研究者多样性水平,会交叉地影响知识网络的结构洞与中心势;而合作网络结构洞与中心势,也会交叉地影响知识多样性。因此,团队动力机制与知识动力机制,形成一系列交叉的逻辑关联。正是这种交叉的逻辑关联,将团队动力机制与知识动力机制整合起来,演化形成新兴技术创新的组织内生态动力系统。

二、"研究者多样性—知识多样性"交互效应

团队动力机制与知识动力机制之间的整合效应,首先表现为知识多样性和研究者多样性之间在新兴技术创新中存在的正向交互效应。研究者在新兴技术创新过程中,围绕知识进行两个方面的创新活动:对知识元素潜在创新价值的发掘;对知识元素之间的潜在整合价值进行探索。基于这一创新过程假设,可以分析研究者多样性与知识多样性之间在新兴技术创新中相互强化的关系。

1.研究者多样性强化知识多样性的积极作用

知识多样性意味着,知识与知识之间存在差异,知识数量丰富性,以及知识具有较强的动态性。知识多样性对新兴技术创新绩效的潜在价值,取决于研究者发挥主观能动性(如洞察力、创新顿悟等)对知识元素以及知识元素之间创造性整合的可能性进行的探索与挖掘。"横看成岭侧成峰",不同的研究者对知识的挖掘和整合效果,存在显著差异。换句话说,知识多样性对新兴技术创新绩效的作用大小,一定程度上取决于研究者的多样性水

平。在特定的知识多样性水平下，更具多样性的研发团队，能通过卓有成效的深度学习和创新方式来发挥知识多样性的潜在创新价值；而缺乏多样性的研究团队，对知识多样性的潜在价值发掘自然也有限。因此，研究者多样性对知识多样性与新兴技术创新绩效的关系具有正向的强化作用。

2.知识多样性强化研究者多样性的积极作用

反过来看，知识多样性也会强化研究者多样性与新兴技术创新绩效的积极影响。研究者多样性的积极作用在于对知识多样性的发掘。丰富多样的知识，为研究者提供创新的肥沃土壤。在知识缺乏多样性的情况下，研究者多样性的创造能力受到限制，"巧妇难为无米之炊"。相反，在这种情形下，专业化的研究者进行高效率的知识深度挖掘，会更有助于新兴技术创新绩效。在更加丰富多样的知识情境里，多样性丰富的研究团队会发挥更大创造潜能。因此，知识多样性反过来可以强化研究者多样性在新兴技术创新绩效中的积极作用。综合知识多样性与研究者多样性的相互强化作用，二者对新兴技术创新绩效的影响具有正向交互效应。

假设6：知识多样性和研究者多样性，在新兴技术创新中具有正向交互效应。

三、"团队—知识"驱动效应

知识多样性与研究者多样性的正向交互效应，是知识动力与团队动力以并行的方式来整合。如前文中对新兴技术创新过程的基本假设，新兴技术创新是研究者对知识的创造与整合。因此，团队动力机制对知识动力机制具有驱动效应。所谓驱动效应，是指团队动力在对新兴技术创新绩效产生直接的促进作用之外，还通过知识动力的中介作用对新兴技术创新绩效产生间接作用。团队动力机制的各个维度对知识动力机制的各个维度分别存在显著的因果关系。

1.研究者多样性对知识动力机制的驱动效应

首先，研究者多样性不仅仅会强化知识多样性在新兴技术创新中的积极作用，还会直接影响知识多样性水平，知识多样性在研究者多样性与新兴技术创新的关系中,还起着部分中介作用。根据新兴技术创新作为研究者进行知识创造与整合的过程假设,多样性丰富的研究者通过多元化的研究领域与差异化的知识专长,促使知识多样性更加丰富。同时,多样性丰富的研究者还通过丰富多样的知识创造与整合在既有的知识基础上创造出新知识。这些新知识在原有知识基础上进一步增加了知识的多样性。其次,研究者多样性越丰富,在知识创造的过程中,基本的导向差异就越显著,所创造的知识元素种类越丰富,知识元素之间异质性就越强。这使得知识与知识之间的整合难度增加,知识网络结构洞增多。因此研究者多样性与知识网络结构洞正相关。最后,因研究者多样性的增加,模糊了部分知识的核心角色,知识与知识之间的地位相对扁平化,从而使得知识与知识之间,指向性降低了,呈现出更多的不规则属性。在这种情况下,知识网络的中心势下降。因此,研究者多样性与知识网络中心势显著负相关。

假设 7a:研究者多样性与知识多样性正相关,与知识网络结构洞正相关,与知识网络中心势负相关。

2.合作网络结构对知识动力机制的驱动效应

(1)合作网络结构洞对知识动力机制的驱动效应。研究表明,研究团队内部研究者之间基于特定知识范畴的合作关系,对研究者个体的探索性和利用性学习都具有重要影响。Leila(2018)关注在加拿大和美国的纳米技术背景下,政府的研究资助和研究人员之间的合作如何影响学术技术的生产;利用科学家的共同发明和合作关系网络来构建协作行为的指标,并研究网络的性质是否在学术技术生产率和质量中发挥作用。结果表明,技术产出有可能为各国政府提供关于美国和加拿大的学术赠款和合作有效性的有用指导。研究提供了证据,证明研究人员在联合发明和联合发表网络中的地位确实影响技术生产率和质量。

其中,部分实证研究检验了合作网络结构洞的存在,与团队内部既有知识的利用性挖掘和外部知识的利用性吸收影响不显著,但是显著地促进了研究者个体进行外部知识的探索性学习。探索性学习为团队获取更多新的异质性知识,从而促进了知识多样性。因此,合作网络结构洞与知识多样性正相关。同时,基于合作者之间非均衡的合作网络结构,知识在研究者之间的流动与聚合也按照非均衡的方式进行,从而强化知识网络结构洞的产生。

在相互隔离但是通过第三方产生间接联结的两个研究者节点之间,他们各自掌握的知识并不发生直接的聚合,而是需要通过第三方中介节点的桥梁作用,才能产生间接的聚合。于是,知识结构洞便得以产生。因此,合作网络结构洞与知识网络结构洞也正相关。

假设 7b:合作网络结构洞与知识多样性正相关,与知识网络结构洞正相关,与知识网络中心势负相关。

(2)合作网络中心势对知识动力机制的驱动效应。整体网络层面的合作网络中心势,体现了合作网络中研究者节点高中心度与低中心度的离差状况。如果部分研究者拥有更多的自我中心联结,与研发团队其他成员的合作频次更多,在研发团队中处于领袖的地位,那就说明研发团队中少数个体在网络中处于权力、信息或机会的优势地位,对知识探索与利用等学习行为具有主导性作用。这使得团队的知识基建立在高中心度研究者知识范畴的基础上,知识的获取与动态演化也受高中心度研究者的意图主导,从而抑制了知识多样性。因此,合作网络中心势与知识多样性负相关。高中心势情境下,作为高中心势节点的其他网络节点之间的知识交互行为相对稀少,就产生了更多的知识网络结构洞,因此合作网络中心势与知识网络结构洞正相关。由于个体认知能力和知识范畴的边界局限,高中心势必然会导致创新过程中知识边界的相对固化,使得知识网络也具有高中心势的倾向,部分知识元素会成为高中心度节点。因此,合作网络中心势与知识网络中心势正相关。

假设 7c:合作网络中心势与知识多样性负相关,与知识网络结构洞正相关,与知识网络中心势正相关。

本章研究假设汇总见表 3-2 所示。

表 3-2　研究假设总结表

动力维度		新兴技术创新		
		数量	质量	数量×质量
独立效应	知识多样性	倒 U 形	倒 U 形	倒 U 形
	研究者多样性	倒 U 形	倒 U 形	倒 U 形
	知识网络结构洞	负相关	负相关	负相关
	合作网络结构洞	负相关	负相关	负相关
	知识网络中心势	正相关	正相关	正相关
	合作网络中心势	正相关	负相关	倒 U 形

交互效应	交互项	新兴技术创新
	知识多样性×知识网络结构洞	负向交互效应
	知识多样性×知识网络中心势	正向交互效应
	研究者多样性×合作网络结构洞	负向交互效应
	研究者多样性×合作网络中心势	正向交互效应

整合效应	交互效应	研究者多样性×知识多样性	正向交互效应		
	驱动效应		知识多样性	知识网络结构洞	知识网络中心势
		研究者多样性	正相关	正相关	负相关
		合作网络结构洞	正相关	正相关	负相关
		合作网络中心势	负相关	正相关	正相关

第四章 实证研究方法与定量比较

新兴技术的涌现为中国企业提供了广阔的创新空间,也为技术追赶提高了相对均等的创新机会。相比于发达国家新兴技术企业,中国本土企业在大部分新兴技术领域仍存在较大差距。但是这种差距如何,在创新数量和质量上又有何差异化的表现?这些问题仍缺乏深入的研究。因此,对新兴技术创新进行中美企业样本的比较研究具有积极意义。一方面可以充分认识中美企业在新兴技术创新版图中的相对地位,另一方面,通过对新兴技术创新组织内动力枢纽的实证比较,可以发现创新绩效差异背后的根源,揭示中美企业在新兴技术创新过程中的差异。研究将会选取新兴技术创新成效显著的企业作为样本,为中国企业新兴技术创新提供最佳实践的标杆。因此,本章将运用多种测量方法,对新兴技术领域的中美企业样本,进行新兴技术创新的定量比较分析,并报告主要变量的相关系数矩阵。

第一节 样本选择与数据获取

一、新兴技术的选择

新兴技术,一方面是全球范围内、从科学意义上判断的"新兴";另一方面也是在本土语境下,中国产业发展过程中正在快速发展,或者从产业战略的角度迫切需要发展的新技术。对新兴技术样本的选择,主要从以下三个维度来判断和选择:一是全球科技发展的动态与趋势。借鉴相关新兴技术趋势与专利动向的研究报告。二是本土科技战略与政策。政府政策性文件,如《浙江省战略性新兴产业核心共性技术列表》(2011 年版)、《中国生物制药产业发展规划》等。三是专利文献研究结论。根据这三个维度,本章选择了新一代信息技术、生物制药等 7 个领域、40 个新兴技术作为研究对象

（见表 4-1）。

表 4-1　7 类新兴技术领域、40 个新兴技术的选择列表

新兴技术领域	具体新兴技术选择
新一代信息技术	长期演进技术（LTE）；物联网技术；云计算技术；IPv6 技术；CPU 技术；非易失性半导体存储器技术
生物制药	疫苗和诊断试剂技术；发酵工程技术；癌症生物类药物技术；糖尿病生物类药物技术；转基因育种技术
高端装备制造	3D 打印技术；工业机器人技术；人工智能；计算机视觉；先进机器人传感器；分布式机器人；机器人式外骨骼；知识工作自动化技术
新能源	太阳能光伏技术；光伏电池；聚光太阳能发电；风电技术；风力涡轮机；生物质发电技术
新材料	新型合金材料技术；石墨烯；碳纳米管；纳米颗粒；高性能膜材料技术；半导体照明材料技术；高性能纤维及复合材料技术
新能源汽车	混合动力汽车技术；驱动电机技术；燃料电池技术；纯电动汽车技术
节能环保	辐射环境治理技术；水污染治理技术；土壤生态修复技术；固体废物治理技术

二、中美新兴技术创新企业大样本选择

新兴技术创新的组织内生态动力理论，可以通过不同样本来进行实证检验，譬如科学研究机构、高等院校以及其他学术团体。当然，更有力的证据来自全球市场中众多追求新兴技术创新的企业。这种选择也正是创新研究的主流，区别于科学本身。一方面，较之于科学研究机构，企业的市场导向更加鲜明和强烈。企业间围绕技术创新展开竞争，来自市场的创新张力会及时反馈到组织内部，组织内的创新生态系统更具有外部市场的传导性，企业组织内部的创新生态系统蕴含着新兴技术更加丰富的市场属性。企业在知识与研究者等创新资源和知识与研究者的组织策略上，遵循市场生存与获胜等竞争的生态准则和价值观，而学院派的科学研究则大多出于兴趣和对未知世界的探索冲动。另一方面，企业特别是具有相当研发实力的欧美发达国家跨国企业，围绕未来技术趋势展开的前瞻性科学探索，代表着技术未来发展的趋势。它们处于技术创新与进步的前沿，主导着全球技术创新的方向。统计表明，新兴技术领域的研发投入，有 80％来自全球最具实力的 2000 家创新型跨国公司。因此，本研究采用企业而非研究机构作为数据来源。

　　中国新兴技术企业的创新活动,发生在技术全球化的大背景下。发达国家特别是美国,凭借雄厚的科学基础和研发实力,在大部分新兴技术领域处于领先地位。虽然少数中国本土创新性企业在新一代信息技术、新能源汽车技术等新兴技术领域的研发成果处于国际前沿甚至领先国际创新水平,但总体上中国企业的创新水平仍然明显滞后。中美两国企业在不同的新兴技术领域分别处于什么地位? 新兴技术创新策略有何不同? 这些问题亟待解决。因此,本书选择中美新兴技术领域的企业进行比较,可以揭示两个国家的企业在新兴技术创新上的策略差异,有助于向创新标杆企业逆向学习,助力弯道超车。

　　首先,在中国国家知识产权局(SIPO,State Intellectual Patents Office of PRC)和美国专利商标局(USPTO,US Patent and Trademarks Office)的专利数据库中,分别搜索具有新兴技术发明专利的上市企业,[①]根据新兴技术列表,以新兴技术关键词作为发明名称进行发明专利搜索,建立新兴技术企业名录。其次,在新兴技术企业名录中,挑选在沪市、深市以及纳斯达克等证券交易机构上市的公司,经过筛选,符合要求的上市公司共有251家,其中中国企业122家(沪市69家,深市53家)、美国企业129家(纳斯达克),样本情况(见表4-2)。最后,研究将以这251家新兴技术企业作为样本,进行新兴技术创新的中美比较研究。

表 4-2　中美企业样本基本情况表

单位:个

分国别情况 新兴技术类别	样本企业数量		发明专利数量	
	中国企业①	美国企业①	中国企业②	美国企业②
新一代信息技术	15(6.0%)	11(4.4%)	223(6.4%)	245(7.0%)
生物制药技术	14(5.6%)	18(7.2%)	238(6.8%)	259(7.4%)
高端装备制造技术	22(8.8%)	22(8.8%)	235(6.7%)	292(8.4%)
新能源技术	14(5.6%)	19(7.6%)	196(5.6%)	301(8.4%)
新材料技术	25(10.0%)	20(7.8%)	203(5.8%)	332(9.5%)

---

　　① 新兴技术创新绩效的衡量,需要较大的时间跨度来衡量发明专利的存续年数,而只有那些较大型的企业才具有相对长久的发明历史,同时考虑销售收入等数据的可获得性,因此在初选的企业中挑选在中国或者美国上市的公司作为研究样本。

续　表

分国别情况 新兴技术类别	样本企业数量		发明专利数量	
	中国企业①	美国企业①	中国企业②	美国企业②
新能源汽车	19(7.6%)	15(6.0%)	197(5.6%)	278(8.0%)
节能环保技术	13(5.2%)	24(9.6%)	211(6.0%)	273(7.8%)
合计	122(48.6%)	129(51.4%)	1503(43.1%)	1980(56.9%)

三、构建新兴技术发明专利基础信息数据库

通过 SIPO 和 USPTO 的专利数据库,查询新兴技术上市企业在新兴技术领域共 3483 条发明专利文献,建立新兴发明专利基础信息数据库(以贝达药业为例,见表 4-3)。采用 Excel 和 Ucnet 等数据处理与网络统计软件对发明专利文献进行数据处理与分析。首先,采用 Ipget 等专利文献批量下载软件,在专利检索网站上批量下载符合条件的样本企业专利文献。其次,建立专利基础信息数据库。对批量下载的 3483 个专利数据进行处理,建立包括"申请编号、申请日期、申请(专利权)人、分类号、发明者"等信息的专利基础信息数据库。

表 4-3　贝达药业有限公司发明专利基本信息表(部分)

申请号	申请日期	发明名称	专利权人	分类号	发明者
CN20118 0000352	2011-04-29	GLP-1 衍生物及其应用	贝达药业	C07K14/605; A61K38/26;A61P3/10; A61P3/04;A61P9/12; A61P3/06;A61P3/00; A61P9/10;A61P9/00; A61P1/00;A61P1/04; A61P1/14;A61P25/00	谭芬来;王印祥;丁列明;王燕萍;马存波;李彩娜;胡云雁;曹红;胡邵京;龙伟;韩斌
CN20098 0100666	2009-07-07	埃克替尼盐酸盐及其制备方法、晶型、药物组合物和用途	贝达药业	C07D491/056; A61P35/00; A61K31/519	王印祥;丁列明;谭芬来;胡云雁;何伟;韩斌;龙伟;刘勇

申请号	申请日期	发明名称	专利权人	分类号	发明者
CN20041 0017667	2004-04-14	胰高血糖素样肽类似物、其组合物及其使用方法	贝达药业	C07K14/605; A61K38/26; A61P25/00; A61K9/12; A61P3/10; A61K9/00	张晓东;谢国建;郁正伟;查理斯·大卫;王印祥;陈杭
CN03108 814	2003-03-28	新型作为酪氨酸激酶抑制剂的稠合的喹唑啉衍生物	贝达药业	C07D239/70; A61P35/00; A61K31/519; C07D491/056	张晓东;谢国建;查理斯·大卫;陈振庄;陈行

注:信息来源于中国国家知识产权局专利数据库。查询日期:2014 年 7 月 18 日。

四、建立共词矩阵与网络分析

1.研究者共词矩阵

共词分析法是内容分析法的一种,是知识管理研究的前沿领域,也是基于内容的网络分析方法。Heeyong(2019)采用定量的方法,从客观的角度观察趋势。为此,他收集了 1980 年至 2015 年描述技术转移的期刊论文的纵向书目数据。然后应用主题建模和合作作者网络分析对主题进行分类,并识别研究群体的演变。首先,主体转移代理由政府机构向大学转变,成为技术的捐助者,而产业则扮演技术的接受者角色。其次,研究人员所关注的主要技术领域会随着社会吸引力的改变而改变。最后,研究重点逐步从国家层面或国际层面向组织层面转移。此外,技术转移研究似乎也从技术转移应用转向动态技术转移过程。他还确定了六个主题,并进一步讨论,以了解未来的研究方向。这些研究结果有望帮助了解技术转让方面的研究趋势,从而为这一领域的研究人员和负责制定支持技术转让政策的决策者提供有价值的见解。

共词矩阵描述了两个词段共同出现的频次,是运用 Ucnet 等网络分析软件构建网络的输入数据类型。研究者共词矩阵描述了研究者两两之间的合作强度,表现为共词频次。对于抽选的 251 个企业样本,在专利基础信息数据库基础上,综合运用 Excel 编程等方法,分别构建研究者共词矩阵与知识共词矩阵。运用贝达医药的专利数据,可以建立如表 4-4 所示的研究者共词矩阵。

表 4-4　贝达药业研究者共词矩阵表(部分)

单位:次

	谭芬来	王印祥	丁列明	王燕萍	马存波	李彩娜	胡云雁	曹红	胡邵京	龙伟	韩斌
谭芬来	0	2	2	1	1	1	2	1	1	2	2
王印祥	2	0	2	1	1	1	2	1	1	2	2
丁列明	2	2	0	1	1	1	2	1	1	2	2
王燕萍	1	1	1	0	1	1	1	1	1	1	1
马存波	1	1	1	1	0	1	1	1	1	1	1
李彩娜	1	1	1	1	1	0	1	1	1	1	1
胡云雁	2	2	2	1	1	1	0	1	1	2	2
曹红	1	1	1	1	1	1	1	0	1	1	1
胡邵京	1	1	1	1	1	1	1	1	0	1	1
龙伟	2	2	2	1	1	1	2	1	1	0	2
韩斌	2	2	2	1	1	1	2	1	1	2	0

2.知识共词矩阵

运用同样的方法,可以构建知识元素共词矩阵。知识共词矩阵描述了知识元素的整合情况,两个知识元素共同出现在一个发明专利中,说明这两个知识元素产生了一次整合,视为知识网络的一个联结。运用贝达药业[①]的专利数据,可以建立如表 4-5 所示的知识元素共词矩阵。

---

　① 贝达药业股份有限公司是一家成立于 2003 年,由海归团队创办的以自主知识产权创新药物研究和开发为核心,集研发、生产、营销于一体的国家级高新制药企业。贝达药业近年来在抗癌药的研发上取得重大突破,是在生物制药领域实现自主知识产权的优秀案例,打破了发达国家抗癌药在中国市场上的绝对垄断地位。

表 4-5　贝达药业知识元素共词矩阵表（部分）

单位：次

	C07K14/605	A61K38/26	A61P3/10	A61P3/04	A61P9/12	A61P3/06	A61P3/00	A61P9/10	A61P9/00
C07K14/605	0	1	1	1	1	1	1	1	1
A61K38/26	1	0	1	1	1	1	1	1	1
A61P3/10	1	1	0	1	1	1	1	1	1
A61P3/04	1	1	1	0	1	1	1	1	1
A61P9/12	1	1	1	1	0	1	1	1	1
A61P3/06	1	1	1	1	1	0	1	1	1
A61P3/00	1	1	1	1	1	1	0	1	1
A61P9/10	1	1	1	1	1	1	1	0	1
A61P9/00	1	1	1	1	1	1	1	1	0

3.知识/合作双模网络

将发明专利所属的专利分类号视作企业拥有的知识元素，再将知识元素之间在同一发明专利中的共现，视作网络联结，运用网络分析软件 Ucnet 可以绘制知识网络图。同理，将发明专利的发明者视作企业的研究者，再将研究者在同一个发明专利中的共现，视作网络联结，运用 Ucnet 可以绘制合作网络图。运用贝达药业的知识共词矩阵与研究者共词矩阵，可以绘制如下双模网络图（见图 4-1）。

知识网络

A61P3/04　A61P1/14　A61P9/10　A61P1/00　A61P3/10　A61K31/519　A61P35/00

A61P3/06　A61P1/04　A61P3/10　C07D239/70

A61K38/26　A61P1/12　A61K9/00　C07K/605　A61P25/00　A61K9/12　C07D491/056

A61P3/00　A61K9/00

↑　　↑　　↑

发明专利1　发明专利2　……　发明专利17

↓　　↓　　↓　　↓

合作网络

马存波　胡邵京　李彩娜　曹红　王燕萍　韩斌　丁列明　王印祥　胡云雁　查理斯·大卫　陈杭　谭芬来　龙伟　陈行　张晓东　刘勇　何伟　陈振庄　谢国建　郏正伟

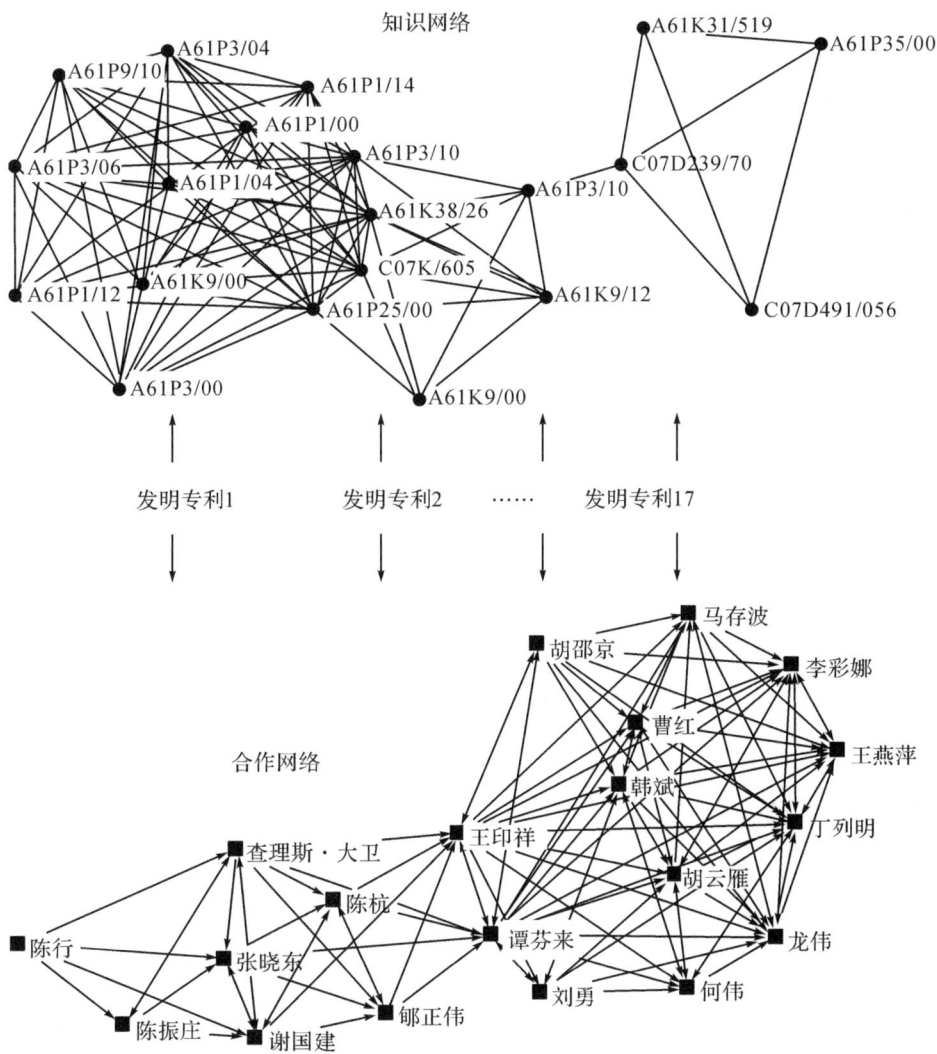

图 4-1　贝达药业双模网络：知识网络与合作网络图

第二节 变量测量方法

一、新兴技术创新绩效的测量

企业在新兴技术领域的创新成果,最直接地反映在发明专利上,采用发明专利来衡量技术创新绩效,也是创新研究中通常采用的方法。因此,采用新兴技术发明专利来衡量新兴技术创新绩效。与以往研究多运用发明专利的数量来衡量技术创新绩效不同的是,本书采用发明专利的数量和质量两个维度,来更加全面地衡量新兴技术创新绩效。

发明专利数量,通过查询专利网站获得。与以往多采用有效发明专利剔除无效专利不同的是,本书采用申请并公布的专利数量,包含了无效发明专利。由于本书采用发明专利数量和质量两个方面信息,所以将申请并获得公布后失效的发明专利包含在数量绩效当中,并不会引起绩效测量的偏差。一方面,申请并获得公布的专利,也是企业新兴技术创新的努力和成果,只是创新质量水平不高,因此有必要将这部分专利纳入创新绩效;另一方面,如果一个专利无效,在发明专利质量里会体现出来,因此将失效专利纳入创新数量绩效的衡量,并不会引起测量偏差。

发明专利质量,用新兴技术发明专利平均存续年数来衡量。采用发明专利生存年数来衡量发明专利质量,是专利研究与创新研究中的典型做法(Richard,1994;Phelps,2012)。还有学者采用发明专利被引次数来衡量专利。存续年数与被引次数,都是发明专利质量最直观的数据。但是,由于专利文献体例不同,中国国家知识产权局的专利数据系统目前没有专利文献被引数据,所以从操作性上看,本书采用存续年数来衡量发明专利质量。具体来说,发明专利申请日所在年份与失效当年的存续年数,不足1年按1年计;发明专利到目前为止仍然有效的,按照2014年为失效年限,计算其存续年数。[①] 本书没有考虑企业重复申报专利的情况,但这并不影响对新兴技

[①] 这么做有可能会产生的问题是,如果存续年数过短(譬如2013年申请并获得公布的专利),难以反映该专利的真实质量。但是,考虑到这一因素在所有专利文献中的占比不高,且对所有企业而言是随机的,这一误差对发明专利质量评价结果的影响很小。

术发明绩效的衡量,因为围绕某个专利重复申报的次数越多,更说明该专利具有很好的质量。发明专利平均存续年数,就是按照新兴技术发明专利总数,对所有新兴技术发明专利存续的总年数进行平均。

新兴技术创新绩效,即为样本企业所有新兴技术发明专利存续的总年数,是发明专利数量与发明专利质量的乘积。

二、知识/研究者双重资源多样性的测量

1.知识多样性

根据知识多样性的概念界定与维度结构,先分别计算样本企业的知识丰富性、知识异质性与知识动态性三个维度的得分,然后再将三个维度的乘积作为知识多样性的值。

(1)知识丰富性。根据研究者们通行的做法,将专利所属于的分类号,视作企业所拥有的知识元素。这是研究企业知识资源相对有效的方法。所有发明专利分类号集合中所包含的分类号个数,用发明专利数量进行平均,代表企业所拥有知识的丰富程度。为了对样本企业拥有的知识元素统一计量,本书采用 SIPO 和 USPTO 共同使用的 IPC 分类号来计量。[①]

(2)知识异质性。根据 IPC 专利分类号分类规则,共存在五段编码,分别代表不同级别的分类,[②]专利分类号之间的差异取决于前三段编码,分别代表"部、族、种",因此,为方便计算,本章用这三段的编码差异,来衡量知识元素之间的异质性。首先计算任意两个不同知识元素之间的距离,给不同的编码差异赋值 10、5 和 1;其次,将所有知识元素之间的距离 $K_{ij}(i\neq j)$ 两两加总,再按照所有知识元素两两组合的次数进行平均。企业知识元素总量为 KC,如式 4.2-1 所示。

$$KH = \sum_{i=1,j=1}^{KC(KC-1)/2} K_{ij}/[KC(KC-1)/2] \quad (i\neq j) \tag{4.2-1}$$

[①]　国际专利分类(IPC,International Patents Classification),以及新近由美国和欧洲联合开发的联合专利分类体系(CPC,Cooperative Patent Classification)。比较通用的是 IPC,我国便采用 IPC,而美国则主要采用 CPC,但同时也标注了 IPC 分类号。

[②]　如专利分类号"C07D491/056"存在"C""07""D""491""056"等五段编码,由左至右逐级细化。专利所属分类号的差异,正是这五段编码的差异。

$$其中，K_{ij} = \begin{cases} 10 & （部分类不同）， \\ 5 & （部分类相同，族分类不同）， \\ 1 & （部和族的分类都相同）。 \end{cases}$$

根据这一测度方法，当企业所有知识元素的部和族都相同时，知识异质性最低，最小值为1；当企业所有知识元素之间部的分类都不同时，知识异质性最高，最大值为10。因此，知识异质性是1—10之间的实数。

（3）知识动态性。用企业所有的新兴技术发明专利，利用所有知识元素的频次之和，与理论上利用知识元素的最多频次之比，再用1减去该比值，来衡量企业的知识动态性；[①]如式4.2-2所示。

$$KD = 1 - \sum_{i=1}^{KC} T_i / KC \times P \tag{4.2-2}$$

KD介于0—1之间。其中，T_i为第i个知识元素，在所有专利中的利用频次，则$\sum_{i=1}^{KC} T_i$为所有专利中对所有知识元素利用的总频次。KC为知识元素总数，P为发明专利总数，$KC \times P$为每个专利都是用所有知识元素时，知识元素的利用总频次，为理论上知识元素利用总频次的最大值。当知识元素重复利用的频次越高，知识动态性的值将越小，说明动态性较低；而反过来则越大，说明知识动态性越高。

2. 研究者多样性

和知识多样性一样，根据研究者多样性的概念界定与维度结构，先分别计算样本企业的研究者丰富性、研究者异质性与研究者动态性三个维度的得分，然后再将三个维度的乘积作为研究者多样性的值。

（1）研究者丰富性。将样本企业所有专利的发明者集合，视作企业研究者队伍，先计算研究者数量后，再按照新兴技术发明专利数量进行平均，代表样本企业的研究者丰富性。根据这一测度方法，每个样本企业的研究者丰富性，也可以理解为该样本企业单个新兴技术发明专利的发明者平均数

---

① 理论上，企业在所有的发明专利中，对每个知识元素都只利用了一次，则企业对知识元素利用的总频次达到最小，等于企业的发明专利数量，此时企业的知识动态性达到最大值；反之，企业在所有的发明专利中，都利用了所有的知识元素，则企业对知识元素利用的总频次达到最大，等于企业所有发明专利数量与知识元素数量的乘积。

量。研究者丰富性指标蕴含着企业在新兴技术发明中在研究者方面的策略。可以按照这一指标的高低,将研究者策略分为精英策略与"人海策略"。精英策略的新兴技术发明专利平均发明者数少(如2—3人),"人海策略"则发明者数众多(5人以上)。

(2)研究者异质性。由于样本企业研究者个人特征、价值观、研发能力以及创新动机等方面的信息难以获取,所以本文将研究者发明专利数量的差异,视作研究者之间的差异,采用发明专利数量的标准差作为研究者异质性的测度。这一做法具有合理性,因为从个体层面上看,研究者个人的发明专利数量,实际上是其价值观、研发能力、创新动机以及个人特征等多个方面的综合反映,是研究者差异相对理想的拟合指标。根据这一测度方法,研究者异质性指标可以反映一个企业研究者队伍的多元化情况。当这个企业所有研究者的发明专利数量标准差比较大时,说明研究者更具异质性;反之,则异质性程度更低。

(3)研究者动态性。采用与知识动态性同样的思路,用所有研究者在所有发明专利中出现的总频次与所有研究者全部出现在所有发明专利中的总频次之比,来衡量研究者动态性。如式4.2-3所示。

$$RD = 1 - \sum_{i=1}^{KC} T_i/RN \times P \qquad (4.2\text{-}3)$$

其中,RD 为研究者动态性,RN 为研究者数量。

三、知识/合作双模网络结构的测量

1. 知识/合作网络结构洞测量方法

基于 Burt(1992)对结构洞的经典测算方法,借鉴 Chunlei Wang(2014)的一些具体做法,首先计算二元约束值 C_{ij},i 表示中心元素,j 表示与 i 连接的元素,C_{ij} 表示在邻近的两个元素中两者的联系程度,这个二元约束值取决于三个因素:第一个因素是中心元素 i 连接元素的数量,这个数值越高,j 或者 k 与 i 的连接数占与 i 的总连接数的比例越小,更多的元素与 i 连接意味着 P_{ij}、P_{ik} 的值越小,以导致 C_{ij} 的值越小。例如,若 i 与四个其他知识元素连接,P_{ij}、P_{ik} 的值都是1/4。第二个因素是 k,与 i 和 j 都有连接的第三方元素的数量,若在与其他条件同等的情况下,更多的 k 可以提高 C_{ij} 的值。

第三个因素是第三方元素 k 连接元素的数量,这个数值越高,P_{kj} 的值越小,导致 C_{ij} 的值越小。如式 4.2-4 所示。

$$C_{ij} = (P_{ij} + \sum_{k,k \neq i,k \neq j} P_{ik}P_{kj})^2 \tag{4.2-4}$$

测量结构洞的第二步是把二级约束相加测量 C_i,测量结构洞 S_i,S_i 表示元素连接中心元素断开的程度。如式 4.2-5 所示。

$$C_i = \sum_j C_{ij} \quad S_i = 2 - C_i \tag{4.2-5}$$

2.知识/合作网络中心势测量方法

网络中心势是整体网络层面中心度的衡量,采用企业知识/合作网络中所有节点中心度的标准差[①]来衡量。(如式 4.2-6 所示)

$$DC = \sqrt{\sum_{i=1}^{KC} (dc_i - \overline{dc})^2 / (KC - 1)} \tag{4.2-6}$$

dc_i 为节点 i 的中心度,即节点 i 的网络联结数量。

四、控制变量的测量

企业新兴技术发明绩效受到诸多因素的影响,借鉴 Phelps(2012)和 Chunlei 等(2014)的实证研究,将销售收入、研发投入、发明专利总数以及新兴技术研发经验作为控制变量。

销售收入。用销售收入来控制企业规模和综合实力对新兴技术发明绩效的影响。采用最近五年样本企业销售收入的均值。新兴技术创新的实力来自企业层面,因此,用企业总体销售收入来控制企业的综合实力。

研发投入。用研发投入来控制企业总体对研发的重视程度。上市公司费用化的研发投入,通过查阅其报表附注来获取;资本化的研发投入,在上市公司报表中的"开发支出"项目查询。综合考虑以上两方面的数据,来确定样本企业的研发投入。

发明专利总数。发明专利总数指企业作为申请人持有的全部发明专

---

① 除此之外,还存在一种比较普遍的整体网层面中心势计量方式,即节点中心度最大值与最小值之差。但我们认为标准差更能体现中心度的离散和集中情况,所以采用标准差计量方法。

利，①用发明专利总数控制企业在所有技术领域的研发水平，对新兴技术领域创新绩效的影响。样本企业中，相当部分企业都在多个技术领域存在创新活动，在部分企业的发明专利中，非新兴技术领域的发明专利居多。以企业名称作为申请人（权利人）在专利数据库中搜索，设定搜索条件为发明专利，不计入实用新型和外观专利。

新兴技术研发经验。用新兴技术领域的研发经验，控制由于新兴技术研发时间长短不一而导致的新兴技术创新绩效差异。在新兴技术领域所有发明专利中，将以第一个发明专利的申请日期作为企业介入新兴技术研发的日期及至 2014 年的年数，作为样本企业新兴技术的研发经验。

第三节　中美企业样本定量比较分析

21 世纪以来，新兴技术领域蕴含着广阔的突破性创新空间，创新机会在全球范围内扁平化趋势明显。相比于传统技术创新发达国家与发展中国家的巨大落差，新兴技术领域的创新机会更加均等，也为中国技术后发企业的技术追赶提供了全新的竞争起点。在新一代信息技术、新能源汽车等新兴技术领域，部分中国领先企业的创新进程与欧美同步，甚至领先。然而，从新兴技术整体来看，中国企业与全球领先企业仍存在相当大的差距，特别是在生物制药、人工智能等领域，中国企业的创新步伐明显滞后。然而，中美企业新兴技术创新绩效有何差异？新兴技术创新来自企业组织内部的生态动力源泉、生态动力机制以及生态动力系统是否存在显著差异？新兴技术创新策略有何异同？揭示中美企业新兴技术创新差异，对中国企业的技术追赶乃至"弯道超车"，无疑具有明显的现实价值。

采用新一代信息技术等 7 个新兴技术领域内共 251 个中美企业的样本数据，对中美样本新兴技术创新情况进行定量比较分析，包括：中美新兴技术企业创新的基本情况比较，如销售收入、研发投入、发明专利总数、新兴技术研发经验等控制变量的基本情况；中美企业样本新兴技术创新的生态资源基础比较，如知识与研究者多样性及其子维度情况；中美企业样本新兴技术创新的生态网络秩序比较，如知识网络结构洞、中心势和合作网络结构

---

① 一般情况下，企业除了新兴技术领域的发明之外，还具有前期其他领域的专利成果。

洞、中心势的比较(见表 4-6)。

表 4-6　中美企业样本新兴技术创新定量比较表

	样本总体		中国企业样本(N＝122)				美国企业样本(N＝129)			
	均值	标准差	均值	标准差	最大值	最小值	均值	标准差	最大值	最小值
销售收入(亿元)	16.60	9.56	14.86	9.34	118.93	0.64	18.34	10.03	196.40	0.64
研发投入(亿元)	2.31	1.96	1.51	0.61	17.00	0.02	3.10	1.88	43.21	0.07
发明专利总数	44.15	25.86	31.86	17.53	132.00	6.00	56.43	29.81	289.00	5.00
新兴技术研发经验	13.88	5.75	11.67	4.08	22.00	2.00	16.08	7.48	28.00	3.00
知识多样性	16.97	24.27	14.43	9.52	28.41	8.83	19.50	19.94	140.87	0.68
研究者多样性	3.25	2.01	2.92	1.64	1.70	0.20	3.58	2.96	24.5	0.14
知识网络结构洞	1.28	0.82	1.25	0.86	1.75	0.84	1.30	0.78	1.67	1.11
知识网络中心势	8.17	6.03	8.18	6.95	10.89	5.71	8.16	5.21	10.56	5.39
合作网络结构洞	1.69	0.94	1.69	1.05	1.96	1.31	1.69	0.88	1.92	1.31
合作网络中心势	16.02	17.28	15.42	11.46	28.65		16.62	24.52	77.3	3.78
新兴技术发明专利数量	12.80	13.43	12.07	13.47	32.00	4.00	13.52	13.38	80.00	1.00
新兴技术发明专利质量	7.60	6.34	6.68	5.96	9.80	2.45	8.51	6.52	9.99	4.38
新兴技术创新绩效	97.28	130.53	80.63	80.42	145.00	11.00	115.06	74.28	346.00	17.00

一、中美企业样本新兴技术创新基本情况比较

中美企业样本新兴技术创新数据统计结果(见图 4-2),中国从事 7 个新兴技术创新领域的 122 家上市公司企业样本中,销售收入均值为14.86亿元,而美国 129 个上市公司企业样本的销售收入均值为 18.34 亿元,两样本 T 检验结果显示:美国企业样本销售收入显著高于中国企业样本,且销售收入的最大值要远远高于中国企业样本的最大值。这说明在新兴技术创新领域,中国企业与美国企业在总体实力上差距较大。研发投入方面,中国企业样本研发投入均值为 1.51 亿元,美国企业样本研发投入均值为 3.10 亿元,从绝对值上看要高于中国企业样本。以销售收入为分母计算研发投入比重,中国企业样本研发投入比重均值为 10.16%,而美国企业样本研发投入比重均值为 16.9%,比中国企业样本高出 6.74 个百分点。在发明专利总

数方面,中国企业发明专利总数均值为 31.86,美国企业发明专利总数为
56.43,T 检验显著,美国企业样本在发明专利方面要显著领先于中国企业。
在新兴技术研发经验方面,美国企业进入新兴技术领域的研发,要比中国企
业样本平均早 4.5 年左右。根据对中美新兴技术创新企业样本的基本情况
分析可以看出,美国企业样本在企业实力、研发重视程度以及研发成效上都
比中国企业更胜一筹,中国企业在新兴技术领域的创新进程处于后发地位。

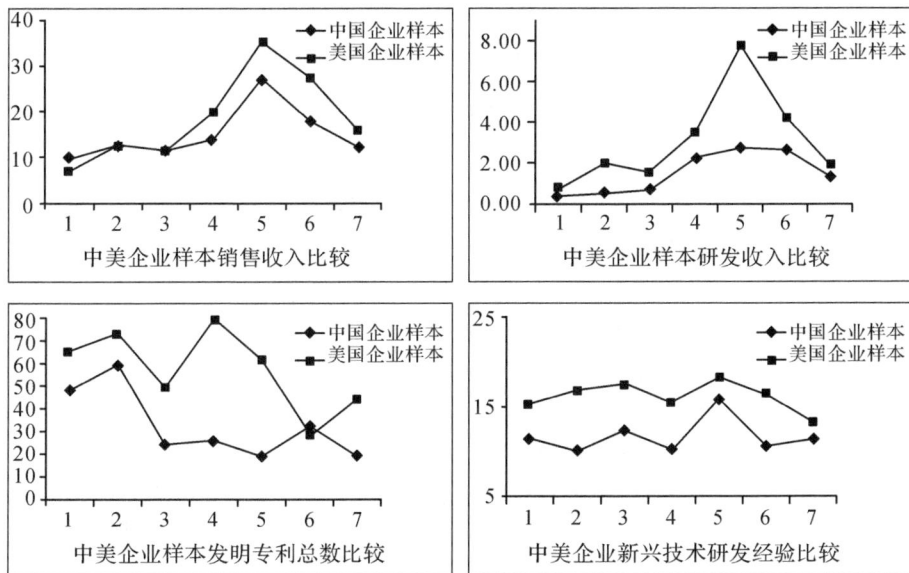

图 4-2　中美企业新兴技术创新基础情况比较图

注:横坐标数字代表 7 个新兴技术领域,分别为新一代信息技术、生物制药技术、
高端装备制造技术、新能源技术、新材料技术、新能源汽车、节能环保技术。图 4.3—
4.6 同样采用此注。

二、中美企业样本新兴技术创新的组织内生态资源基础比较

中美企业新兴技术创新的组织内生态资源基础,包括知识多样性和研
究者多样性两个方面。知识多样性方面,中国企业样本总体均值为 14.43,
美国企业样本总体均值为 19.50,T 检验显著,说明美国企业在知识丰富
性、知识异质性或者知识动态性等构成的知识生态资源基础方面更具多样
性特征。其中,在高端装备制造技术、新能源技术以及新材料技术这 3 个新

兴技术领域中,中国企业样本的知识多样性与美国企业样本相当或者略有超出,而在新一代信息技术、生物制药技术、新能源汽车以及节能环保技术等4个领域,中国企业样本的知识多样性程度,要显著低于美国企业样本,T检验显著。研究者多样性方面,中国企业样本总体均值为2.92,美国企业样本总体均值为3.58,T检验显著。其中,除了新能源技术领域与新材料技术的中国企业样本,研究者多样性要比美国企业样本更加丰富或者基本相当之外,其他5个领域都显著低于美国企业样本。可以看出,中国企业在新兴技术领域的企业样本在知识多样性上要低于美国企业样本。研究者多样性方面,在新一代信息技术、生物制药技术、高端装备制造技术、新能源汽车、节能环保技术等5个新兴技术领域,美国企业样本的研究者多样性要显著高于中国企业样本;新能源技术方面,中国企业样本显著高于美国企业样本;而在新材料技术领域,中美企业样本相当。总体上看,美国企业样本的研究者多样性也要高于中国企业样本,但是部分新兴技术领域的中国企业研究者多样性具有一定优势(见图4-3)。

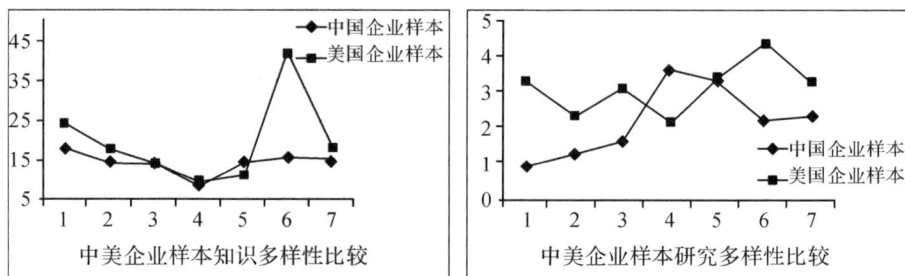

图 4-3　中美企业样本新兴技术创新的组织内生态资源基础比较图

三、中美企业样本新兴技术创新的组织内生态网络秩序比较

知识网络结构洞方面,中国企业样本均值为1.25,美国企业样本均值为1.30,除了生物制药技术领域和新能源汽车两个领域之外,美国企业样本的知识网络结构洞都显著高于中国企业样本;知识网络中心势方面,中国企业样本均值为8.18,美国企业样本均值为8.16,中美企业样本基本上相当;合作网络结构洞方面,中国企业样本均值为1.69,美国企业样本均值同样为1.69,中美两国企业样本也基本相当;合作网络中心势方面,中国企业样本均值为15.42,美国企业样本均值为16.62。其中,生物制药技术、高端

装备制造技术、新能源技术及新能源汽车技术 4 个领域,美国企业样本都显著高于中国企业样本(见图 4-4)。

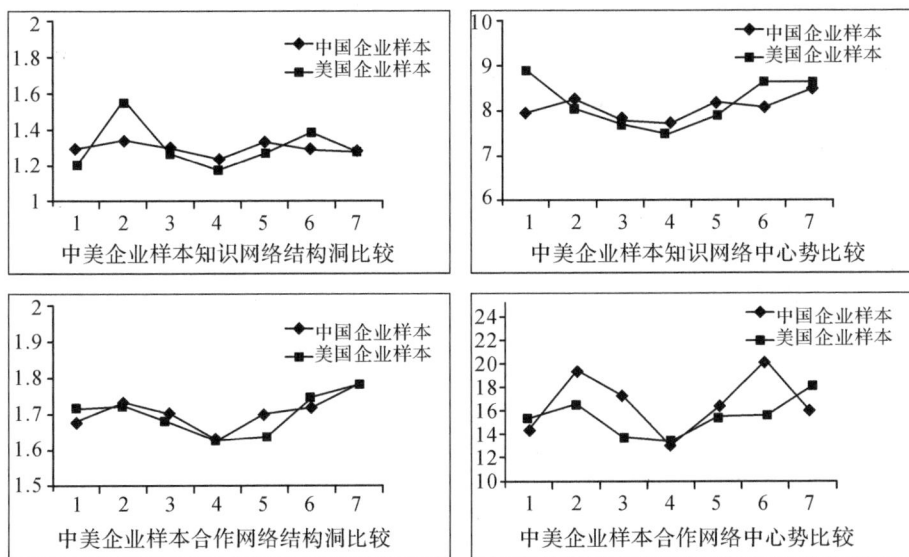

图 4-4　中美企业样本新兴技术创新的组织内生态网络秩序比较图

通过数据统计可以看出,相比于中美企业样本在新兴技术创新的生态资源基础方面的显著差异,二者在生态网络秩序方面的差异要小得多。也可以看出,中美企业新兴技术创新绩效的差异可能更多地来源于创新资源基础的多样性,而资源如何组织的即生态网络秩序对绩效差异的影响会更小。这意味着,中国企业新兴技术创新寻求绩效突破,首先应该通过获取、蓄积并创造更具生态多样性的创新资源基础,然后在组织内部构建相匹配的生态网络秩序。这些假设,将在后续的理论模型中进一步检验。

四、中美企业样本新兴技术创新绩效比较

在新兴技术发明专利数量方面,中国企业样本均值为 12.07,美国企业样本均值为 13.52,美国企业在新兴技术发明专利的数量上,要显著高于中国企业 1.5 个左右。但是,在新一代信息技术、新能源技术、新能源汽车 3 个技术领域,中国企业的发明专利数量平均要高于美国企业样本,而在其他 4 个技术领域,则显著低于美国企业样本。这反映了中国企业在新一代信息技术领域的快速发展,特别是技术发明在数量上已经可以与美国同类企

业相媲美,甚至有所超越。

在新兴技术发明专利质量方面,中国企业样本均值为 6.68,这意味着发明专利平均存续 6.68 年,而美国企业样本均值为 8.51 年,发明专利平均存续年数要比中国企业高出近 2 年。其中,除了新能源汽车领域的发明专利平均存续年数比美国企业样本要高之外,其他 6 个领域的新兴技术发明专利质量,显著低于美国企业样本(见图 4-5)。这组数据进一步验证了中国企业新兴技术创新之痛:在取得发明专利数量上快速突破的同时,新兴技术创新的质量仍然存在瓶颈。这亟待产业界与政府的重视。

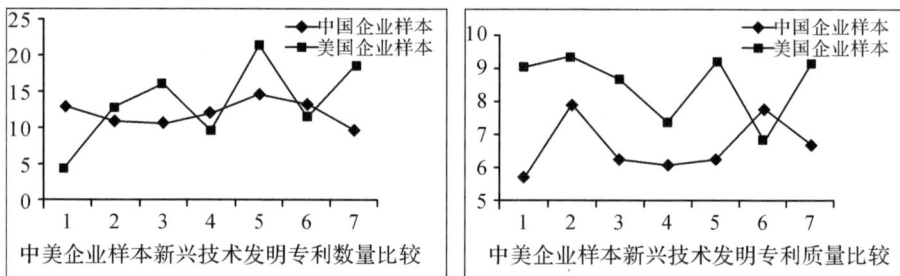

图 4-5　中美企业样本新兴技术发明专利数量与质量比较图

在新兴技术创新绩效方面,中国企业样本均值为 80.63,而美国企业样本均值为 115.06,比中国企业高出近 25(见图 4-6)。从中可以看出,中美两国新兴技术创新绩效的差异,更主要地来源于新兴技术创新质量的差异,其次才是新兴技术创新数量。这也从数据上验证了一个较为普遍的观点,即中国企业发明专利更多地关注数量而非质量,也意味着中国企业在新兴技术创新中,需要注重数量与质量的并重,以实现真正意义上的新兴技术突破。

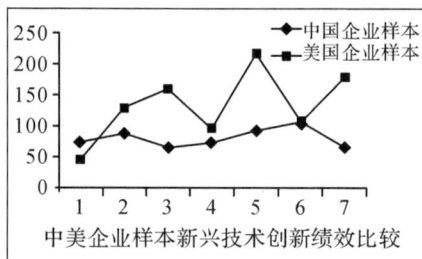

图 4-6　中美企业样本新兴技术创新绩效比较图

第四节 变量相关分析

对控制变量、知识多样性和研究者多样性、知识网络结构（知识网络结构洞、知识网络中心势）、合作网络结构（合作网络结构洞、合作网络中心势），以及新兴技术创新数量、质量与绩效等主要变量，进行皮尔逊相关性检验，建立相关系数矩阵（见表 4-7）。

表 4-7 皮尔逊相关系数矩阵表

	1	2	3	4	5	6	7	8	9	10
1. 销售收入										
2. 研发投入	0.22**									
3. 发明专利总数	0.57**	0.68**								
4. 新兴技术研发经验	0.35**	0.64**	0.46***							
5. 知识多样性	0.12	0.16	0.19*	0.12*						
6. 研究者多样性	0.05	0.05	0.01	0.14*	0.15**					
7. 知识网络结构洞	0.13	0.07	0.03	0.09	0.03	0.10*				
8. 知识网络中心势	0.08	0.05	0.04	0.13*	0.04	0.02	0.04			
9. 合作网络结构洞	0.06	0.03	0.02	0.08	0.11***	0.28**	0.17*	0.12		
10. 合作网络中心势	0.10	0.09	0.13	0.10	−0.08**	0.07	0.23**	0.35**	0.09	
11. 新兴技术创新数量	0.32**	0.41***	0.43**	0.47**	0.15**	0.18*	0.10	0.30**	−0.11**	0.38**
12. 新兴技术创新质量	0.17**	0.12*	0.28**	0.16*	0.21*	0.17***	−0.12*	0.19**	0.10	0.15
13. 新兴技术创新绩效	0.41**	0.60***	0.49***	0.15**	0.24*	0.14*	0.01	0.36**	−0.27	0.09*

注：显著性水平 * 表示 $p < 0.05$（双尾），** 表示 $p < 0.01$（双尾），*** 表示 $p < 0.001$（双尾）。

皮尔逊相关性检验结果显示，除了和知识网络结构洞的相关系数不显著之外，新兴技术创新数量和其他变量都显著相关，其中和销售收入、研发投入、发明专利总数以及新兴技术研发经验等控制变量正相关，验证了 Phelps（2012）、Victor（2014）等的研究结论。新兴技术创新数量和知识多样性以及研究者多样性显著正相关，但是相关系数较弱（分别为 0.15 和 0.18），显著性水平也不高（分别为 $p < 0.01$ 和 $p < 0.05$）。这一结果与研究假设是相容的，当两个变量之间是二次非线性关系时，相关系数检验往往不显著。新兴技术创新数量和知识网络中心势显著正相关（相关系数为 0.30，$p < 0.001$），和合作网络结构洞显著负相关（相关系数为 −0.11，$p < 0.01$），

而和合作网络中心势显著正相关。新兴技术创新质量方面,和控制变量都显著正相关,和知识多样性、研究者多样性显著正相关。而和知识网络结构洞显著负相关(相关系数-0.12,p<0.01),和知识网络中心势显著正相关,这验证了有关假设。但是新兴技术创新质量和合作网络结构洞与中心势的相关系数,却没有通过假设检验。这并不能否定合作网络结构洞和中心势会影响新兴技术创新质量,相关系数即便不显著,但是在对因果关系检验时却仍有可能通过假设检验。新兴技术创新绩效方面,除了和知识网络结构洞的相关系数不显著之外,和其他变量的相关系数都通过了假设检验,且符号基本符合预期,初步验证了有关假设。

相关性检验还发现,知识多样性和知识网络结构等新兴技术创新的知识动力维度与研究者多样性和合作网络结构等新兴技术创新的团队动力维度,在不同程度上呈现显著相关的关系。其中,知识多样性和研究者多样性显著正相关,与合作网络结构洞显著正相关(相关系数0.11,P<0.001),但是和合作网络中心势显著负相关(相关系数0.08,P<0.01)。这与本文提出的理论假设相符,理论上表现为知识多样性与研究者多样性在某种程度上会共同演化,但是并不能显示知识多样性和研究者多样性之间因果关系的方向,需要进一步运用其他方法来检验。知识多样性和合作网络结构洞正相关,说明知识多样性水平高,合作网络会呈现更多的结构洞。理论上,当合作网络呈现更多的结构洞时,研究者之间的联系出现诸多盲点,缺乏联系的这些研究者之间,知识分享以及知识趋同的倾向便更弱,从而会导致知识元素更加丰富或者异质性水平更高。反过来,当组织拥有的知识更具多样性时,研究者之间的合作成本更大,合作倾向由此降低,导致产生合作网络联结盲点。检验结果还显示,知识多样性和合作网络中心势显著负相关,说明知识多样性越高,研究者之间基于知识的话语权更加均等,从而在研发过程中更具扁平化组织的倾向。反过来说,一旦个别研究者具有显著高于他人的中心度,居于合作网络的中心位置,则知识权力开始发挥作用,会对组织的知识演化产生主导方向与领域界定,从而具有遏制知识多样性的倾向。知识多样性和团队动力之间的相关性检验结果,表明在后续采用回归模型进行实证分析时,需要采取相应的方法,以避免出现主要变量之间存在多重共线性从而导致检验结果偏差等问题。

第五章　模型建构、实证检验与结果讨论

第一节　新兴技术创新的组织内生态动力源泉：独立效应模型检验

一、独立效应：对新兴技术创新数量的影响

当因变量是离散的整数时，应考虑应用计数模型（Count Model）。在计数模型中使用较为广泛的是泊松模型，可以通过极大似然估计量与最大化对数似然函数，来求解泊松分布的参数。如果均值和标准差近似相等，则极大似然估计量是一致的、有效的，且渐进服从正态分布。但是，泊松关于均值和标准差近似相等的假定，在实际应用中经常不成立：如果这一条件被拒绝，模型就会被错误地设定。此时，则使用负二项式回归模型，在条件均被正确设定的情况下，使用准极大似然法进行参数的估计（Quasi-Macamum Likelihood，QML）（高铁梅，2012）。

企业发明专利的数量，具有典型的负二项回归特征（高铁梅，2012；Chunlei et al.，2014）。采用负二项回归模型对企业发明专利数量进行回归分析，以研究企业技术创新、探索性创新等绩效影响因素和机制，是相当部分技术创新领域实证研究的共同选择。也有部分研究使用泊松分布模型进行回归分析，但使用情境有所不同。泊松模型分析的技术创新绩效，主要发生在相对成熟的技术领域里。在成熟技术领域，用发明专利数量来衡量的技术创新绩效，具有相对明确的主要影响因素，如知识积累、研发投入和创新网络的位势等，发明专利数量呈现相对稳定的变异特征，能够满足泊松分布关于变量标准差和均值近似相等的严格假设。但是，在新兴技术领域，新兴技术的创新与成效，存在高度不确定性和跳跃性，相比于成熟技术发明专

利,新兴技术发明专利的分布更加离散,影响因素也更加复杂多变,目前尚未有成熟和清晰的理论框架来阐释新兴技术创新的动力源泉与机制。当标准差不近似地等于均值时,新兴技术发明专利的数量服从负二项回归。较之一般的线性回归模型,负二项回归模型包含了对横截面异质性的自然表述,既可以对非正态分布的样本回归进行刻画,同时又可以解决泊松分布无法处理的过度分布问题(Chang et al.,2010;马述忠等,2013)。因此,本章采用负二项回归模型进行新兴技术创新数量的分析。

1.负二项回归模型及其设定

以新兴技术创新数量作为结果变量,采用负二项回归模型进行回归分析,检验双重资源多样性和双模网络结构,对新兴技术创新数量的独立效应做出假设。借鉴马述忠(2013)的方法,采用符合如下分布函数的负二项回归模型来建模。如式 5.1-1 所示。

$$Prob(PATENT_i=Patent_i)=\frac{\Gamma(\lambda_i+Patent_i)\times\delta^{\lambda_i}}{\Gamma(\lambda_i)\times\Gamma(Patent_i+1)\times(1+\delta^{(\lambda_i+Patent_i)})}$$

$$Patent_i=\exp(\beta x_i+\varepsilon_i) \tag{5.1-1}$$

其中,i 表示个体区别,$Patent$ 为被解释变量新兴技术发明专利数量,x 为解释变量,λ 是引入了伽马分布误差项的泊松参数,ε 为样本观测效应,误差项 $\exp(\varepsilon_i)$ 服从参数$(1,\delta)$的伽马分布,且独立分布。用极大对数似然函数的求解原理,可获得简化后的计量模型,模型具体设定如式 5.1-2 所示。

$$E(Patent_i\mid x_{im})=\exp(\alpha_i+\sum_1^m\beta_{im}x_{im}+\sum_1^n\gamma_{jn}\varphi_{in}+\varepsilon_i) \tag{5.1-2}$$

其中,$Patant_i$ 为新兴技术创新数量,以新兴技术发明专利数量来衡量;α_i 为常数向量;x_{im} 为维度为 m 的解释变量向量,主要包括双重资源多样性(知识多样性与研究者多样性)、知识网络结构(知识网络结构洞与知识网络中心势)、合作网络结构(合作网络结构洞与合作网络中心势)等 6 个解释变量;β_{im} 是其回归系数向量;φ_i 为控制变量向量,主要包括衡量企业规模的销售收入,衡量企业研发重视程度的研发投入,衡量企业研发成果和实力的发明专利总数,以及企业新兴技术研发经验;γ_{in} 为其回归系数向量;ε_i 为残差向量。

2.负二项回归模型检验结果

采用 Eviews6.0 软件的计数模型进行负二项回归模型回归分析。为了检验有关变量对模型的解释力,同时检验各个解释变量和新兴技术创新数量之间的关系强度,共分 5 步,采用 5 个模型进行逐步回归,回归结果见表5-1。

表 5-1　新兴技术创新数量作为结果变量的负二项回归模型回归结果表

	基准	模型 1	模型 2	模型 3	模型 4
销售收入	0.12** (1.13)	0.09*** (1.10)	0.14** (2.12)	0.10*** (0.98)	0.13*** (3.42)
研发投入	0.18*** (3.25)	0.13*** (3.41)	0.12** (2.91)	0.07* (2.58)	0.07*** (3.29)
发明专利总数	0.15** (3.45)	0.11*** (3.89)	0.11* (3.37)	0.08*** (3.93)	0.10** (3.41)
新兴技术领域研发经验	0.06*** (1.13)	0.06** (0.98)	0.07** (2.23)	0.05** (1.12)	0.05** (1.16)
知识多样性		0.12*** (2.24)	0.09*** (1.96)		
知识多样性^2		−0.10** (−1.97)	−0.10** (−2.03)		
知识网络结构洞			−0.10*** (−2.25)		
知识网络中心势			0.11*** (0.92)		
研究者多样性				0.09*** (1.75)	0.09*** (0.93)
研究者多样性^2				−0.12** (−2.55)	−0.12** (−2.37)
合作网络结构洞					−0.07* (−1.52)
合作网络中心势					0.13** (2.14)
Observations	251.00	251.00	251.00	251.00	251.00
McFadden R^2	0.47	0.62	0.71	0.52	0.59
Log likelihood	−67.83	−63.52	−60.59	−52.36	−48.23
LR statistic	378.64(4)	350.45(2)	346.28(2)	367.83(2)	328.56(2)
Prob(LR statistic)	0.00	0.00	0.00	0.00	0.00

注:括号中为 z 值;* 表示 p<0.05(双尾),** 表示 p<0.01(双尾),*** 表示 p<0.001(双尾)。

首先,将控制变量对新兴技术创新数量回归作为基准模型。基准模型回归结果显示,新兴技术创新数量和四个控制变量显著正相关,McFadden R^2 的值为 0.47,说明控制变量解释了新兴技术创新数量变异的 47%,似然比 LR 检验显著,LR 后的括号中数字,是 LR 检验的自由度,为解释变量个数。

(1)知识动力源泉影响新兴技术创新数量的独立效应检验结果。模型 1 和模型 2 分别用来检验知识多样性和知识网络结构对新兴技术创新数量的影响。为了检验知识多样性与新兴技术创新数量之间的倒 U 形关系假设,采用倒 U 形关系检验的常用方法,将知识多样性及其平方项纳入回归模型。模型 1 检验结果显示,相比于基准模型,McFadden R^2 增加了 15 个百分点,似然比检验显著,说明知识多样性及其平方项对新兴技术创新数量具有显著的解释力。模型 2 中,将知识网络结构的两个变量纳入回归模型,检验知识资源的生态秩序对新兴技术创新数量的影响。

检验结果表明,相比于模型 2,McFadden R^2 增加了 9 个百分点,似然比检验显著,说明知识网络结构洞和知识网络中心势对新兴技术创新数量具有显著的解释力。

采用模型 2 的标准化回归系数作为检验结果,各变量回归系数的符号验证了理论假设,企业销售收入、研发投入、发明专利总数以及企业在新兴技术领域的研发经验,都和新兴技术创新绩效数量显著正相关,符合企业研发活动的基本规律。知识多样性的一次项回归系数显著为正(标准化回归系数 0.09,$P<0.001$),二次项回归系数显著为负(标准化回归系数为 -0.10,$P<0.01$),系数检验结果表明知识多样性与新兴技术创新数量呈倒 U 形关系。知识网络结构洞与新兴技术创新数量显著负相关(标准化回归系数为 -0.10,$p<0.001$),而知识网络中心势与新兴技术创新显著正相关(标准化回归系数为 0.11,$p<0.001$)。

(2)研究者动力源泉影响新兴技术创新数量的独立效应检验结果。模型 3 和模型 4 分别用来检验研究者多样性与合作网络结构对新兴技术创新数量的影响。根据理论假设,由研究者多样性和合作网络结构形成的团队创新动力和知识多样性与知识网络结构形成的知识创新动力存在整合效应。相关系数检验结果也表明,知识多样性和研究者多样性、知识网络结构与合作者网络结构等变量之间存在较为复杂的相关性。尝试在模型 2 的基础上直接增加研究者多样性等变量,多重共线性检验结果显示,知识多样性、研究者多样性、知识网络结构洞和合作网络中心势的方差膨胀因子 VIF 值都超过 100,检验结果显示这几个变量之间存在严重的多重共线性。在这个条件下,检验研究者多样性和合作网络结构对新兴技术创新数量的影响,宜在基准模型上增加变量,而不能在模型 2 的基础上增加变量,以避免多重共线性问题。模型 3 结果显示,相比于基准模型,McFadden R^2 增加了 5 个百分点,似然比检验显著,说明研究者多样性及其平方项对新兴技术创新数量具有显著的解释力。模型 4 结果显示,相比于模型 3,McFadden R^2 增加了 7 个百分点,似然比检验显著,说明合作网络结构对新兴技术创新数量具有显著的解释力。

采用模型 4 的标准化回归系数作为检验结果,各变量回归系数的符号验证了理论假设,研究者多样性与新兴技术创新数量呈倒 U 形关系的假设得到验证,一次项回归系数显著为正(标准化回归系数为 0.09,$p < 0.001$),二次项回归系数显著为负(标准化回归系数为 -0.12,$p < 0.01$),合作网络结构洞和新兴技术创新数量显著负相关(标准化回归系数为 -0.07,$p < 0.05$),而合作网络中心势则与新兴技术创新数量显著正相关(标准化回归系数为 0.13,$p < 0.01$)。

3.中美两国企业样本比较分析

将中美两国企业样本分组后分别回归,以比较中美两国企业样本的解释变量对新兴技术创新数量的影响是否存在差异,存在何种差异。先用中美两国企业样本,用知识多样性、知识多样性平方项、知识网络结构洞、知识网络中心势及控制变量对新兴技术创新数量进行回归,回归结果(见表 5-2)。再用中美两国企业样本,用研究者多样性、研究者多样性平方项、合作网络结构洞、合作网络中心势对新兴技术创新数量进行回归,回归结果(见表 5-2)。结果显示,无论是知识角度的回归模型,还是研究者角度的回归模型,中美两国企业样本的回归结果都显著,且绝大部分解释变量与控制变量的回归系数都通过了假设检验,符号与全部样本的回归模型相一致,说明分样本的回归情况良好,进一步验证了相关假设。但是,中国企业样本的知识多样性平方项和美国企业样本的知识网络结构洞等个别解释变量的回归系数不显著。造成回归系数变化或者假设检验通不过的原因有两个:一是计量模型变化导致的,二是样本数量变化导致的。对样本进行分组后,中国样本数量为 122 个,比全部样本数量少了一半以上,样本数量减少可能会导致部分参数的估计出现偏差,甚至导致不显著或者符号相反等结果。这一结果,也有理论上的含义,反映了中美两国企业样本在新兴技术创新特征上的差别。

表 5-2　对新兴技术创新数量的影响:中美两国企业样本的比较表

	中国企业样本①	美国企业样本①	中国企业样本②	美国企业样本②
销售收入	0.12** (2.45)	0.15** (2.33)	0.14*** (2.58)	0.10*** (2.71)
研发投入	0.10** (2.83)	0.13* (2.96)	0.09*** (3.17)	0.06** (3.29)
发明专利总数	0.14* (3.25)	0.09* (3.08)	0.10** (3.58)	0.10** (3.41)
新兴技术领域研发经验	0.06 (2.23)	0.10*** (2.23)	0.06** (1.21)	0.05** (1.32)
知识多样性	0.13** (3.14)	0.08*** (2.85)		
知识多样性²	−0.07 (−2.75)	−0.11** (−2.10)		
知识网络结构洞	−0.11*** (−2.32)	−0.08 (−4.31)		
知识网络中心势	0.15** (1.32)	0.10*** (1.47)		
研究者多样性			0.10*** (1.67)	0.06*** (0.89)
研究者多样性²			−0.07** (−1.02)	−0.15** (−3.47)
合作网络结构洞			−0.08* (−2.32)	−0.05* (−2.63)
合作网络中心势			0.18** (3.25)	0.10** (3.07)
Observations	122.00	122.00	129.00	129.00
McFadden R²	0.46	0.51	0.43	0.59
Log likelihood	−94.76	−83.28	−91.75	−90.18
LR statistic	336.45	307.41	349.27	351.85
Prob(LR statistic)	0.00	0.00	0.00	0.00

注:括号中为 z 值;* 表示 $p<0.05$(双尾),** 表示 $p<0.01$(双尾),*** 表示 $p<0.001$(双尾)。

　　(1)知识动力源泉的比较。回归结果显示,中美两国企业样本的 Mcfadden R^2 分别为 0.46 和 0.51,相差 5 个百分点。说明中国企业样本的知识动力源泉对新兴技术创新数量的影响只占到总变异的 46%,而美国企业样本则达到 51%,这预示着中国新兴技术企业的专利数量影响因素更加复杂,或者其他解释变量起着更重要的作用。中美两国企业样本的控制变量与解释变量回归系数,除了中国企业样本中的知识多样性平方项、美国企业样本中的知识网络结构洞两个回归系数不显著之外,主要变量的回归系数都通过了显著性检验,且符号与样本总体完全一致。

　　控制变量方面,中国企业样本的销售收入和研发投入的回归系数比样本总体的回归系数有所降低,但降低相对较少,可能不具备太多理论含义,更多的是样本量变化的原因。但是,新兴技术领域研发经验的回归系数未通过假设检验,主要是因为中国企业在新兴技术领域的研发经验相对较少,涉足新兴技术特别是新一代信息技术、生物制药、高端装备制造技术等领域的时间相比于美国而言要晚 10—20 年。在本书所采集的 7 个新兴技术领域样本中,中国企业样本涉足新兴技术领域的研发经验,均值为 11.5 年,而美国企业样本的均值达到 17.6 年,样本均值的 T 检验结果表明二者具有显著差异。这导致处于后发地位的中国企业在新兴技术领域的创新,不是依靠过往积累,而是更多地依赖前瞻性探索。相比之下,美国企业样本中的新兴技术领域研发经验与新兴技术创新数量的关系有所增加,说明经验积累在美国企业新兴技术创新中发挥了更重要的作用。

　　解释变量方面,中国企业样本中,知识多样性的一次项回归系数(标准化回归系数为0.13,p<0.01)、知识网络结构洞(标准化回归系数为−0.11,p<0.01),以及知识网络中心势(标准化回归系数为 0.15,p<)等三个主要的解释变量,比样本总体都有所强化(标准化回归系数分别为0.09、−0.10、0.11)。但是,知识多样性的平方项未能通过显著性检验,说明中国企业样本的知识多样性与新兴技术创新绩效的倒 U 形关系未能得到验证,而正相关的关系却得到了验证。除了计量方面的原因之外,另一个可能的原因是,中国进行新兴技术创新的企业,总体上处于新兴技术创新的初期或者成长期,知识的积累、知识的探索以及知识的动态更新等,尚未达到边际效应为负的阶段,也就是说知识多样性的水平正处在与新兴技术创新绩效正相关的阶段。这种情况下,对有限的知识如何进行组织,可能处于更加重要的地

位,在回归结果中表现为回归系数的强化(回归系数绝对值增加)。

(2)研究者动力源泉的比较。回归结果显示,中美两国企业样本的 Mcfadden R^2 分别为 0.43 和 0.59,相差 16 个百分点。说明中国企业样本的研究者动力源泉对新兴技术创新数量的影响,只占到总变异的 43%,而美国企业则达到 59%。结合中国企业样本的知识动力源泉对新兴技术创新绩效变异的解释也低于美国企业样本。两个方面都说明中国新兴技术企业的创新数量,除了知识动力源泉和研究者动力源泉之外,更有可能取决于这些创新资源是如何组织的。中美两国企业样本的控制变量与解释变量回归系数,主要变量的回归系数都通过了假设检验,且符号与样本总体一致。

控制变量方面,销售收入这一变量的回归系数在中美企业样本之间发生了一定程度的分化。与样本总体回归系数相比(标准化回归系数为0.13,p<0.01),中国企业样本销售收入的回归系数略有增加(标准化回归系数为0.14,p<0.001),但是美国企业样本的回归系数明显下降(标准化回归系数为 0.10,p<0.001)。研发投入的回归系数,中国企业样本明显增加(标准化回归系数为 0.09,p<0.001),而美国企业样本略有下降(标准化回归系数为 0.06,p<0.01)。发明专利总数和新兴技术研发经验这两个变量回归系数的变化不大。结合销售收入和研发投入的变化情况,可以看出,相比于美国企业样本,中国企业销售和研发投入,对新兴技术创新绩效的影响更大。这符合中国企业新兴技术创新的阶段性特征,在新兴技术创新初期或者成长期,中国企业更加依赖对新兴技术创新的投入和研发动机的强度。

解释变量方面,中美两国企业样本回归系数发生明显变化的是合作网络中心势,由 0.13(p<0.01)增加到 0.18(p<0.01),而美国企业样本发生明显变化的是研究者多样性的平方项,强度上由-0.12(p<0.01)增加到-0.15(p<0.01);合作网络中心势的回归系数由 0.13(p<0.01)下降到 0.10(p<0.01)。可以看出,相比于美国企业而言,中国企业合作网络中心势对新兴技术创新数量的影响更大,美国企业研究者多样性的边际递减效应表现更加突出,这可以更进一步地解释中美两国样本企业在新兴技术创新阶段上的差异。

(3)综合比较分析。中国企业样本中,对新兴技术创新数量的影响强度,依次为:合作网络中心势(标准化回归系数为 0.18,p<0.01)、知识网络中心势(标准化回归系数为 0.15,p<0.01)、发明专利总数(标准化回归系数为0.14,p<0.05)、知识多样性(标准化回归系数为 0.13,p<0.01)、销售

收入(标准化回归系数为 0.12,p<0.01)、研发投入(标准化回归系数为 0.10,p<0.01)。美国企业样本中,对新兴技术创新数量的影响强度,依次为:销售收入(标准化回归系数为 0.15,p<0.01)、研发投入(标准化回归系数为 0.13,p<0.05)、研究者多样性(二次项标准化回归系数为-0.15,p<0.01)、知识网络中心势(标准化回归系数为 0.10,p<0.001)与合作网络中心势(标准化回归系数为 0.10,p<0.01)。

二、独立效应:对新兴技术创新质量的影响

新兴技术创新质量采用新兴技术发明专利的平均存续年数来衡量。与新兴技术发明专利数量属于计数性质的变量不同,新兴技术创新质量是非整数的连续变量。虽然中国企业样本新兴技术发明专利的平均存续年数为 6.40 年,但美国企业样本新兴技术发明专利的平均生存年数达到 9.78 年。根据 Phelps 等的研究结论,企业发明专利存续年数符合正态分布。因此,对新兴技术创新质量宜采用常规的最小二乘法回归进行检验。

1.模型检验结果

采用与新兴技术创新数量同样的逻辑次序,分别建立 5 个回归模型进行检验(回归结果见表 5-3)。通过对新兴技术创新质量进行 Levene 异方差检验,结果显示,满足方差齐性假设(Levene=14.15,p=0.000)。自相关检验结果显示,D.W.值均在可接受范围内,根据相关判定标准,不存在明显的自相关问题。多重共线性检验显示,5 个模型中,所有解释变量 VIF 值都处于 1—2.5 之间,5 个模型的 VIF 均值分别为 2.34、2.02、2.25、1.56、2.18,表明作为研究对象的解释变量之间不存在明显的多重共线性。

(1)知识动力源泉影响新兴技术创新质量的独立效应检验结果。运用控制变量对新兴技术创新质量回归,作为基准模型。基准模型回归结果显示,新兴技术创新质量和 4 个控制变量显著正相关,调整后判定系数 R^2 的值为 0.53,说明控制变量解释了新兴技术创新质量变异的 53%。

模型 1 和模型 2 分别用来检验知识多样性和知识网络结构对新兴技术创新质量的影响。为了检验知识多样性与新兴技术创新质量之间的倒 U 形关系假设,仍然采用将知识多样性及其平方项纳入回归模型的倒 U 形关系检验方法。模型 1 检验结果显示,相比于基准模型,R^2 增加了 12 个百分

点,大于模型假设检验通常的判断标准(R^2 增加超过约 10 个百分点),F 值通过假设检验,说明知识多样性及其平方项对新兴技术创新质量具有显著的解释力。模型 2 中,将知识网络结构的两个变量纳入回归模型,检验知识网络结构洞和知识网络中心势对新兴技术创新质量的影响。检验结果表明,相比于模型 1,R^2 增加了 6 个百分点,虽然小于大于 10 个百分点的判定标准,但超过 5 个百分点仍可以接受。F 值通过假设检验,说明知识网络结构洞和知识网络中心势,对新兴技术创新质量具有显著的解释力。回归结果(见表 5-3)。

表 5-3 新兴技术创新质量作为结果变量的 OLS 模型回归结果表

	基准	模型 1	模型 2	模型 3	模型 4
销售收入	0.10*** (2.23)	0.08** (1.20)	0.11** (0.91)	0.09*** (1.18)	0.10*** (3.22)
研发投入	0.15*** (1.15)	0.17** (2.13)	0.18** (1.14)	0.11** (0.92)	0.12*** (4.15)
发明专利总数	0.10* (0.86)	0.08 (3.75)	0.13* (1.70)	0.07*** (2.58)	0.10 (4.49)
新兴技术领域研发经验	0.06*** (2.13)	0.05** (1.16)	0.06** (3.21)	0.06** (0.41)	0.04** (1.99)
知识多样性		0.10*** (2.24)	0.11* (2.48)		
知识多样性^2		−0.12* (−2.31)	−0.08 (−2.28)		
知识网络结构洞			−0.09*** (−3.35)		
知识网络中心势			0.11*** (2.07)		
研究者多样性				0.12*** (2.25)	0.14*** (2.78)
研究者多样性^2				−0.11** (−2.53)	−0.11** (−2.76)
合作网络结构洞					−0.13 (−2.13)
合作网络中心势					−0.10** (−0.97)

	基准	模型 1	模型 2	模型 3	模型 4
Observations	251.00	251.00	251.00	251.00	251.00
R^2（调整后 R^2）	0.57(0.53)	0.61(0.65)	0.75(0.71)	0.66(0.58)	0.73(0.71)
F 值	16.91**	17.32**	17.51***	16.81**	15.32**
D-W 检验值	1.81	1.56	1.67	2.01	1.82
VIF 均值	2.34	2.02	2.25	1.56	2.18

注：括弧中为 t 值；* 表示 $p<0.05$（双尾），** 表示 $p<0.01$（双尾），*** 表示 $p<0.001$（双尾）。

采用模型 2 的标准化回归系数作为检验结果，各变量回归系数的符号基本验证了理论假设，企业销售收入、研发投入、发明专利总数以及企业在新兴技术领域的研发经验，都和新兴技术创新绩效质量显著正相关，同样符合企业研发活动的基本规律。知识多样性的一次项回归系数显著为正（标准化回归系数 0.11，$p<0.05$），但是二次项回归系数却未通过假设检验，知识多样性与新兴技术创新质量的倒 U 形关系未能得到验证。在删除知识多样性二次项后，对模型重新进行检验，结果显示知识多样性的标准化回归系数仍然显著，且关系强度有所增加（标准化回归系数为 0.13）。这一检验结果表明，知识多样性与新兴技术创新质量正相关。知识网络结构洞与新兴技术创新质量显著负相关（标准化回归系数为 -0.09，$p<0.001$），而知识网络中心势与新兴技术创新质量显著正相关（标准化回归系数为 0.11，$p<0.001$）。

（2）研究者动力源泉影响新兴技术创新质量的独立效应检验结果。模型 3 和模型 4 分别用来检验研究者多样性与合作网络结构对新兴技术创新质量的影响。和新兴技术创新数量回归模型一样，在基准模型上增加研究者多样性等变量。模型 3 结果显示，相比于基准模型，R^2 增加了 5 个百分点，F 值检验结果显著，说明研究者多样性及其平方项对新兴技术创新质量具有显著的解释力。模型 4 结果显示，相比于模型 3，R^2 增加了 13 个百分点，F 值检验结果显著，说明合作网络结构对新兴技术创新质量具有显著的解释力。

采用模型 4 的标准化回归系数作为检验结果，发明专利总数的系数不显著。研究者多样性与新兴技术创新质量呈倒 U 形关系的假设得到验证，一次项回归系数显著为正（标准化回归系数为 0.14，$p<0.001$），二次项回

归系数显著为负(标准化回归系数为－0.11,p＜0.01),合作网络中势与新兴技术创新质量显著负相关(标准化回归系数分别为－0.10,p＜0.01),但合作网络结构洞的回归系数未通过显著性检验。

(3)稳健性检验。将发明专利质量的测度方法换作有效的发明专利数量与所有公布的专利数量之比。专利可能因为未续年费、专利期限、专利诉讼等失效,但是,因期限截止日期到达而失效的专利只占全部专利失效总量的7.5%左右。因此,可以认为,有效发明专利数量与公布发明专利数量之比,体现了发明专利的质量。与之前对每个发明专利的年数加总再按照发明专利数量进行平均不同的是,有效发明专利与公布发明专利的比值是发明专利质量的一种间接衡量方式。利用有效发明专利的比重这个指标作为专利质量是具有理论依据与客观性的。因此,以有效专利比重作为结果变量进行回归,可以进一步验证理论假设与前述模型检验结果。

以知识动力源泉的三个维度对有效专利比重回归,结果表明,知识动力源泉解释了有效专利比37%的变异,其中,知识多样性与有效专利比显著正相关(标准化回归系数为0.09,p＜0.01),知识多样性平方项仍然不显著,而知识网络结构洞与有效专利比显著负相关(标准化回归系数为－0.10,p＜0.001),知识网络中势和有效专利比显著负相关(标准化回归系数为－0.09,p＜0.05)。以研究者动力源泉的三个维度对有效专利比进行回归,结果表明,研究者动力源泉解释了有效专利比52%的变异。其中,研究者多样性与有效专利比也呈倒U形关系,一次项回归系数为0.11(p＜0.01),二次项回归系数为－0.09(p＜0.001)。合作网络结构洞与有效专利比显著负相关(标准化回归系数为－0.07,p＜0.01),合作网络中势与有效专利比也显著负相关(标准化回归系数为－0.08,p＜0.05)。稳健性检验结果表明,知识动力源泉与研究者动力源泉对新兴技术创新质量的影响实证研究结果是可靠的。

2.中美两国企业样本比较

将中美两国企业样本分组后分别回归,以比较中美两国企业样本的解释变量对新兴技术创新质量的影响。先用中美两国企业样本,用知识多样性、知识多样性平方项、知识网络结构洞、知识网络中势以及控制变量,对新兴技术创新质量进行回归,回归结果见表5-4。再用中美两国企业样本,用研究者多样性、研究者多样性平方项、合作网络结构洞、合作网络中心势，对新兴技术创新质量进行回归，回归结果见表 5-4。结果显示，知识动力源泉与研究者动力源泉的回归分析结果与样本总体的回归系数基本一致，但也有部分解释变量的回归系数出现分化。

表 5-4　对新兴技术创新质量的影响：中美两国企业样本的比较表

	中国企业样本①	美国企业样本①	中国企业样本②	美国企业样本②
销售收入	0.10** (0.97)	0.11** (0.83)	0.13*** (3.76)	0.10*** (3.22)
研发投入	0.12** (2.23)	0.19** (2.07)	0.10*** (4.08)	0.13*** (3.95)
发明专利总数	0.11* (1.71)	0.13* (1.74)	0.10 (4.28)	0.10 (4.57)
新兴技术领域研发经验	0.05** (3.15)	0.07** (3.03)	0.06 (2.31)	0.04** (1.87)
知识多样性	0.08* (1.53)	0.19** (2.96)		
知识多样性^2	−0.07 (−2.29)	−0.08 (−2.13)		
知识网络结构洞	−0.09*** (−3.36)	−0.09*** (−3.15)		
知识网络中心势	0.14*** (2.32)	0.10*** (2.03)		
研究者多样性			0.17*** (2.91)	0.11*** (1.78)
研究者多样性^2			−0.10** (−2.38)	−0.11** (−2.85)
合作网络结构洞			−0.11** (−2.33)	−0.14 (−2.07)
合作网络中心势			−0.11** (−0.98)	−0.09** (−0.90)
Observations	122.00	122.00	129.00	129.00
R^2（调整后 R^2）	0.48	0.42	0.51	0.47
F 值	19.82**	23.41**	20.62***	18.76**
D−W 检验值	1.54	1.41	2.42	1.83
VIF 均值	1.98	1.72	2.14	1.73

注：括号中为 z 值；* 表示 $p < 0.05$（双尾），** 表示 $p < 0.01$（双尾），*** 表示 $p < 0.001$（双尾）。

(1)知识动力源泉比较分析。回归结果显示,中美两国企业样本回归模型的调整后 R^2 分别为 0.48 和 0.42。在中美两国样本的回归结果中,除了中美两国企业样本的知识多样性平方项回归系数都不显著外,绝大部分解释变量与控制变量的回归系数都通过了假设检验,符号与全部样本的回归模型相一致,进一步验证了相关假设。知识多样性与新兴技术创新质量呈倒 U 形的理论假设,在分样本层面仍然没有得到支持。

控制变量方面,中美两国企业样本的回归系数与样本总体的差别不大,回归系数都显著且符号相等。解释变量方面,知识多样性的一次项回归系数出现样本间的分化。中国企业样本中,知识多样性的标准化回归系数为 0.08($p<0.05$),比样本总体的回归系数减少 3 个百分点(标准化回归系数为 0.11,$p<0.05$);美国企业样本中,知识多样性的标准化回归系数为 0.19($p<0.01$),比样本总体的回归系数增加了 8 个百分点。知识网络中心势的回归系数也发生分化,中国样本的知识网络中心势回归系数增加了 3 个百分点(标准化回归系数为 0.14,$p<0.001$),而美国企业的回归系数略有减少(标准化回归系数为 0.10,$p<0.001$)。

(2)研究者动力源泉比较分析。回归结果显示,中美两国企业样本回归模型的调整后 R^2 分别为 0.51 和 0.47,相差 4 个百分点,相差不大,说明中美两国企业样本的研究者动力源泉对新兴技术创新数量的相对贡献差不多。但是,中国企业样本研究者动力源泉要略高一些,研究者对新兴技术创新初期或成长阶段,比成熟阶段更加重要。中美两国企业样本的控制变量与解释变量回归系数及主要变量的回归系数都通过了假设检验,且符号与样本总体一致。

(3)综合比较分析。在中国企业样本中,对新兴技术创新质量的影响强度,依次为:研究者多样性(标准化回归系数为 0.17,$p<0.001$)、知识网络中心势(标准化回归系数为 0.14,$p<0.001$)、研发投入(标准化回归系数为 0.12,$p<0.01$)、合作网络中心势(标准化回归系数为 -0.11,$p<0.01$)。美国企业样本中,研发投入和知识多样性影响最大(标准化回归系数都为 0.19,$p<0.01$),其次是研究者多样性(标准化回归系数为 0.11,$p<0.001$)。

三、独立效应:对新兴技术创新绩效的影响

根据前文的概念界定,新兴技术创新绩效是数量和质量的乘积,用样本企业所有新兴技术发明专利的生存年数加总来衡量。新兴技术发明专利的

生存年数取值为整数,因此对新兴技术创新绩效应该采用计数模型来检验,主要有泊松模型和负二项回归模型两种估计方法。对于新兴技术创新绩效来说,由于新兴技术创新本身固有的不确定性和跳跃性,其发明专利质量的标准差和均值存在显著差异,不符合泊松分布的标准差和均值近似相等的前提条件。因此,和新兴技术创新数量一样,新兴技术创新绩效更适合用负二项回归模型来进行分析(见表 5-5)。

表 5-5　新兴技术创新绩效作为结果变量的负二项回归模型检验结果表

	基准	模型 1	模型 2	模型 3	模型 4
销售收入	0.08*** (0.95)	0.08*** (1.47)	0.09*** (1.24)	0.08*** (1.15)	0.05** (1.13)
研发投入	0.11*** (2.25)	0.10*** (2.37)	0.11*** (2.11)	0.10*** (2.19)	0.09** (2.31)
发明专利总数	0.13* (0.86)	0.10* (1.32)	0.11** (1.57)	0.09** (1.23)	0.10** (1.82)
新兴技术领域研发经验	0.04*** (1.11)	0.06** (1.26)	0.05*** (1.43)	0.06*** (1.38)	0.06** (1.22)
知识多样性		0.10** (1.32)	0.08** (1.37)		
知识多样性^2		−0.12** (−3.91)	−0.10** (−3.64)		
知识网络结构洞			−0.08** (−1.32)		
知识网络中心势			0.03** (1.09)		
研究者多样性				0.11** (0.86)	0.11** (0.82)
研究者多样性^2				−0.10*** (−1.26)	−0.07*** (−1.23)
合作网络结构洞					−0.07 (−1.24)
合作网络中心势					0.10** (2.35)
合作网络中心势^2					−0.09* (−3.26)
Observations	251.00	251.00	251.00	251.00	251.00
Mcfadden R^2	0.45(0.41)	0.55(0.32)	0.71(0.61)	0.43(0.38)	0.62(0.57)

续　表

	基准	模型 1	模型 2	模型 3	模型 4
Log likelihood	−65.96	−61.38	−51.30	−72.45	−49.85
LR 检验值	370.54	353.21	331.72	361.72	304.73
Prob(LR 检验值)	0.00	0.00	0.00	0.00	0.00

注:括号中为 z 值;* 表示 $p<0.05$(双尾),** 表示 $p<0.01$(双尾),*** 表示 $p<0.001$(双尾)。

同样,将不同性质的解释变量逐步纳入回归模型,检验对模型解释力的显著性和对新兴技术创新绩效的相对贡献,即双重资源多样性和双模网络结构对新兴技术创新绩效的独立效应。但和新兴技术创新数量与质量的回归模型不同的是,在新兴技术创新绩效作为结果变量的回归模型中,还检验了知识动力机制和团队动力机制,即知识多样性和知识网络结构的交互效应,以及研究者多样性和合作网络结构的交互效应。先建立基准模型,再分别将知识/研究者多样性及其平方项,知识/合作网络结构洞与中心势,知识/研究者多样性分别和知识/合作网络中心势的乘积等,分为 7 步纳入模型进行检验。LR 检验的 p 值显示,模型 1—4 都通过了显著性检验。

1.知识动力源泉影响新兴技术创新绩效的独立效应检验结果

模型 1 以新兴技术创新绩效为结果变量,将知识多样性及其平方项纳入回归模型,模型 2 将知识网络结构洞和知识网络中心势纳入模型,分别检验知识多样性和知识网络结构对新兴技术创新绩效的独立效应。以模型 2 作为检验结果,标准化回归系数显示,知识多样性一次项和新兴技术创新绩效正相关(标准化回归系数为 0.08,$p<0.01$),二次项回归系数显著为负(标准化回归系数为 −0.10,$p<0.01$),这验证了知识多样性与新兴技术创新绩效呈倒 U 形关系的理论假设。知识网络结构洞与新兴技术创新绩效显著负相关(标准化回归系数为 −0.08,$p<0.01$),知识网络中心势与新兴技术创新绩效正相关(标准化回归系数为 0.03,$p<0.01$),验证了理论假设。

2.研究者动力源泉影响新兴技术创新绩效的独立效应检验结果

模型 3 将研究者多样性及其平方项纳入模型,模型 4 将合作网络结构洞和中心势两个解释变量纳入模型。以模型 4 作为检验结果,研究者多样性的一次项与新兴技术创新绩效显著正相关(标准化回归系数为 0.11,p<0.01),二次项回归系数为负,也通过了假设检验(标准化回归系数为-0.07,p<0.001),研究者多样性与新兴技术创新绩效呈倒 U 形关系的假设得到验证。合作网络中心势方面,一次项回归系数显著为正(标准化回归系数为 0.10,p<0.01),二次项回归系数显著为负(标准化回归系数为-0.09,p<0.01),验证了合作网络中心势与新兴技术创新绩效的倒 U 形假设。但是,合作网络结构洞与新兴技术创新绩效的回归系数未通过假设检验,理论假设也没有得到验证。

3. 中美两国企业样本比较分析

采用和前文同样的比较思路,将中美两国企业样本分组后分别回归,以比较中美两国企业样本的解释变量对新兴技术创新绩效的影响。先用中美两国企业样本,用知识多样性、知识多样性平方项、知识网络结构洞、知识网络中心势,以及控制变量对新兴技术创新绩效进行回归,回归结果见表 5-6。再用中美两国企业样本,用研究者多样性、研究者多样性平方项、合作网络结构洞、合作网络中心势,以及合作网络中心势的平方项对新兴技术创新绩效进行回归,回归结果见表 5-6。结果显示,4 个回归方程都显著,大部分控制变量和解释变量的回归系数通过了假设检验,且方向与理论假设一致,但是也有部分解释变量的回归系数出现不同程度的分化。

表 5-6 对新兴技术创新绩效的影响:中美两国企业样本的比较表

	中国企业样本①	美国企业样本①	中国企业样本②	美国企业样本②
销售收入	0.14 *** (2.43)	0.07 *** (1.19)	0.11 * (1.13)	0.04 ** (1.13)
研发投入	0.15 *** (2.32)	0.10 *** (2.03)	0.13 *** (2.31)	0.07 ** (2.31)
发明专利总数	0.07 *** (1.57)	0.13 ** (1.57)	0.09 ** (1.82)	0.12 ** (1.82)
新兴技术领域研发经验	0.05 *** (1.48)	0.05 *** (1.40)	0.06 ** (1.14)	0.07 * (1.27)
知识多样性	0.10 ** (1.58)	0.07 ** (1.13)		
知识多样性^2	-0.11 (-3.72)	-0.10 ** (-3.60)		
知识网络结构洞	-0.07 *** (-1.35)	-0.08 ** (-1.19)		

续　表

	中国企业样本①	美国企业样本①	中国企业样本②	美国企业样本②
知识网络中心势	0.05* (1.57)	0.03** (1.03)		
研究者多样性			0.15** (1.23)	0.10** (0.97)
研究者多样性²			−0.05 (−1.01)	−0.09** (−1.25)
合作网络结构洞			−0.06 (−1.17)	−0.09 (−1.38)
合作网络中心势			0.11* (2.38)	0.10** (2.39)
合作网络中心势²			−0.05* (−2.57)	−0.10** (−3.03)
Observations	122.00	122.00	129.00	129.00
McFadden R²	0.48	0.61	0.53	0.54
Log likelihood	−102.38	−93.74	−98.53	−81.62
LR statistic	357.23	310.16	350.45	305.67
Prob(LR statistic)	0.00	0.00	0.00	0.00

注：括号中为 z 值；* 表示 $p < 0.05$（双尾），** 表示 $p < 0.01$（双尾），*** 表示 $p < 0.001$（双尾）。

(1)知识动力源泉的比较分析。分组回归结果显示,中美两国企业样本回归模型的 Mcfadden R² 分别为 0.48 和 0.61,相比于中国企业样本,美国企业样本的知识动力源泉对新兴技术创新绩效的解释力更强。在中美两国样本的回归结果中,除了中国企业样本的知识多样性平方项和研究者多样性平方项的回归系数都不显著外,绝大部分解释变量与控制变量的回归系数都通过了假设检验,符号与全部样本的回归模型相一致,相关假设得到验证。但是对于中国企业样本而言,知识多样性与新兴技术创新绩效呈倒 U 形的理论假设,没有得到支持。

控制变量方面,和新兴技术创新数量与质量的分组回归一样,一旦将样本分成中国组和美国组进行分组回归,销售收入和研发投入便发生分化,在中国企业样本组中,销售收入和研发投入的回归系数显著增加,而美国企业样本却相对减弱。在中国企业样本中,发明专利数量和新兴技术研发经验的贡献减弱,但是美国企业样本中这两个变量都有不同程度的增强。

解释变量方面,中国企业样本中的知识多样性一次项回归系数显著为正(标准化回归系数为 0.10,$p < 0.01$),但是其平方项没有通过显著性检验,知识多样性和新兴技术创新绩效的倒 U 形关系仍然未得到验证。而在美国企业样本中,知识多样性的一次项回归系数和二次项回归系数都通过了显著性检验,知识多样性和新兴技术创新绩效之间的倒 U 形关系成立。在中国企业样本中,知识网络结构洞的回归系数有所减弱,而美国企业样本中的回归系数,则和样本总体相同。

(2)研究者动力源泉的比较分析。分组回归结果显示,中美两国企业样本回归模型的 Mcfadden R^2 分别为 0.53 和 0.54,中美两国企业样本的研究者动力源泉对新兴技术创新绩效的解释力相近。中美两国企业样本的回归结果中,中国企业样本的研究者多样性平方项未通过显著性检验,而其他控制变量与解释变量的回归系数都通过了显著性检验,符号与全部样本的回归模型相一致,相关假设得到验证。但是对于中国企业样本而言,研究者多样性与新兴技术创新绩效呈倒 U 形的理论假设,没有得到支持。

控制变量方面,中国企业样本的销售收入和研发投入的回归系数都有显著增加,而美国企业样本则有所减弱。但是发明专利总数则相反,中国企业样本的发明专利总数,对新兴技术创新绩效的解释力变弱,而美国企业则有所增强。解释变量方面,中国企业样本的研究者多样性一次项回归系数不仅通过了假设检验,而且有了显著增加(标准化回归系数为 0.15,$p < 0.01$),但是二次项回归系数却仍然没有通过假设检验。相比之下,美国企业样本的研究者多样性一次项回归系数(标准化回归系数为 0.10,$p < 0.01$)和二次项回归系数(标准化回归系数为 -0.09,$p < 0.01$),验证了研究者多样性与新兴技术创新绩效的倒 U 形关系假设。在中美两国企业样本中,合作网络结构洞和合作网络中心势的回归系数与样本总体变化不大,合作网络结构洞与新兴技术创新绩效的回归系数依然没有通过假设检验。合作网络中心势与新兴技术创新绩效的一次项系数显著正相关,标准化回归系数分别为 0.11,($p < 0.05$)和 0.10,($p < 0.01$),二次项回归系数与新兴技术创新绩效显著负相关,标准化回归系数分别为 -0.05,($p < 0.05$)和 -0.10,($p < 0.01$)。

(3)综合比较分析。控制变量方面,中美两国企业新兴技术创新绩效存在的主要差异在于中国企业更多地依赖销售收入和研发投入,而美国企业相对更依赖发明专利总数。解释变量方面,中国企业样本中,知识动力源泉与研究者动力源泉对新兴技术创新绩效的影响强度方面,正向影响的强度依次为研究者多样性(标准化回归系数为 0.15,$p<0.01$)、知识多样性(标准化回归系数为 0.10,$p<0.01$)和合作网络中心势(标准化回归系数为 0.05,$p<0.01$)。而美国企业样本中,知识动力源泉和研究者动力源泉对新兴技术创新绩效的影响强度方面,知识多样性(一次项回归系数为 0.07,$p<0.01$;二次项回归系数为 -0.10,$p<0.01$)、研究者多样性(一次项回归系数为 0.10,$p<0.01$;二次项回归系数为 -0.09,$p<0.01$)。由此可以看出,中美两国企业样本之间,新兴技术创新的动力源泉,存在的主要差异在于中国企业更加依赖生态资源基础,而美国企业更加依赖生态网络秩序。

四、检验结果与讨论

1.新兴技术创新的生态动力源泉独立效应研究结果

新兴技术创新的独立效应假设验证结果见表 5-7。

表 5-7　独立效应研究假设验证结果表

生态动力源泉	新兴技术创新绩效		
	数量	质量	数量×质量
知识多样性	倒 U 形	倒 U 形	倒 U 形
研究者多样性	倒 U 形	倒 U 形	倒 U 形
知识网络结构洞	负相关	负相关	负相关
知识网络中心势	正相关	正相关	正相关
合作网络结构洞	负相关	负相关	负相关
合作网络中心势	正相关	负相关	倒 U 形

注:底色为阴影部分的假设未得到验证,其他无底色的假设均得到验证。

2.中美企业样本独立效应比较分析结论

控制变量方面,相同的是,销售收入和研发投入都重要;不同的是,中国企业样本的发明专利总数和新兴技术研发经验相对不重要,而美国重要些。解释变量方面,不同的是,中国企业样本中生态资源基础更加重要,而美国企业样本中生态资源秩序更加重要。中国企业样本的知识多样性与新兴技术创新数量呈倒 U 形关系,但是和新兴技术创新质量也呈正相关关系,和新兴技术创新绩效呈正相关关系;研究者多样性也和新兴技术创新绩效呈正相关关系。美国企业样本的知识多样性和研究者多样性,都和新兴技术创新绩效呈倒 U 形关系。

第二节　新兴技术创新的组织内生态动力机制:交互效应模型检验

更进一步,除了生态动力源泉在新兴技术创新中具有独立效应之外,相互之间具有各种促进或者遏制的动力机制。本节在独立效应基础上,探索知识动力源泉之间的交互效应。知识动力方面,知识多样性与知识网络结构之间的交互效应,构成知识动力机制。具体而言,知识多样性与知识网络结构洞具有负向交互效应,与知识网络中心势具有正向交互效应。团队动力方面,研究者多样性与合作网络结构之间的交互效应,构成团队动力机制。具体而言,研究者多样性与合作网络结构洞具有负向交互效应,与合作网络中心势具有正向交互效应,形成团队动力机制。本节运用交互效应检验方法,分别检验知识动力机制与团队动力机制。仍然采用中美新兴技术企业样本,运用交互效应检验方法,以新兴技术创新绩效作为结果变量,生态动力源泉及其交互项作为解释变量,验证多个生态动力源泉之间的交互效应构成的生态动力机制。

一、交互效应检验方法与模型设定

交互效应指两个变量同方向变化,会影响任一单个变量与结果变量之间的关系,两个变量之间存在双向的调节效应。如式 5.2-1,刻画了解释变量 x_1 与 x_2 之间在影响 y 时的相互关系。

$$y = \beta_0 + \beta_1 x_1 + \beta_2 x_2 + \beta_3 x_1 x_2 + \varepsilon \tag{5.2-1}$$

对方程分别求 y 对 x_1 与 x_2 的偏导数,可以看出 y 与 x_1 的关系系数,是 x_2 的函数;y 与 x_2 的关系系数,是 x_1 的函数。乘积项 $x_1 x_2$ 的系数 β_3 决定了这种关系系数是弱化还是强化。当 $\beta_3 > 0$ 时,y 与 x_1 的关系,随着 x_2 的增大而增大,意味着 x_2 对 x_1 和 y 具有正向调节作用。当 $\beta_3 < 0$ 时,y 与 x_1 的关系,随着 x_2 的增大而减小,意味着 x_2 对 x_1 和 y 的关系具有负向调节作用。值得注意的是,正向调节抑或负向调节,与 β_1 或者 β_2 的符号没有关系,只取决于 $x_1 x_2$ 的符号。譬如,考虑 $\beta_1 < 0$ 的情形,意味着 x_1 与 y 负

相关。当 $\beta_3 > 0$ 时，随着 x_2 的增大，x_1 与 y 的负相关系数绝对值会增大，也就是说 x_1 与 y 的负相关关系得到强化，此时，x_2 对 x_1 具有正向调节作用，而非负向调节作用。调节效应的检验，主要是将乘积项纳入回归模型，检验两个方面的内容，一是方程的显著性和拟合指数有没有增加，按照调整后 $\triangle R^2 > 0.1$ 的基本标准，来判断随着乘积项的引入，方程拟合效果有没有显著变化；二是乘积项系数的符号，是否通过假设检验。

交互效应是双向的调节效应，在统计检验上与调节效应类似，同样引入乘积项来检验。但是，对于两个连续变量来说，引用乘积项来检验，只能确认两个变量之间具有调节效应，而确定不了具体是什么调节关系，主效应和调节效应难以区分。而且，即便交互效应和调节效应在方法上相同，理论含义也不同。因此，交互效应的检验方法，在检验纳入乘积项后的方程显著性与乘积项系数显著性的同时，通过理论上解释两个变量之间的交互效应。根据上述分析，运用如式 5.2-2 所示的负二项回归模型，来检验资源多样性与网络结构之间的交互效应。

$$E(NTIPerformance_i \mid x_{im}) = exp\left(\alpha_i + \sum_1^m \beta_{im} x_{im} + \sum_1^n \gamma_{jn} \varphi_{in} + x_1 \times x_2 + \varepsilon_i\right)$$

$$(5.2\text{-}2)$$

具体操作上，先运用独立效应模型作为基准，在独立效应模型基础上，纳入相应的乘积项，再进行回归。采用调节效应与交互效应的通常做法，将具有交互效应的变量数据中心化处理后再乘积，以避免多重共线性。

二、知识动力机制：知识多样性与知识网络结构的交互效应检验

以知识动力源泉对新兴技术创新绩效的独立效应负二项回归回归模型作为基准，将知识多样性和知识网络中心势中心化后的乘积项纳入回归模型，运用负二项回归模型进行检验（见表 5-8）。回归结果显示，在纳入知识多样性和知识网络中心势的乘积后，模型 2 的方程显著，Mcfadden R^2 比模型 1 增加了 11 个百分点，意味着乘积项显著提升了模型对结果变量的解释力。知识多样性与知识网络中心势的乘积项系数显著为正，知识多样性和知识网络中心势在新兴技术创新绩效中，具有正向交互效应（标准化回归系数分别为 0.08，$p < 0.01$；0.05，$p < 0.01$）。在模型 2 的基础上，纳入知识多样性与知识网络结构洞的乘积项构建模型 3，结果显示，模型 3 的回归方程

同样通过了显著性检验，Mcfadden R² 比模型 2 增加了 6 个百分点，虽然没有达到 10 个的标准，但是乘积项的回归系数通过了显著性检验，与结果变量显著负相关（标准化回归系数为－0.09，p＜0.01），知识多样性和知识网络结构洞具有负向交互效应的假设也得到了验证。

表 5-8　知识动力机制：交互效应检验表

	模型 1	模型 2	模型 3
销售收入	0.09*** (1.24)	0.09*** (1.27)	0.08*** (1.19)
研发投入	0.11*** (2.11)	0.10** (2.03)	0.11*** (2.23)
发明专利总数	0.11** (1.57)	0.13* (1.94)	0.11** (1.59)
新兴技术领域研发经验	0.05*** (1.43)	0.06*** (1.58)	0.06*** (1.47)
知识多样性	0.08** (1.37)	0.07** (1.31)	0.08** (1.52)
知识多样性²	－0.10** (－3.64)	－0.10** (－3.52)	－0.09** (－3.28)
知识网络结构洞	－0.08** (－1.32)	－0.08** (－1.28)	－0.07** (－1.29)
知识网络中心势	0.03** (1.09)	0.07** (1.09)	0.05** (1.13)
知识多样性×知识网络中心势		0.08** (2.42)	0.07** (2.29)
知识多样性×知识网络结构洞			－0.05** (－2.17)
Observations	251.00	251.00	251.00
Mcfadden R²	0.60	0.71	0.77
Log likelihood	－87.89	－81.30	－73.58
LR 检验值	341.54	331.72	301.35
Prob(LR 检验值)	0.00	0.00	0.00

注：括号中为 z 值；* 表示 p＜0.05（双尾），** 表示 p＜0.01（双尾），*** 表示 p＜0.001（双尾）。

1.知识多样性与知识网络中心势的正向交互效应

从数据驱动的模型检验结果来看，乘积项的回归系数通过显著性检验，意味着知识多样性和知识网络中心势,存在某一个单向的调节效应。但前述理论分析表明,知识多样性与知识网络中心势之间存在相互的正向调节效应。以模型 3 为检验结果,知识多样性与知识网络中心势之间正向交互效应标准化回归方程如式 5.2-3 所示:

$$NTIPerformance_i = exp(-0.09Knowledge\_Div_i^2 + 0.08Knowledge\_Div_i + 0.07\ Knowledge\_Div_i \times Knowledge\_Cen_i + \varepsilon_i)$$
(5.2-3)

当知识网络中心势 $Knowledge\_Netstr_i$ 取标准化后的均值 0 时(将此作为知识网络中心势较低的值),知识多样性与新兴技术创新绩效之间的关系如式 5.2-4 所示:

$$NTIPerformance_i = exp(-0.09Knowledge\_Div_i^2 + 0.08Knowledge\_Div_i + \varepsilon_i)$$
(5.2-4)

新兴技术创新绩效对知识多样性偏导数的系数为 $-0.18\ Knowledge\_Div_i + 0.08$,是知识多样性与新兴技术创新绩效倒 U 形关系曲线的斜率。当知识网络中心势取标准化后的正标准差 1 这一高值时,知识多样性与新兴技术创新绩效关系的标准化回归方程发生变化,新兴技术创新绩效对知识多样性偏导数的系数为 $-0.18\ Knowledge\_Div_i + 0.15$。可以看出,在知识网络中心势高的情况下,知识多样性与新兴技术创新绩效关系曲线发生两个变化:①关系曲线的斜率变大,由 $-0.18\ Knowledge\_Div_i + 0.08$ 增加为 $0.18\ Knowledge\_Div_i + 0.15$,表现为倒 U 形关系,曲线更加陡峭;②关系曲线沿着纵轴下移,即在同样的知识多样性水平下,知识网络中心势处于较高水平时,新兴技术创新绩效要高于知识网络中心势处于较低水平时(见图 5-1)。

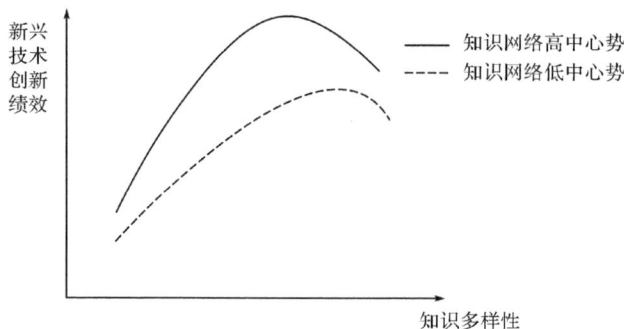

图 5-1　知识多样性与知识网络中心势的正向交互效应图

2. 知识多样性与知识网络结构洞的负向交互效应

知识多样性与知识网络结构洞对新兴技术创新绩效的影响具有负向交互效应,意味着两个变量的存在对彼此和新兴技术创新绩效的关系强度具有遏制作用。在知识网络结构洞高的情况下,知识多样性与新兴技术创新绩效的关系强度变弱。根据模型 3 的标准化回归系数,交互效应的标准化回归方程如式 5.2-5 所示:

$$NTIPerformance_i = exp(-0.09 Knowledge\_Div_i{}^2 + 0.08\ x_{1i} - 0.05$$
$$Knowledge\_Div_i \times Knowledge\_Netstr_i + \varepsilon_i) \tag{5.2-5}$$

当知识网络结构洞 $Knowledge\_Netstr_i$ 取标准化后的均值 0 时(将此作为知识网络结构洞较低的值),知识多样性与新兴技术创新绩效之间的关系如式 5.2-6 所示:

$$NTIPerformance_i = exp(-0.09 Knowledge\_Div_i{}^2 + 0.08 Knowledge\_Div_i + \varepsilon_i) \tag{5.2-6}$$

新兴技术创新绩效对知识多样性偏导数的系数为 $-0.18\ Knowledge\_Div_i + 0.08$,是知识多样性与新兴技术创新绩效倒 U 形关系曲线的斜率。当知识网络结构洞取标准化后的正标准差 1 这一高值时,知识多样性与新兴技术创新绩效关系的标准化回归方程发生变化,新兴技术创新绩效对知识多样性偏导数的系数为 $-0.18\ Knowledge\_Div_i + 0.03$。可以看出,在知识网络结构洞高的情况下,知识多样性与新兴技术创新绩效关系曲线发生两个变化:①关系曲线的斜率变小,由 $-0.18\ Knowledge\_Div_i + 0.08$ 减小为 $0.18\ Knowledge\_Div_i + 0.03$;②关系曲线沿着纵轴下移,即在同样的知识多样性水平下,知识网络结构洞处于较高水平时,新兴技术创新绩效要低于知识网络结构洞处于较低水平时(见图 5-2)。

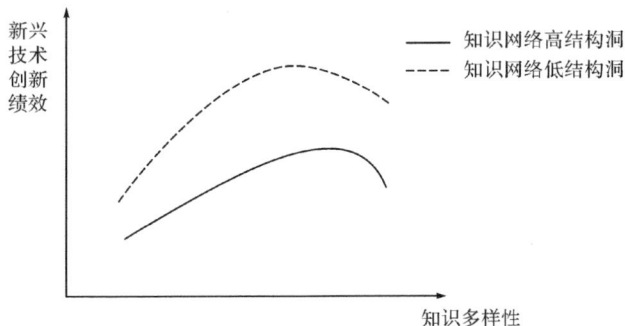

图 5-2　知识多样性与知识网络结构洞的负向交互效应表

三、团队动力机制:研究者多样性与合作网络结构交互效应检验

将研究者多样性和合作网络中心势的样本数据中心化处理后的乘积纳入回归模型,以检验二者在新兴技术创新绩效中的正向交互效应假设(见表5-9)。回归结果显示,模型2的方程显著,Mcfadden R^2 比模型1增加了6个百分点,乘积项对结果变量具有一定解释力。研究者多样性与合作网络中心势的乘积项系数显著为正(标准化回归系数为0.09,$p<0.01$),研究者多样性和合作网络中心势具有正向交互效应。模型3的回归方程同样通过了假设检验,但是乘积项的回归系数却没有通过假设检验,研究者多样性和合作网络结构洞具有负向交互效应的理论假设,也没有得到验证。

表 5-9　团队动力机制:交互效应检验表

	模型 1	模型 2	模型 3
销售收入	0.05** (1.13)	0.05** (1.15)	0.05** (1.27)
研发投入	0.09** (2.31)	0.09** (2.48)	0.07** (2.11)
发明专利总数	0.10** (1.82)	0.10** (1.91)	0.08** (1.72)
新兴技术领域研发经验	0.06** (1.22)	0.06** (1.22)	0.05** (1.09)
研究者多样性	0.11** (0.82)	0.13** (1.21)	0.10** (1.09)
研究者多样性^2	−0.07*** (−1.23)	−0.05** (−1.35)	−0.07*** (−1.17)
合作网络结构洞	−0.07 (−1.24)	−0.06 (−1.18)	−0.06 (−1.21)
合作网络中心势	0.10** (2.35)	0.10** (2.35)	0.10** (2.37)
合作网络中心势^2	−0.09* (−3.26)	−0.09* (−3.26)	−0.09* (−3.14)
研究者多样性×合作网络中心势		0.09** (1.59)	0.09** (1.64)
研究者多样性×合作网络结构洞			0.07 (1.43)

续　表

	模型 1	模型 2	模型 3
Observations	251.00	251.00	251.00
Mcfadden R^2	0.62	0.68	0.70
Log likelihood	-49.85	-41.30	-43.58
LR 检验值	304.73	291.72	280.35
Prob(LR 检验值)	0.00	0.00	0.00

注:括号中为 z 值;* 表示 p<0.05(双尾),** 表示 p<0.01(双尾),*** 表示 p<0.001(双尾)。

以模型 3 为检验结果,研究者多样性与合作网络中心势之间正向交互效应的标准化回归方程如式 5.2-7 所示:

$$NTIPorformance_i = exp(-0.09 Researchers\_Div_i{}^2 + 0.10 Researchers\_Div_i + 0.09\ Researchers\_Div_i \times Copperation\_Cen_i + \varepsilon_i) \tag{5.2-7}$$

当合作网络中心势 $Copperation\_Cen_i$ 取标准化后的均值 0 时(将此作为合作网络中心势较低的值),研究者多样性与新兴技术创新绩效之间的关系如式 5.2-8 所示:

$$NTIPorformance_i = exp(-0.09\ Researchers\_Div_i{}^2 + 0.10\ Researchers\_Div_i + \varepsilon_i) \tag{5.2-8}$$

新兴技术创新绩效对研究者多样性偏导数的系数为 $-0.18 Knowledge\_Div_i + 0.10$,是研究者多样性与新兴技术创新绩效倒 U 形关系曲线的斜率。当合作网络中心势取标准化后的正标准差 1 这一高值时,研究者多样性与新兴技术创新绩效关系的标准化回归方程发生变化,新兴技术创新绩效对研究者多样性偏导数的系数为 $-0.18\ Knowledge\_Div_i + 0.19$。可以看出,在合作网络中心势高的情况下,研究者多样性与新兴技术创新绩效关系曲线发生两个变化:①关系曲线的斜率变大,由 $-0.18\ Researchers\_Div_i + 0.10$ 增加为 $0.18\ Researchers\_Div_i + 0.19$,表现为倒 U 形关系曲线更加陡峭;②关系曲线沿着纵轴下移,即在同样的研究者多样性水平下,合作网络中心势处于较高水平时,新兴技术创新绩效要高于合作网络中心势处于较低水平时(见图 5-3)。

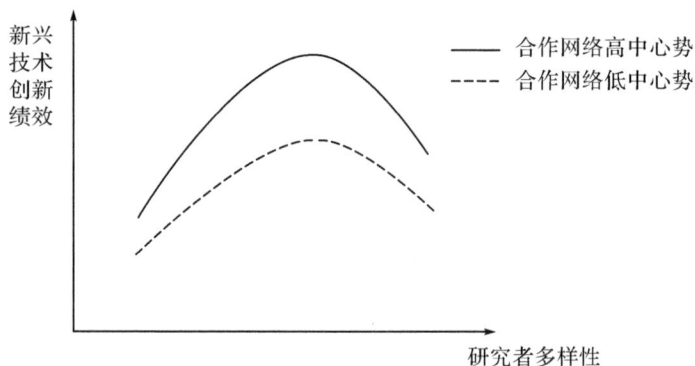

图 5-3　研究者多样性和合作网络中心势的正向交互效应图

四、交互效应检验结果与讨论

运用负二项回归回归模型,以新兴技术创新绩效作为结果变量,生态动力源泉的各个变量及相应的乘积项作为解释变量,基于中美两国新兴技术企业样本的实证检验表明,知识多样性与知识网络结构洞存在负向交互效应,与知识网络中心势存在正向交互效应;研究者多样性与合作网络中心势具有正向交互效应,但是与合作网络结构洞的交互效应假设未得到样本数据支持。本节在生态动力源泉的研究上更进一步,通过对生态动力源泉之间的交互效应检验,厘清知识动力机制与团队动力机制,是对新兴技术创新组织内生态动力的进一步揭示。和生态动力源泉的研究一样,生态动力机制的研究同时考虑知识动力与研究者动力、资源基础与网络嵌入,区别于以往只考虑知识资源或者研究者资源、资源基础或者网络嵌入的单一方面;但是,生态动力机制的研究更进一步,将生态资源基础与生态网络秩序整合起来,区别于以往研究将资源基础与网络嵌入作为各自独立的创新动力源泉,而是资源基础与网络嵌入两种创新观的融合。

采用中美 251 家新兴技术企业作为样本数据,样本量是充分的。将知识动力机制和团队动力机制,分别构建模型进行回归,可以避免二者潜在的相关性导致模型参数估计有误。采用乘积项回归系数的假设检验,是主流的交互效应检验方法。将相关变量在乘积之前进行中心化,可以有效避免多重共线性问题。此外,研究还将中美两国企业样本分组,分别进行知识动力机制与团队动力机制的检验,乘积项回归系数的检验结果,与对样本总体的检验结果,除了在强度上有 0.01 左右的差别外,符号相同且都通过了假设检验。

　　知识动力机制方面,知识多样性与知识网络中心势具有正向交互效应意味着,在知识多样性更丰富的水平下,知识网络中心势对新兴技术创新绩效的贡献会更大,使得知识网络中心势与新兴技术创新绩效的拟合直线沿着 y 轴上移;反过来看,在知识网络中心势更高的水平下,知识多样性对新兴技术创新绩效的作用更大,体现为知识多样性与新兴技术创新绩效的倒 U 形曲线会沿着 y 轴上移,而且曲线的斜率会更加陡峭。知识多样性与知识网络结构洞具有负向交互效应意味着,在知识多样性水平高的情况下,知识网络结构洞对新兴技术创新绩效的负面影响得到遏制,使得知识网络结构洞对新兴技术创新绩效的直线沿着 y 轴向上平移,且直线的斜率变得更加陡峭,也就是说知识多样性对知识网络结构洞的消极影响具有遏制作用;反过来看,在知识网络结构洞水平高的情况下,知识多样性与新兴技术创新绩效的倒 U 形关系曲线会沿着 y 轴下移,且曲线的斜率会变得更加平缓,也就是说知识网络结构洞对知识多样性的积极作用具有遏制作用。团队动力机制方面,研究者多样性与合作网络中心势具有正向交互效应意味着,在研究者多样性更丰富的水平下,合作网络中心势对新兴技术创新绩效的贡献会更大,使得合作网络中心势与新兴技术创新绩效的拟合直线沿着 y 轴上移;反过来看,在合作网络中心势更高的水平下,研究者多样性对新兴技术创新绩效的作用更大,体现为研究者多样性与新兴技术创新绩效的倒 U 形曲线会沿着 y 轴上移,而且曲线的斜率会更加陡峭。

　　Phelps(2012)等人研究了技术距离与研发网络结构对网络中节点企业技术创新绩效的影响,结论表明技术距离与网络中心度对企业技术创新绩效具有正向交互效应,即企业的技术异质性越强,在研发网络中的节点中心度越高,对于企业技术创新绩效具有促进的作用。这个研究在研究思路上和本研究具有相似之处,融合了资源基础与网络嵌入的观点。但是研究的视域、研究的网络形态、网络的基本模式以及研究的数据层面都明显不同。Phelps(2012)等人的研究关注企业外部网络,企业作为节点所处的自我中心网络结构,将创新网络视作单模网络;而本研究则聚焦于企业组织内部,知识元素和研究者作为节点的整体网络,将网络视作知识/合作双模网络。根本区别在于,Phelps(2012)等人的研究揭示企业所处的外部创新网络与资源对企业技术创新的影响,而本研究旨在揭示组织内部的生态动力机制。从组织内部的创新动力机制来看,Chunlei Wang 等人(2014)研究了研究者层面的知识网络与合作网络,对研究者探索性创新的影响,结论认为知识网络中心势与研究者的探索性创新绩效正相关,而结构洞与探索性创新绩效负相关。但是,他们的研究未关注知识和研究者的诸多特征,属于运用网络嵌入单一视角对探索性创新的网络动力源泉的研究。根据本研究对知识动力机制与团队动力机制的结论,研究者层面的知识网络中心势要与研究者本人的知识多样性相匹配,即研究者掌握的知识资源多样性越丰富,则研究者越要采取领域聚焦的方式开展研究。

知识动力机制与团队动力机制的揭示对于企业新兴技术创新技术策略具有启示意义。第一,寻求知识多样性与知识网络中心势的匹配。在知识多样性高的情形下,选择适度集中的研究领域与方向,建立知识专长,并以知识专长为中心进行知识探索和跨界知识整合。第二,降低知识网络结构洞可以放大知识多样性的积极作用,遏制知识多样性过于丰富对新兴技术创新绩效产生的不利影响,延缓知识多样性最优值的到来,将新兴技术创新的峰值推向更高的位置。第三,寻求研究者多样性与合作网络中心势的匹配。在研发团队的组织方式上,根据研发团队的多样性水平,确定研发团队的任务组织、职权分配、角色定位等的集中程度。当研发团队多样性较高时,确认个别具有领导特质的研究精英担任团队领导的角色,同时强化其他团队成员之间的相互合作,会强化研发团队多样性的积极作用,遏制研发团队多样性带来的负面效应。

第三节　新兴技术创新的组织内生态动力系统: 整合效应模型检验

研究者多样性与合作网络结构形成的团队动力,知识多样性与知识网络结构形成的知识动力,对新兴技术创新绩效具有积极的独立影响。但是,按照生态学观点,作为组织内部的创新生态系统,团队动力与知识动力作为两个独立的生态动力源泉,在独立促进新兴技术创新的同时,相互之间也具有内在的生态联系。因此,本节进一步从动力机制层面转到动力系统层面,来探讨团队动力与知识动力在新兴技术创新中的关系,即整合效应。由于整合效应中涉及较多的中介与交互效应,多元回归模型的分析方法在这方面显然不能胜任。因此,采用结构方程模型检验团队动力与知识动力在新兴技术创新中的整合效应。

一、整合效应结构方程路径模型设定

回归模型处理的是一个或多个自变量与单个因变量之间的关系,只能提供变量间的直接效应而不能显示可能存在的间接效应。也可能会因为多重共线性等多个严格假定未满足,出现单项指标与总体负相关等无法解释的数据分析结果。如果因变量不止一个,那么回归模型将不再适用。此时,结构方程模型更有优势。结构方程模型是一种建立、估计和检验因果关系模型的方法。模型中既包含有可观测的变量,也可能包含无法直接观测的潜在变量。结构方程模型可以替代多重回归、通径分析、因子分析、协方差分析等方法,清晰分析单项指标对总体的作用和单项指标间的相互关系。简单而言,与传统的回归分析不同,结构方程分析能同时处理多个因变量,并可比较及评价不同的理论模型。结构方程模型主要用来探究潜变量的内在结构以及潜变量之间的因果关系,分别用测量模型和路径模型来检验。测量模型用于探索和验证观测变量与潜变量之间的关系,以确立潜变量的结构维度与观测指标。路径模型有广义和狭义之分。在狭义的路径分析中,所有的变量都是观测变量;广义的路径分析还包含结构方程模型中潜变量之间关系的分析。

本章所采用的主要变量具有明确的理论含义,是通过数学公式计算出来的观测值,研究意图主要在于揭示这些变量之间的相互关系,而非探索和验证存在何种潜在因子。因此,采用结构方程的路径模型来进行检验。本节中,结构方程路径模型检验的主要内容包括:①团队动力、知识动力与新兴技术创新绩效之间的关系,主要检验团队动力对知识动力的驱动效应。具体而言,包括研究者多样性、合作网络结构洞、合作网络中心势等三个团队动力的变量,对知识多样性、知识网络结构洞、知识网络中心势等三个知识动力变量,以及新兴技术创新绩效的影响。②研究者多样性与知识多样性两个变量,在新兴技术创新中的正向交互效应。

根据结构方程研究者们的观点,结构方程中平均一个自变量大约需要5—15个样本数据,在数据质量高的情形下,5—8个便可以进行高质量的拟合,而一旦数据质量难以保证,则一个自变量至少需要 15 个样本数据来支撑(Bentler et al.,1987)。Loehlin (1992)在进行蒙特卡罗模拟之后发现对于包含 2—4 个因子的模型,至少需要 100 个样本,当然 200 个更好,小样本量容易导致模型计算时收敛的失败进而影响到参数估计。根据这些论述,以及对有关结构方程路径模型样本量的参照,本章采用的结构方程模型涉及 7 个自变量,而样本数据为 251 个,且样本数据都来源于公开的发明专利等权威数据,客观可靠,没有主观影响,因此,在数据和样本容量上可以保证结构方程拟合的质量。仍然采用中美两国新兴技术企业样本数据,运用AMOS18.0 对结构方程路径模型进行估计。

二、整合效应结构方程路径模型拟合效果

对整合效应结构方程路径模型进行估计后发现,部分路径系数不显著。在理论上重新审查后,对初步设定的模型进行调整,删除几个不显著的路径后重新估计,模型拟合指数明显改善($\chi^2 /$ df=1.83,RMSEA=0.05,NFI=0.87,CFI=0.97),调整后的结构方程路径模型见图 5-4。根据结构方程模型拟合的常用指数质量判断标准(易丹辉,2008),调整后的卡方值 $\chi^2 /$ df=1.83,介于 1—2 之间的标准范围;均方根参差 RMSEA=0.05,小于 0.08 的

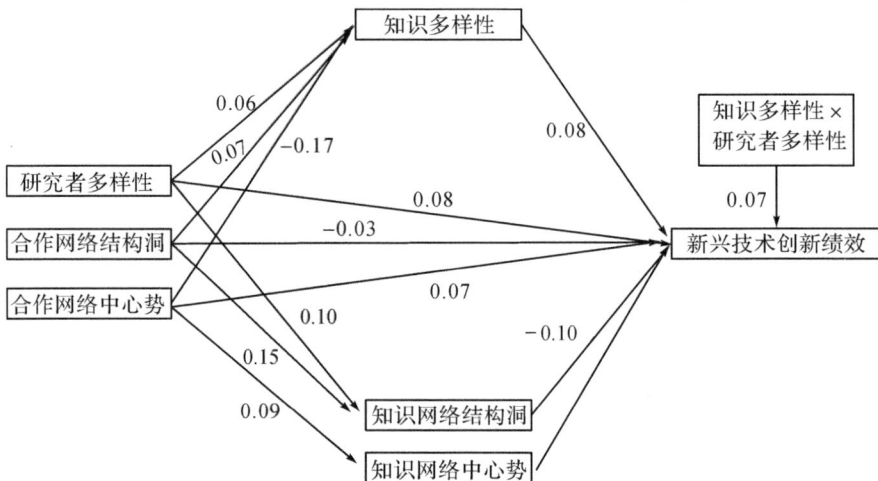

图 5-4　整合效应结构方程路径模型检验结果图

判断标准;标准拟合指数 NFI=0.87,略低于 0.90 的判断标准;比较拟合指

数 CFI＝0.97,大于 0.90 的判断标准。根据这一评判标准,整合效应结构
方程路径模型拟合效果较好,除了 NFI 略低之外(但可以接受,对模型整体
拟合效果影响不大),其他拟合指标都说明模型质量可靠。

三、"团队—知识"动力驱动效应检验

根据理论假设,研究者多样性与合作网络结构形成的团队动力对知识
多样性与知识网络结构形成的知识动力,具有驱动效应,即知识动力在团队
动力影响新兴技术创新绩效的关系中,具有多重的中介作用。整合效应结
构方程路径模型路径系数估计结果表明(见表 5-10),研究者多样性通过"知
识多样性、知识网络结构洞"的中介作用,对新兴技术创新绩效产生影响。
①"研究者多样性→知识多样性"的路径系数为 0.06($p<0.01$),说明研究
者多样性越丰富,知识多样性也会越丰富;"研究者多样性→知识网络结构
洞"路径系数为 0.10($p<0.05$),说明研究者多样性越丰富,知识网络结构
洞也越多;但是"研究者多样性→知识网络中心势"的路径系数不显著。②
"合作网络结构洞→知识多样性"的路径系数为 0.07($p<0.001$),说明合作
网络结构洞越多,知识多样性越丰富;"合作网络结构洞→知识网络结构洞"
的路径系数为 0.15($p<0.001$),说明合作网络结构洞越多,知识网络结构
洞也就越多;但是"合作网络结构洞→知识网络中心势"的路径系数检验却
不显著。③"合作网络中心势→知识多样性"的路径系数为 -0.17($p<
0.05$),说明合作网络中心势越高,将会遏制知识多样性;但是"合作网络中
心势→知识网络结构洞"的路径系数检验却不显著;"合作网络中心势→知
识多样性"的路径系数为 0.17($p<0.05$),说明合作网络中心势越高,知识
网络中心势也越高。

表 5-10　整合效应结构方程模型路径系数估计及假设检验表

	知识多样性	知识网络结构洞	知识网络中心势	新兴技术创新绩效
研究者多样性→	0.06 ** (1.63)	0.10 * (−3.27)	−0.09 (−2.18)	0.08 ** (2.29)
合作网络结构洞→	0.07 *** (1.87)	0.15 *** (2.31)	0.05 (4.37)	−0.03 *** (−2.28)

续　表

新兴技术 创新绩效		知识 多样性	知识网络 结构洞	知识网络 中心势
合作网络中心势→	−0.17* (−4.25)	0.03 (4.29)	0.09* (2.13)	0.07* (3.34)
新兴技术创新绩效←	0.08** (2.26)	−0.10** (−3.46)	0.07*** (2.15)	
研究者多样性×知识多样性→				0.07*** (2.15)
样本数量:251。模型拟合指数:$\chi^2/df=1.83$;RMSEA=0.05;NFI=0.87;CFI=0.97。				

注:表中数据为路径系数估计值,括号中为 C.R. 值。* 表示 p<0.05(双尾),** 表示 p<0.01(双尾),*** 表示 p<0.001(双尾)。

团队动力通过知识动力的中介作用,对新兴技术创新绩效既具有积极影响,又具有消极影响。研究者多样性方面,研究者多样性通过知识多样性的中介作用(标准化路径系数为 0.06,p<0.01),对新兴技术创新绩效具有积极影响,影响强度为"研究者多样性→知识多样性"的路径系数,与"知识多样性→新兴技术创新绩效"的路径系数之积 0.0048(0.06×0.08)。但是,研究者多样性通过知识网络结构洞的中介作用,对新兴技术创新绩效又具有消极影响,影响强度为"研究者多样性→知识网络结构洞"的路径系数,与"知识网络结构洞→新兴技术创新绩效"的路径系数之积−0.01(−0.10×0.10)。综合两方面来看,研究者多样性通过知识动力对新兴技术创新绩效的综合影响是消极的,为−0.0152。同理,可以计算出合作网络结构洞和合作网络中心势,通过知识动力的中介作用对新兴技术创新绩效的综合影响,分别为−0.0094 与−0.0073。

但是,团队动力在通过知识动力间接地影响新兴技术创新绩效的同时,也对新兴技术创新绩效具有直接的积极作用(标准化路径系数为 0.08,p<0.01)。综合间接作用和直接作用,可以计算出团队动力对新兴技术创新的整合影响。研究者多样性方面,间接和直接的整合影响为间接效应和直接效应之和,即 0.0648(−0.0152+0.08)。

四、"团队—知识"动力交互效应检验

结构方程路径模型拟合结果表明,研究者多样性与知识多样性的交互

效应检验显著（标准化路径系数为 0.07，p＜0.001）。当研究者多样性更高时，知识多样性对新兴技术创新绩效的作用显著增加，表现为知识多样性和新兴技术创新绩效的倒 U 形关系曲线上移，正向影响部分的斜率增加。反之，当知识多样性更高时，研究者多样性对新兴技术创新的积极作用也将被强化（见图 5-5）。

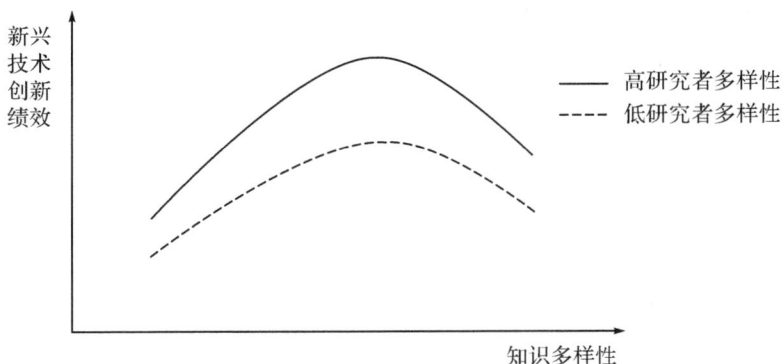

图 5-5　研究者多样性和知识多样性的正向交互效应图

研究者多样性与知识多样性的交互效应检验显著，意味着知识多样性在研究者多样性和新兴技术创新绩效的关系中，既是中介也是交互的角色，正是这两种角色，结合知识网络结构洞与知识网络中心势的中介角色，将团队动力与知识动力联结起来，从而影响新兴技术创新绩效。研究结论深化了团队动力与知识动力之间的生态互动关系，揭示了新兴技术创新绩效组织内部的生态动力系统。

五、检验结果与讨论

新兴技术创新的组织内生态动力源泉，揭示了双重资源多样性与双模网络结构，对新兴技术创新绩效的影响；新兴技术创新的生态动力机制，揭示了资源多样性与网络结构的交互作用。本节进一步地将团队动力机制与知识动力机制整合起来，研究两个动力机制在新兴技术创新中的关系。以综合考虑了创新数量和质量两个方面的新兴技术创新绩效作为结果变量，整合团队动力机制与知识动力机制，构建整合效应结构方程路径模型，运用中美两国 251 家新兴技术企业样本数据，对"团队—知识"驱动效应与"研究者多样性—知识多样性"交互效应的检验结果表明，研究者多样性与知识多样性具有正向交互效应；研究者多样性对知识多样性、知识网络结构洞具有显著的正向影响；合作网络结构洞有助于增加知识多样性，但同时也提升了知识网络结构洞；合作网络中心势降低了知识多样性，但是增加了知识网络中心势。合作网络结构洞对知识网络中心势的负相关关系，以及合作网络中心势与知识网络结构洞的负相关关系未通过显著性检验。

运用结构方程路径模型来检验整合效应，包括中介效应与交互效应，相比于多元回归分析具有明显的优势，既可以避免多重共线性等问题的困扰，也可以在一个整合的框架中更加清晰地看出变量之间直接或者间接的关系强度。样本数量与数据质量，可以保证模型的拟合质量，在模型的修正中，也考虑了多种竞争性备择路径模型，如将研究者多样性与知识多样性的交互效应（即二者的乘积项）删除，将研究者多样性和合作网络结构洞与合作网络中心势建立因果路径模型，将知识多样性和知识网络结构洞与知识网络中心势建立因果路径等竞争性备择模型，进行拟合后发现，拟合效果都不理想。相比之下，包含"团队—知识"动力驱动效应和"研究者多样性—知识多样性"交互效应的结构方程路径模型是拟合效果最佳的模型，理论依据也更充分。

研究结论表明，团队动力机制在对新兴技术创新绩效具有直接作用的同时，也通过对知识动力机制的驱动间接地影响新兴技术创新绩效。研究者多样性驱动知识动力机制，对新兴技术创新绩效既具有积极的一面，也具有消极的一面。通过驱动知识多样性，有助于提升新兴技术创新绩效，但是通过增加知识网络结构洞对新兴技术创新绩效具有负面效应。总体上，研究者多样性通过驱动知识动力这一路径，对新兴技术创新绩效的影响呈负面作用。合作网络结构洞与合作网络中心势，通过知识动力机制对新兴技术创新绩效的影响，同样具有双刃剑性质。合作网络结构洞越多，知识网络结构也越多，从而遏制了新兴技术创新，但是促进了知识多样性，又促进了新兴技术创新。合作网络中心势在促进知识网络中心势的同时，遏制了知识多样性，从而对新兴技术创新具有消极作用，通过驱动知识动力机制对新兴技术创新绩效，总体上是负面影响。可以得出结论：团队动力机制通过知识动力机制的中介作用，对新兴技术创新绩效的影响是消极的。但是，研究者多样性与知识多样性的正向交互作用显著，表明团队动力机制与知识动力机制的整合效应具有积极意义，也表明知识多样性在研究者多样性与新兴技术创新绩效中,既是中介的角色,又是调节的角色。

　　团队动力机制与知识动力机制的整合效应及其逻辑关系,从生态动力系统层面进一步揭示了新兴技术创新的生态属性。可以看出,新兴技术创新来自组织内部的动力,发生在动力源泉、动力机制以及动力系统等多个层面,分别具有动力源泉的独立效应动力源泉之间的交互效应,以及动力机制之间的整合效应,由此构成新兴技术创新的组织内生态动力枢纽。充分揭示新兴技术创新的组织内生态动力枢纽,有助于增进对新兴技术创新系统规律的认知,识别新兴技术创新不同于传统技术创新的生态属性。理论上,团队动力机制与知识动力机制的整合框架也是创新研究范式的新探索。

第六章　新兴技术创新:研发合作异质性与门槛效应

第一节　异质性研发合作与知识创造质量

基于市场扩张的"平推式"发展路径,向基于创新驱动的"攀升式"发展路径切换,是中国制造企业的战略主旋律。技术创新基于知识创造,创新驱动一方面取决于知识创造的数量增长,但数量达到一定阈值之后更取决于知识创造质量的提升。知识创造的战略导向由数量积累向质量提升转型。创新生态系统为企业研发提供丰富资源,基于开放式创新、开展异质性研发合作,获取互补性知识并进行吸收、整合和再创造,产生新知识继而为技术突破提供丰富的"知识基",构成异质性研发合作的主要策略。创新嵌入高风险性、复杂性和不确定性的情境中,面对创新生态系统中的多元主体,基于提升知识质量的战略导向,如何选择恰当的合作伙伴?

为寻求知识创造的质量提升,企业迫切需要通过实施开放式创新战略获取外部创新资源。发明专利是知识创造成果的重要表达方式。在新兴技术创新来自组织内部的动力机制基础上,本研究进一步从组织外部合作伙伴的视角揭示了组织外部的创新动力机制,特别是异质性研发合作伙伴对知识创造质量的影响。用发明专利质量来衡量知识创造,采用246家创业板公司865个样本的发明专利的合作面板数据,运用stata14.0软件,采用Driscoll-Kraay回归法,检验在不同内外部情境下(知识产权保护、吸收能力)异质性研发合作(企业、高校)在企业知识创造中的差异化影响。运用分层回归法,从企业异质性研发合作视角揭示了企业研发的内在机制及内外情境特征:企业间合作较校企合作更能提升企业发明专利质量;知识产权保护水平抑制企业间合作对发明专利质量的作用,而强化校企合作对发明专利质量的积极影响；吸收能力强化企业间合作对发明专利质量的积极影响，而抑制校企合作对发明专利质量的作用。研究结论对企业研发伙伴选择和发明专利质量提升具有直接应用价值。

一、理论基础和假设提出

现有大量研究佐证了开放式创新的多重功效。资源互补理论认为，企业进行异质性研发合作的根本目的是获得互补性资源，企业间合作能够获得更多互补性资源，对专利质量会产生更积极影响；知识基础理论认为，企业选择与高校合作可以获得更多异质性知识，有助于企业的根本性创新，故校企合作更能提升专利质量。可见，企业和高校这两种研发合作伙伴，在企业的知识创造中具有显著的异质性，但是现有研究对企业和高校这两种不同角色研发合作伙伴在企业知识创造中的功效仍存在争议。本书认为，现有研究之所以对异质性合作的功效仍存在争议，是因为忽略了企业开放式创新所处的情境。研究表明，企业所嵌入的外部和内部两种情境，都对企业研发和创新的不同功效具有显著的调节效应。知识产权保护是我国知识产权战略的一部分，专利产出是知识产权战略最重要的环节，想要利用来自外部资源的潜力亟须发展吸收和利用外部知识的内部吸收能力，故外部情境中的知识产权保护强度和内部情境中的吸收能力对异质性合作伙伴影响知识创造质量的关系具有调节作用。

1.企业间合作、校企合作与专利质量的关系

Delvin 等学者认为企业的技术资源可以从内部和外部资源中获得，而内部资源与外部资源的整合是企业成功进行资源规划及利用的基础。实证研究表明，企业进行成功的资源整合及规划对其创新能力具有显著的积极影响。企业拥有更多技术资源，是技术发展的圣地，企业在实践中不断实现技术的改革与创新，只有不断实现技术创新，企业才能在激烈的竞争中站稳脚跟；而高校的核心竞争力以知识资源为基础，其拥有的知识资源可以促进高校理论层面的不断深入，为技术的提高与发展提供可靠的知识基础。

企业间合作是技术与技术的合作，而校企合作则是知识与技术的合作。企业间拥有的技术结构相似，技术与技术的合作更容易被转化、吸收及利用，故企业追求与其他企业合作，以利用自身以外的技术快速获得新技术或

新市场,赢得竞争优势;而校企之间更偏向于知识与技术的合作,大学研究人员产生的知识与企业实践中使用的技术之间仍存在差距,知识到技术的转化需要一定的过程与时间才能实现,且校企合作存在知识转化风险,对企业而言,知识转化过程不仅占用了企业大部分研发资源,而且最终转化得到的技术可能还不具有商业价值,学术界创造的大量知识因为没有得到应用而无法创造价值。基于以上研究,提出假设:

H1: 与校企合作相比,企业间合作更能提升企业专利质量。

2. 知识产权保护水平对企业间、校企合作与专利质量的关系

企业之间的关系不是只有竞争或合作,而是要同时实现竞争与合作的优势。企业双方通过技术合作制造市场,然后通过竞争分割市场,以此增加商业"馅饼",故企业间的合作存在着竞争关系。而企业与高校的合作不存在竞争关系,企业合作研发的目的是获得市场利润,高校的目的则是获得技术知识辅助研究进一步深入,高校专利不是以市场为导向。校企合作代表的是知识系统与产业系统间的合作。

企业选择与外部伙伴合作的目的是以共享各项资源为手段获取潜在收益,企业间合作存在竞争,这意味着竞争合作双方对于合作研发专利产生的最终成果所有权问题势必会存在争议,知识产权所有权的分配,特别是对专利所有权的控制,是一项艰巨的任务;同时,知识产权保护水平的提高意味着专利价值的提高,即专利技术可以为企业带来更多收益,企业在与竞争对手进行合作研发的过程中出于对自身利益的考虑,会提高合作过程中技术转移的门槛以获得主动权,这将导致合作双方资源很难实现共享,最终影响企业专利质量。而企业与高校的合作不存在竞争关系,企业乐于与高校进行合作,通过分享自身技术,结合高校知识,在合作研发中获得更高价值的技术,实现根本性创新,获得独特的市场竞争优势。基于以上研究,提出假设:

H2a: 知识产权保护水平对企业间合作与专利质量的关系具有负向调节作用。

H2b: 知识产权保护水平对校企合作与专利质量的关系具有正向调节作用。

3.吸收能力对企业间合作、校企合作与专利质量的关系

企业层面的吸收能力是指公司识别、吸收和应用新的外部知识以达到商业目的的能力,是企业获取、同化、整合及利用外部资源的动态能力。吸收能力有助于企业从外部网络寻找、利用对自身有价值的知识与技术资源,优化企业的组织氛围、研发机制和信息渠道,显著促进企业内部创新。通常吸收能力强的企业能够拥有较强的学习、整合外部信息并将外部信息转化为公司知识技术资本的能力,而正是这些知识技术资本的运用使得企业的创新成为可能,故吸收能力的提升可以帮助企业消化来自外部主体间的信息资源,带来企业的技术创新,提升其运营效率和环境适应能力,最终提高企业竞争力。而企业的专利发明基于其技术创新能力,当企业实现技术创新、产品更新或流程创新时,通常会采用高质量的专利申请来保护他们的创新。基于以上研究,提出假设:

H3a:吸收能力对企业间合作与专利质量的关系具有正向调节作用。

H3b:吸收能力对校企合作与专利质量的关系具有正向调节作用。

二、实证研究设计

1.样本选择和数据来源

本书选择 2015 年 12 月前在创业板上市的 382 家企业作为研究对象。理由包含以下两方面:①数据可靠。上市公司受到政府严格监管,其最终公布的数据具有完整性、准确性、标准性。②对象合理。创业板上市企业一般为高新技术企业,对专利更为关注,对专利质量也具有更高的需求。本书将观测区间定为企业成立当年至 2015 年,同时剔除 ST 公司(指境内上市公司两年连续经营亏损,被进行退市风险警示的公司)和数据缺失的公司。经筛选共获得 246 家企业,865 个观测样本。

本书采用的数据来源如下:从同花顺数据库、国泰安数据库中下载了样本企业的研发投入、营业收入、企业年龄、企业规模、资产负债率等指标数据;从智慧芽公司购买其基于国家知识产权局等数据源计算的样本企业专利数量、有效发明专利拥有量、专利被引数量的指标数据;从中国科技统计

网得到各省技术市场成交合同金额；从国家统计局（NBS）的统计年鉴得到各省当年的地区生产总值。

2.变量选取

（1）因变量：企业专利质量。企业专利质量的衡量可以体现其创新能力。本书采用企业当年的所有发明专利的被引数来衡量企业专利质量。Trajtenberg M 最早提出了用专利被引用数对专利质量进行评价。Sterzi、李强等诸多学者在研究中也采用专利被引数对企业专利质量进行研究，该测量方式是目前较为成熟的衡量方法。同时考虑到合作研发对专利质量存在滞后影响，本书以合作后当年与下一年所有专利被引次数的平均值作为企业专利质量衡量指标。

（2）自变量。自变量为企业间合作、校企合作。考虑到本书因变量为专利质量，一般参与专利研发的主体为企业和高校，故将异质性研发合作对象划分为企业间合作和校企合作。企业间合作、校企合作的测量方式为：筛选出所选的企业样本当年的所有已授权专利，通过国家知识产权局专利公布公告系统查看专利申请人是否有两个及以上，若该专利中与该企业合作的专利申请人包含企业，则企业间合作计数加 1；若该专利中与该企业合作的专利申请人包含高校，则校企合作计数加 1。以专利申请人为合作类型分类的测量方法在国内已被多次运用。

（3）外部调节变量。外部调节变量为知识产权保护水平。知识产权保护水平与企业专利质量的关系密不可分。Ginarte-Park 指数作为知识产权保护强度的评价方法已被大量的研究采用过，但该方法更适用于执法力度强的西方国家。由于中国各省的执法水平不同，本书借鉴吴超鹏针对中国国情提出的测量方法，用各省技术市场成交合同金额和各省当年地区生产总值的比值进行衡量，即"技术转让市场规模"。将专利、商标等知识产权的使用和转让费统称为技术市场合同成交额。在知识产权保护水平较高的地区，知识产权侵占行为会受到严厉惩罚，模仿、剽窃等恶意破坏知识产权保护制度的行为会得到有效控制，企业只能在技术市场通过合法的方式获得知识产权的使用；但在知识产权保护水平较弱的地区，区域知识产权维护意识不强，侵占、剽窃等行为难以得到有效控制，企业为了获得更多利益，便不在正规技术市场进行交易。故技术转让市场规模可以衡量一省的知识产权保护水平。

（4）内部调节变量。内部调节变量为吸收能力。Cohen 等学者认为企业在"环境中识别、消化和利用知识的能力"可以通过增加企业的研发投入获得提升，故研发强度可以衡量企业的吸收能力。研发强度一般用研发投入除以营业收入来获得，反映企业对吸收能力投入的倾向及意愿。故本书采用研发投入与企业营业收入的比值来衡量企业的吸收能力。

（5）控制变量。控制变量包括发明者合作、企业年龄、企业规模和资产负债率。由于因变量为专利质量（专利权申请书包含申请人和发明者两部分），发明者合作对专利质量会产生影响，本书添加了发明者合作为控制变量，测量方式为：选出所选的企业样本当年的所有已授权专利，通过国家知识产权局专利公布公告系统查看该专利的专利发明者人数，若有两个及以上，则发明者合作计数加 1，否则为 0；由于本书设置因变量为企业专利质量，而企业作为专利研发的大环境，拥有的资源基础会对专利质量产生重要影响，故本书控制了企业年龄、企业规模及资产负债率，即企业年龄为观测年样本企业的成立年限，企业规模为观测年企业的总资产的对数，资产负债率为企业的期末负债总额除以资产总额的百分比。

三、数据结果

1. 模型选择

本书利用 Stata14.0 对变量进行分析，Hausman 检验结果拒绝原假设，故采用固定效应模型。由于本书采用的是面板数据，可能存在异方差、序列相关和横截面相关等问题。为了避免通常面板数据估计方法出现的低估标准误差问题，采用 Driscoll-Kraay（简称 D-K）标准误差进行估计，该方法得到的标准误差具有无偏性、一致性和有效性。此外，为了解决变量之间可能存在的多重共线性问题，模型中的交互项在相乘前首先将变量进行了中心化处理。

2. 描述性统计分析

为了把握数据基本特征及变量之间的相关关系，首先对变量进行描述性统计。如表 6-1 所示，各自变量之间的相关系数均小于 0.7，直观上不存在多重共线性;进一步对所有变量分别进行多重共线性诊断,所有的方差膨胀因子 VIF 值都小于 2,故模型中变量之间不存在严重的多重共线性。

表6-1　变量的描述性统计及相关性分析表

	均值	标准差	1	2	3	4	5	6	7	8	9
1. 专利质量	2.309	1.235	1								
2. 企业间合作	0.240	0.614	0.138***	1							
3. 校企合作	0.072	0.296	0.023	0.105***	1						
4. 发明人合作	1.780	1.015	0.525***	0.242***	0.123***	1					
5. 企业年龄	2.327	0.491	−0.203***	0.066*	0.053	−0.057*	1				
6. 企业规模	3.049	0.033	0.089***	0.237***	0.019	0.264***	−0.013	1			
7. 资产负债率	−1.652	0.739	−0.133***	0.051	0.052	0.064*	0.212***	0.272***	1		
8. 知识产权	−4.450	1.350	0.032	0.083**	0.009	0.036	0.022	0.039	0	1	
9. 吸收能力	−2.748	0.657	0.192***	0.007	−0.021	0.167***	−0.109***	−0.111***	−0.247***	0.226***	1

注：*** 表示 $p < 0.01$，** 表示 $p < 0.05$，* 表示 $p < 0.1$。

3.假设检验

本书检验和比较企业间合作与校企合作对企业专利质量的影响,并比较知识产权保护水平和吸收能力在其中的调节作用。分层回归前,首先对各变量进行标准化,最终结果如表 6-2 所示。由模型 2 可知,企业间合作对专利质量影响的回归系数为 0.096($p<0.1$),校企合作对专利质量影响的回归系数为 -0.185($p<0.01$),故与校企合作相比,企业间合作更能提升企业专利质量。假设 H1 成立。

表 6-2　回归分析结果表

变量	专利质量					
	模型 1	模型 2	模型 3	模型 4	模型 5	模型 6
控制变量						
发明者合作	0.420***	0.416***	0.423***	0.422***	0.418***	0.417***
企业年龄	−2.537***	−2.529***	−2.279***	−2.245***	−2.259***	−2.263***
企业规模	−9.178***	−9.327***	−9.404***	−9.541***	−9.393***	−9.276***
资产负债率	−0.129*	−0.132*	−0.106	−0.105	−0.091	−0.091
自变量						
企业间合作(cwe)		0.096*	0.101**	0.104***	0.098***	0.082***
校企合作(cwu)		−0.185***	−0.206***	−0.204***	−0.201***	−0.244***
调节变量						
知识产权保护 (adipr)			−0.570**	−0.603**	−0.610**	−0.562**
cwe×adipr				−0.081***	−0.076***	−0.073***
cwu×adipr				0.137*	0.133*	0.182**
吸收能力(ac)					0.159*	0.189**
cwe×ac						0.119***
cwu×ac						−0.381***
R^2	0.445	0.449	0.460	0.464	0.466	0.471
△R^2	——	0.004	0.011	0.004	0.002	0.005
F 值	789.21***	757.96***	317.33***	318.61***	112.56***	97.33***

注:N=865;*** 表示 $p<0.01$,** 表示 $p<0.05$,* 表示 $p<0.1$。

　　由模型 6 可知,知识产权保护对企业间合作与专利质量的影响回归系数为－0.073(p<0.01),随着知识产权保护水平的提高,企业间合作对企业专利质量的正向影响逐渐减弱,故知识产权保护水平对企业间合作与专利质量的关系具有负向调节作用,假设 H2a 成立;知识产权保护对校企合作与专利质量的影响回归系数为 0.182(p<0.05),由图 6-1 可知,随着知识产权保护水平的提高,校企合作对企业专利质量负向影响减弱,故知识产权保护水平对校企合作与专利质量的关系具有正向调节作用,假设 H2b 成立。

　　由模型 6 可知,吸收能力对企业间合作与专利质量的影响回归系数为0.119(p<0.01),由图 6-2 可知,随着吸收能力的提高,企业间合作对专利质量的正向影响增强,故吸收能力对企业间合作与专利质量的关系具有正向调节作用,假设 H3a 成立;吸收能力对校企合作与专利质量的影响回归系数为－0.381(p<0.01),由图 6-3 可知,随着知识吸收能力的提高,校企合作对专利质量的负向影响增强,故吸收能力对校企合作与专利质量的关系具有负向调节作用,假设 H3b 不成立。这可能是因为吸收能力的重要环节之一是帮助企业"知识过滤",消除阻碍创新的商业化知识,而校企之间是技术和知识的合作,主体间拥有的资源差异较大,吸收能力的增大会过滤掉校企合作过程中有助于企业进行根本性创新但差异较大的异质性知识,抑制企业创新能力,最终影响专利质量。

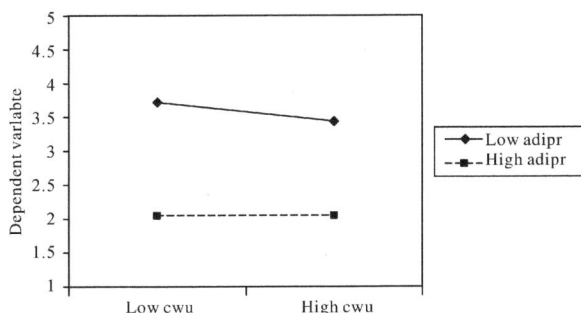

图 6-1　知识产权保护水平与校企合作调节图

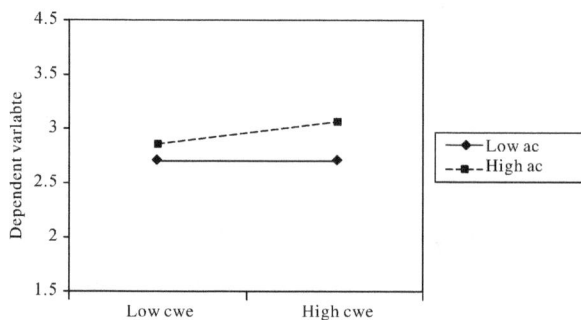

图 6-2　吸收能力与企业间合作调节图

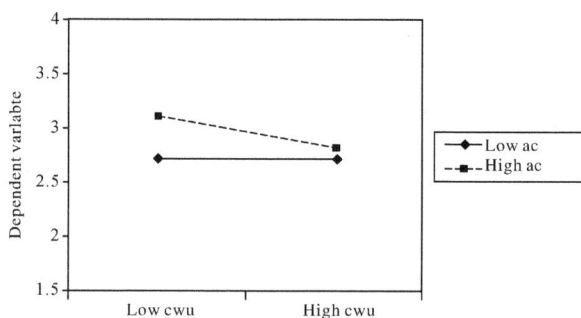

图 6-3　吸收能力与校企合作调节图

4.稳健性检验

考虑到企业异质性合作对其专利质量的影响可能具有更长久的滞后性,故本文以企业合作年份开始后"三年专利平均被引次数"作为企业专利质量的替代测量方式,用来验证以上结果的稳健性。由于缺失值的存在,"三年专利平均被引次数"要求必须拥有企业合作后连续三年的专利被引次数数据,故在使用原样本进行处理时,剔除了部分缺失样本。最终得到215家企业的748个样本数据进行稳健性检验。由表6-3可知,上述结果仍然成立。

表 6-3 稳健性检验分析结果表

变量	专利质量					
	模型 1	模型 2	模型 3	模型 4	模型 5	模型 6
控制变量						
发明者合作	0.268***	0.263***	0.273***	0.273***	0.272***	0.268***
企业年龄	−2.993***	−2.984***	−2.691***	−2.655***	−2.670***	−2.654***
企业规模	−9.435***	−9.551***	−9.585***	−9.741***	−9.621***	−9.465***
资产负债率	−0.145**	−0.148**	−0.120*	−0.121*	−0.109	−0.111
自变量						
企业间合作(cwe)		0.075**	0.081**	0.078***	0.074**	0.053**
校企合作(cwu)		−0.097	−0.131*	−0.143	−0.14	−0.166*
调节变量						
知识产权保护(adipr)			−0.648**	−0.685**	−0.702**	−0.653***
cwe×adipr				−0.061***	−0.056***	−0.049**
cwu×adipr				0.172**	0.169**	0.226**
吸收能力(ac)					0.154**	0.188**
cwe×ac						0.146***
cwu×ac						−0.347***
R^2	0.556	0.558	0.574	0.578	0.580	0.587
$\triangle R^2$	—	0.002	0.016	0.004	0.002	0.007
F 值	550.140***	866.550***	207.950***	173.090***	37.020***	117.080***

注:N=748;*** 表示 $p<0.01$,** 表示 $p<0.05$,* 表示 $p<0.1$。

四、研究结论及启示

1. 研究结论

企业间合作较校企合作更能提升专利质量,该发现与张古鹏和陈向东等学者的研究结果一致,与校企合作更具有创新优势的认识相悖,结论明确了研究的分歧所在。企业追求与别的企业合作,以利用自身之外的技术资源,这些技术类资源更易被利用和吸收,且能够帮助企业快速获得新技术或新市场;而校企合作面临知识和技术的碰撞,知识转化过程具有滞后性、复杂性、风险性,故相较于企业间合作,短时间内专利研发质量相对较低。

知识产权保护水平负向调节企业间合作与专利质量的关系,却正向调节校企合作与专利质量的关系。该结论推进了知识产权对企业合作具有辩证影响的研究,将具体的合作划分为企业间竞争性合作与校企间非竞争性合作,且发现知识产权保护水平对不同类型合作与专利质量关系的影响效应不同。知识产权保护已被认为是研发投资的一个决定因素。知识产权保护的提高赋予了专利更高的价值,也意味着技术价值的提高,由于竞争关系的存在,企业间在进行合作时为了自身利益会提升技术知识转移的成本;而校企间不存在利益竞争,专利价值提高促进双方更积极地进行合作,企业迫切希望通过新技术获得竞争优势。

吸收能力正向调节企业间合作与专利质量的关系,但负向调节校企合作与专利质量的关系。该结论进一步推进了吸收能力与企业合作相关研究,着眼于不同合作类型分析吸收能力的调节影响,推进了吸收能力对企业合作影响的相关研究。吸收能力直接表现为对外部环境的感知力,即企业能够获取、消化和吸收外部变化并且能够成功地将其商业化的能力。企业间合作面临的环境包含更多的互补性技术资源,吸收能力能够帮助企业更好地利用这些资源,促进专利质量的提升;而吸收能力的"知识筛选"导致在校企合作过程中可能促进根本性创新的异质性知识的流失,反而抑制了企业专利质量的提升。

2.贡献、不足与展望

企业间合作与校企合作对企业创新能力的作用一直存在分歧。企业研发合作伙伴的选择如何更有效地提升企业的创新能力,促进企业专利质量的提升已经成为近年来相关研究关注的重点。本研究通过企业异质性研发合作与专利质量关系的实证研究,提出企业异质性研发合作对专利质量的不同功效,得出结论:企业间合作较校企合作更能促进企业专利质量提升,促进异质性研发合作伙伴选择理论的进一步深入发展。本次研究将为企业"选择何种研发合作伙伴"的决策问题提供一整套系统的理论参考。本土企业正在着力实现转型升级,谋求通过研发合作来提升专利质量,从而提升企业创新能力,获得竞争优势。而企业如何选择正确的研发合作伙伴,以更开放、积极的姿态融入转型发展新形势就显得尤为重要。

通过内外情境双重视角,分析企业异质性研发合作过程中提升企业专利质量的影响因素,破解企业提升专利质量的重要内在机理,存在显著的理论创新。研究得出知识产权保护和吸收能力在企业异质性合作研发过程中对企业专利质量的不同影响,进一步为高新技术企业提高其创新能力提供了更多的理论依据和战略参考点;帮助企业解决"如何有效应对内外环境变化"的策略问题;为企业进行战略决策、获取外界资源、培养吸收能力、利用知识产权保护制度提供更加明确的目标,契合企业创新活动的实践路径;为企业实施异质性研发合作战略,拓宽企业沟通互动学习平台,优化创新网络结构,提升创新绩效,赢得核心竞争优势提供实践启示。

本研究揭示了企业间合作、校企合作对专利质量的影响,但异质性研发合作还包括企业与研究机构合作、与政府合作等不同类型,且影响合作与专利质量关系的内外部情境因素还包括环境动态性、双元学习等因素,后续可以进一步研究其他异质性研发合作对企业专利质量在不同情境因素下的影响。

第二节　研发投入的创新门槛效应

全球创新格局中的中国企业,正处在向高端研发攀升的关键环节,自主创新是企业寻求战略优势的根本途径。创新是一个国家社会福利和经济增长的核心驱动力,发达经济体和发展中经济体都在关注创新以加速经济增长,获得竞争优势。近年来,基于企业层面的技术创新逐渐受到诸多学者的关注。一些学者认为,公司的成功在很大程度上可以用技术创新来解释,因为研发支出(R&D)和专利申请是影响公司市场价值的重要因素。一些学者认为研发投入和专利产出并不能促进企业绩效。如刘振(2014)认为研发投入强度与绩效呈负相关;韩先锋等(2018)得出研发投入与企业绩效之间是倒 U 形的非线性关系。一些学者的研究发现随着研发投入的增加,相应的专利产出与企业绩效并无显著相关性,甚至专利负向影响企业绩效,验证了加速化陷阱现象。同时李强等(2016)的研究表明专利申请数与企业绩效呈倒 U 形关系。那么企业创新是否能够提升自身的绩效?随着经济全球化的发展,所有企业都面临着不确定的环境和更加激烈的竞争。一些学者认为,环境是影响组织绩效的重要外部因素,企业外部环境的变化将导致内部战略的转变。环境因素是影响企业创新战略的重要权变因素,目前关于技术创新与企业绩效的关系尚未形成一致结论的原因之一是忽略了环境因素的影响。

技术创新活动在企业的发展过程中起着举足轻重的作用,对于企业和政府来说,只有全面、准确地把握技术创新活动对企业发展的影响特征及规律,企业的创新决策和政府的相应政策才能做到有的放矢。然而,目前关于技术创新与企业绩效之间的关系,尚未有一致的结果。此外,技术创新活动在企业竞争优势构建中的战略性功效,具有高度情境依赖性。虽然有部分企业寻求创新创造,但仍有部分企业寻求平推式的市场扩张。那么在环境动荡性的影响下,技术创新活动会给企业利润带来怎样的影响?这些问题有待进一步探讨,以期为新时代背景下有效保持企业竞争优势提供一定的理论参考。

基于上述现实命题和理论困境,以及我国 190 家创业板上市公司2011—2015 年的数据,本次研究采用门槛面板回归技术,从环境动荡性的视角,来研究技术创新的绩效作用机制。研究在理论上揭示绩效的作用机制,研究结论对企业制定创新策略具有直接应用价值,对政府制定科技政策的决策也具有借鉴意义。

一、理论基础与假设提出

1. 研发投入强度与企业绩效的门槛效应

在知识经济时代,企业要想在市场上保持核心竞争力,就需要不断地进行创新。企业设备的先进性、工艺水平会随着研发投入的增加而提高,进而提高资源使用率,降低生产成本。同时在研发的过程中可以及时捕捉到新的市场需求,通过有针对性地改良和创新产品,吸引更多新顾客,占领新的市场,获得企业竞争优势。国内外一些学者认为研发投入的增加有助于提升企业绩效,因为研发投入并非只是一种成本支出,也是能够获得超额利润的一种投资活动。

根据边际报酬递减规律,当投入高于阈值后,边际收益小于边际成本,故此,作为一种投入要素的研发活动,高的研发投入不一定会获得高的收入。同时,研发投入还存在机会成本效应,当研发投入过大时,占用公司的更多资源,公司其他方面的投资必然受到影响。所以当研发投入超过一定的阈值后,研发投入的继续增加对企业绩效的提升作用递减,甚至会降低企业利润。近些年来,国内外学者验证了研发投入与企业绩效之间的这种非线性关系,认为研发投入存在着一个临界值,当超过研发投入的这个临界值后,便不会获得同等比例的回报。故此,提出如下假设:

H1:研发投入强度对企业绩效的影响存在门槛效应,两者之间是复杂的非线性关系。低于一定强度的研发投入水平可以显著促进企业绩效的提升,但是超过阈值后对企业绩效便不再有显著促进作用。

2.专利申请数与企业绩效的门槛效应

发明者在法律规定的时间内拥有技术专有权,从而激励专利持有者继续进行研发活动。专利保护允许发明者将他们的发明商业化而不必担心被模仿,技术创新的收益更多地锁定在企业自身,公司独享技术垄断收益。同时,随着公司新技术的推出,原有技术被淘汰,拥有新技术的公司便会取代之前的公司,占据垄断地位,获得超额利润。此外,专利还可用于其他目的,例如,通过获得比实际需要更广泛的专利保护来阻止竞争对手,或改善发明者在与其他公司谈判中的地位。源自专利的竞争优势应该反映在公司的业绩中,其绩效应该高于类似的没有专利的公司。

加速化陷阱理论指出专利数量的激增,不能够转化为企业利润,布朗(1999)认为过度的研发、过多的专利并不能够提升企业的竞争优势和业绩,反而会适得其反。一方面,当专利数量达到一定的阈值后,企业绩效的提升更取决于专利质量,如果单纯追求专利数量的增长,而忽略了专利质量,就会导致专利的质量良莠不齐,因而对企业绩效的提升作用大大降低;另一方面,过快的技术产品更新,可能会超过消费者的接受能力,导致创新市场达到饱和状态,消费者持观望甚至抵制态度,不利于企业获取利润。此外,由于专利商业化的机会成本效应,如果将过多的专利转化为新产品,其他方面的资金运转便会受到限制,当专利数量超过最优值后,专利的继续增加并不会带来企业绩效的提升,甚至会有损企业绩效。有证据表明专利负向影响企业绩效或两者并无统计意义上的相关性。李强(2016)认为由于成本等因素,当研发投入超过临界值后,反而会降低企业绩效,专利数量与企业绩效是倒 U 形的非线性关系。故而提出以下假设:

H2:专利申请数对企业绩效的影响存在门槛效应,两者之间是复杂的非线性关系。低于一定数量的专利申请数可以显著促进企业绩效的提升,但是超过阈值后对企业绩效不再有显著促进作用。

3. 基于环境动荡性的视角,技术创新对企业绩效影响的门槛效应

环境动荡性表示在动荡的环境下,技术、市场的不规律变化会导致环境不可预测,企业的竞争优势不断变化,行业内的竞争格局频繁改变。当外部环境发生变化时,企业最初的核心能力很可能与现有的技术和资源发生冲突,企业将面临进一步发展的两难境地。在动荡的环境下,产品和技术的生命周期大幅度地缩短,催生新的利基市场,并产生了稍纵即逝的机会窗口,对企业在市场中的地位将是很好的洗牌机会。环境变化对企业来说既是一个威胁,又是一个机遇。为了成功应对环境变化带来的威胁并将威胁转化为机遇,企业需要根据环境的变化进行各种创新活动,创造新技术和新知识,因而在复杂的环境中,企业会拥有持久的竞争优势。在较低动态的环境中,组织资源、知识和能力的价值可以保持较长时间,因此企业可以从改进和利用其当前的知识中受益。然而在高度动态的环境中,先前的知识和竞争力很快就会过时,同时企业中大量的非结构性问题由于环境过快变化而层出不穷。环境的变化将破坏企业原有能力的价值,企业的竞争优势也难以再保持。此外,企业出于谨慎性考虑,会采取保守方式,减少创新活动。故而创新对企业绩效的促进作用会下降,甚至对企业绩效产生负向影响。故此,提出以下假设:

H3a:在环境动荡性的约束下,研发投入强度对企业绩效的影响存在门槛效应。当环境动荡性低于一定强度时,研发投入强度有利于企业绩效的提升,但是超过阈值后,研发投入强度对企业绩效的提升作用就不再显著。

H3b:在环境动荡性的约束下,专利申请数对企业绩效的影响存在门槛效应。当环境动荡性低于一定强度时,专利申请数有利于企业绩效的提升,

但是超过阈值后，专利申请数对企业绩效的提升作用就不再显著。

二、研究方法

1.样本和数据来源

样本企业的企业年龄、企业规模、资产负债率、独董比例、两职合一、机构持股比例、国有股比例、托宾 Q 值、研发投入、销售收入、行业属性等数据指标从 Wind、CSMAR、iFinD 数据库下载获得。从样本企业年报和国家知识产权局的专利检索网站获得专利申请数。因为门槛面板回归模型需要使用平衡面板数据，所以选择 2011—2015 年研发投入齐全的样本，得到 190 家创业板上市公司共 950 个观测值。

2.变量测量

（1）被解释变量：企业绩效。用托宾 Q 值（TQ）作为本次研究企业绩效的衡量指标，托宾 Q 值用企业市场价值与企业总资本的重置成本之比来表示。

（2）核心解释变量：研发投入强度、专利申请数。研发投入强度（RDI）的计算方式为企业研发投入金额/企业销售收入。专利申请数（*Panum*）较之授权数更能够代表企业的创新实力，因而在此使用专利申请数作为其衡量指标。

（3）门槛变量：研发投入强度、专利申请数、环境动荡性。研发投入强度和专利申请数既是本次研究的核心解释变量，也是本次研究的门槛变量，其测量方式如上文所述。对于环境动荡性（ENV）的测量方式，本次研究参考 Dess 等人（1984）的计算方法。先把时间作为自变量，将行业销售收入对时间进行回归，再把回归系数的标准差与面板前五年行业销售收入的平滑移动均值的比值作为环境动荡性的值。

（4）控制变量：企业年龄（Age），即研究年份与企业成立年份之间的差值；企业规模（Fsz），即企业总资产的对数；资产负债率（Debt），即负债总额和资产总额之间的比值；独立董事比例（Indepent），以独立董事占董事会人数的比重作为其衡量指标；两职合一（Ceodual），本文设置虚拟变量，如果董事长兼任 CEO 则取值为 1，否则取值为 0；机构持股比例（Institu），以机构股股数与总股数的比值来表示；国有股持股比例（State），以国有股股数与总股数的比率来表示。

3.门槛效应计量模型构建与方法说明

为了更好地研究研发投入强度和专利申请数对企业绩效的影响效应，使用 Hansen(1999)提出的门槛面板回归模型，以准确分析研发投入强度和专利申请数与企业绩效之间的关系。分别建立如式 6.2-1 和 6.2-2 所示的计量方程：

$$TQ_{it} = u_i + \alpha_1(RDI_{it} \leqslant \gamma) + \alpha_2 RDI_{it} \cdot I(RDI_{it} > \gamma) + \theta'X_{it} + \varepsilon_{it} \quad (6.2\text{-}1)$$

$$TQ_{it} = \mu_i + \beta_1 panum_{it} \cdot I(panum_{it} \leqslant \gamma) + \beta_2 panum_{it} \cdot I(panum_{it} > \gamma) + \varphi'X_{it} + \varepsilon_{it} \quad (6.2\text{-}2)$$

其中 i 代表企业，t 代表年份，TQ 代表企业绩效；$I(*)$ 代表示性函数，如果括号内的条件满足时，$I(*)$ 取 1，否则 $I(*)$ 取 0；RDI、$panum$ 为门槛变量，γ 为门槛值，α_1、α_2 和 β_1、β_2 分别表示研发投入强度、专利申请数小于和大于门槛值 γ 时，研发投入强度、专利申请数对企业绩效影响的估计系数。X 为控制变量集合，包括企业年龄（Age）、企业规模（Fsz）、资产负债率（Debt）、独立董事比例（Indepent）、两职合一（Ceodual）、机构持股比例（Institu）、国有股比例（State），θ 为相应的系数向量。μ_i 用于反映公司的个体效应，ε_{it} 为随机扰动项。下面以式 6.2-1 为例进行门槛效应的原理说明。

为了消除个体效应，则将观测值减去组内平均值，如 $TQ_{it}^* = TQ_{it} - \frac{1}{7}\sum_{i=1}^{T}TQ_{it}$，经过变换后的计量方程如式 6.2-3 所示：

$$TQ_{it}^* = \mu_i + \alpha_1 RDI^* \cdot I(R\&D \leqslant \gamma) + \alpha_2 RDI^* \cdot I(R\&D > \gamma) + \theta'X_{it}^* + \varepsilon_{it}^* \quad (6.2\text{-}3)$$

将方程（6.2-3）写成矩阵的形式，使模型简洁化：

$$TQ^* = X^*(\gamma)\alpha + \varepsilon^* \quad (6.2\text{-}4)$$

给定任意 γ，系数的最小二乘估计量（$\hat{\alpha}$）为：

$$\hat{\alpha} = [X^*(\gamma)'X^*(\gamma)]^{-1}X^*(\gamma)' \cdot TO^* \quad (6.2\text{-}5)$$

回归方程的残差平方和为：

$$SSE_1(\gamma) = \hat{\varepsilon}(\gamma)'\hat{\varepsilon}(\gamma) = TO^{*'}\{I - TO^*(\gamma)'[X^*(\gamma)'X^*(\gamma)]^{-1}X^*(\gamma)'\}TO^* \quad (6.2\text{-}6)$$

门槛值的估计量为:

$$\hat{\gamma} = \arg \min SSE_1(\gamma) \tag{6.2-7}$$

$$\hat{\sigma}^2(\hat{\gamma}) = \frac{1}{n(T-1)}\hat{\varepsilon}'(\hat{\gamma})\hat{\varepsilon}(\hat{\gamma}) = \frac{1}{n(T-1)}SSE_1(\gamma) \tag{6.2-8}$$

在得到所有参数的估计量后,需要对门槛模型使用的合理性进行检验,在此,需要进行两个检验。

检验①:门槛效应存在性检验。门槛效应存在性的原假设($H0$)为 $\alpha_1 = \alpha_2$,备择假设($H1$)为 $\alpha_1 \neq \alpha_2$,构建的统计量为:

$$QF_1 = \frac{SSF_0 - SSE_1(\hat{\gamma})}{\hat{\sigma}^2} \tag{6.2-9}$$

检验②:门槛的估计值与真实值是否相等。原假设($H0$)为:$\hat{\gamma} = \gamma_0$。构建的似然比统计量为:

$$LR_1(\gamma) = \frac{SSE_1(\gamma) - SEE_1(\hat{\gamma})}{\hat{\sigma}^2} \tag{6.2-10}$$

LR 统计量在满足特定的假定条件下,其渐进分布满足 $c(\alpha) = -2\log(1-\sqrt{1-\alpha})$。当 $LR_1 < c(\alpha)$ 时,接受原假设,否则,拒绝原假设,进而得到门槛估计值的置信区间。

另外,为了客观地揭示在环境因素的影响下,研发投入强度、专利申请数与企业绩效的关系,将环境动荡性作为门槛变量,更深入地研究研发投入强度、专利申请数与企业绩效的关系,构建如下模型:

$$TQ_{it} = u_i + \alpha_1 RDI \cdot I(ENV \leq \gamma) + \alpha_2 RDI \cdot I(ENV > \gamma) + \theta' X_{it} + \varepsilon_{it} \tag{6.2-11}$$

$$TQ_{it} = u_i + \beta_1 panum \cdot I(ENV \leq \gamma) + \beta_2 panum \cdot I(ENV > \gamma) + \varphi' Y_{it} + \varepsilon_{it} \tag{6.2-12}$$

根据以上方程设定,假定模型为单一门槛,多门槛模型的设定方式与单门槛设定类似,依次类推。

三、实证分析

1. 描述性统计

本次研究使用 stata14.0 进行实证分析。表 6-4 中各解释变量之间的相关系数都小于 0.5。基于方差膨胀因子(VIF)方法进行多重共线性诊断，检验结果显示，各解释变量的方差膨胀因子的均值为 1.07，且各解释变量的方差膨胀因子均小于 2，远远小于 10，故不存在多重共线性的问题。

表 6-4 变量的描述性统计及 pearson 相关性分析表

	均值	标准差	TQ	RDI	panum	ENV	age	fsz	debt	indepent	ceodual	institu	state
TQ	2.983	1.621	1.000										
RDI	0.180	1.189	-0.0640**	1.000									
Panum	10.545	15.036	0.0803**	-0.022	1.000								
ENV	0.012	0.005	-0.1823***	0.0971***	-0.0475	1.000							
Age	10.826	4.520	0.1402***	-0.0252	0.0505	-0.0794**	1.000						
Fsz	21.18	0.684	0.0063	-0.034	0.0389	-0.0064	0.0485	1.000					
Debt	0.242	0.153	0.0098	-0.0405	0.0918***	-0.1358***	0.2095***	0.3060***	1.000				
Indepent	0.378	0.057	0.0957***	-0.0406	-0.0957***	-0.0022	0.0036	-0.0884***	0.0334	1.000			
Ceodual	0.418	0.493	-0.0046	0.0621*	-0.0192	0.0237	0.0132	-0.0042	-0.0325	0.0491	1.000		
Institu	0.171	0.166	0.1144***	0.0603*	0.0661**	0.0479	0.1200***	0.1399***	0.0128	-0.0710**	0.0286	1.000	
State	0.010	0.058	-0.0668**	-0.0181	-0.0134	0.0398	0.0419	0.0605*	-0.0604*	-0.0542*	-0.0873**	0.1379***	1.000

注:N=950;*** 表示 $p<0.01$,** 表示 $p<0.05$,* 表示 $p<0.1$。

2.门槛效应检验

首先检验门槛效应的存在性(检验 1),使用自抽样法,得到 F 统计量的渐进分布和接受原假设的概率值。根据表 6-5,当研发投入同时作为核心解释变量和门槛变量时,研发投入强度的单一门槛、双重门槛和三重门槛效应均显著,所以选择三重门槛模型;当专利申请数同时作为核心解释变量和门槛变量时,专利申请数的单一门槛显著,而双重门槛和三重门槛不显著,所以选择单一门槛模型;当环境动荡性作为门槛变量,研发投入作为核心解释变量时,环境动荡性的单一门槛显著,而双重门槛不显著,所以选择单一门槛模型;当环境动荡性作为门槛变量,专利申请数作为核心解释变量时,环境动荡性的单一门槛和双重门槛显著,而三重门槛不显著,所以选择双重门槛模型。

表 6-5 门槛效应检验表

核心解释变量	门槛变量	模型	F 值	P 值	BS 次数	临界值		
						1%	5%	10%
研发投入强度	研发投入强度	单一门槛	9.868*	0.073	300	16.593	10.944	9.174
		双重门槛	12.603*	0.093	300	23.280	15.461	11.952
		三重门槛	5.801*	0.057	300	10.517	6.497	4.368
专利申请数	专利申请数	单一门槛	5.311**	0.017	300	7.472	3.950	2.803
		双重门槛	1.687	0.223	300	7.896	4.792	3.289
		三重门槛	2.790	0.190	300	12.440	7.700	4.298
研发投入强度	环境动荡性	单一门槛	8.471**	0.037	300	13.684	7.610	6.062
		双重门槛	4.910	0.113	300	17.932	9.670	5.842
		三重门槛	28.674**	0.013	300	29.675	15.455	11.606
专利申请数	环境动荡性	单一门槛	7.196*	0.083	300	17.934	10.714	5.884
		双重门槛	13.988***	0.003	300	10.525	6.832	4.520
		三重门槛	4.049	0.123	300	10.383	6.565	4.499

注:*** 表示 $p<0.01$,** 表示 $p<0.05$,* 表示 $p<0.1$。

3.门槛估计值及置信区间

然后,再检验门槛估计值是否有效(检验 2)。根据表 6-6,当研发投入强度同时作为核心解释变量和门槛变量时,研发投入强度的第一门槛值为0.008,第二门槛值为0.032,第三门槛值为0.051,对应的置信区间分别为[0.003,0.122]、[0.003,0.013]和[0.032,0.052],门槛估计值有效;当专利申请数同时作为核心解释变量和门槛变量时,专利申请数的门槛值为13,其对应的置信区间分别为[1,40],门槛估计值有效;当环境动荡性作为门槛变量,研发投入强度作为核心解释变量时,环境动荡性的门槛值为0.007,对应的置信区间为[0.003,0.018],门槛估计值有效;当环境动荡性作为门槛变量,专利申请数作为核心解释变量时,环境动荡性的第一个门槛值为0.006,第二个门槛值为0.011,对应的置信区间分别为[0.003,0.008]和[0.009,0.018],门槛估计值有效。

表 6-6　门槛估计值与置信区间表

核心解释变量	门槛变量	模型	门槛值	置信区间
研发投入强度	研发投入强度	单一门槛模型	0.052	[0.003,0.122]
		双重门槛模型		
		Ito1	0.008	[0.003,0.122]
		Ito2	0.051	[0.032,0.052]
		三重门槛模型	0.032	[0.003,0.013]
专利申请数	专利申请数	单一门槛模型	13.000	[1.000,40.000]
		双重门槛模型		
		Ito1	15.000	[2.000,40.000]
		Ito2	13.000	[2.000,13.000]
		三重门槛模型	2.000	[1.000,10.000]
研发投入强度	环境动荡性	单一门槛模型	0.007	[0.003,0.018]
		双重门槛模型		
		Ito1	0.013	[0.003,0.018]
		Ito2	0.013	[0.006,0.017]
		三重门槛模型	0.013	[0.013,0.013]

续　表

核心解释变量	门槛变量	模型	门槛值	置信区间
专利申请数	环境动荡性	单一门槛模型	0.006	[0.003,0.018]
		双重门槛模型		
		Ito1	0.011	[0.009,0.018]
		Ito2	0.006	[0.003,0.008]
		三重门槛模型	0.016	[0.003,0.018]

4. 门槛回归的参数估计及实证结果分析

根据表 6-7，当研发投入强度小于等于 0.008 时，研发投入强度显著正向影响企业绩效（$\beta=97.5510$）；当研发投入强度处于 [0.008,0.032] 时，研发投入强度显著正向影响企业绩效（$\beta=17.3604$）；当研发投入强度处于 [0.032,0.051] 时，研发投入强度显著正向影响企业绩效（$\beta=7.5194$）；当研发投入强度大于 0.051 时，研发投入强度对企业绩效的影响不再显著（$\beta=0.0147$），研发投入强度对企业绩效的影响呈现边际效率递减规律。当研发投入强度在 0.051 以下时对企业绩效影响显著，即研发经费与销售收入的比例小于等于0.051，研发投入强度显著正向促进企业绩效的提升；而超过 0.051 时，研发投入强度对企业绩效的提升作用便不再显著。研发投入强度对企业绩效的影响是复杂的非线性关系，存在门槛效应，故假设 H1 成立。企业进行研发活动，可以有效生产新知识和新技术，随着研发投入的进一步提高，可以将新知识和新技术转化为新产品，同时，在研发过程中可以捕捉到市场需求，快速创新产品，进而提高企业绩效。超过一定的门槛值，研发投入的再增加，因为边际效用递减规律及占用其他资源，不再能够显著促进企业绩效的增长。

根据表 6-7，当专利申请数小于等于 13 时，专利申请数显著正向影响企业绩效（$\beta=0.0261$）；当专利申请数大于 13 时，专利申请数对企业绩效的提升作用不再显著（$\beta=0.0039$）。专利申请数对企业绩效的影响是复杂的非线性关系，存在门槛值，故假设 H2 成立。专利作为企业的知识产权，能够给企业带来竞争优势，获得垄断利润，在一定程度上可以提高企业绩效，然而随着专利数量的增加，当超过一定的门槛值时，专利数量的再增加，不能再显著提升企业绩效。专利加速化陷阱理论指出，一方面由于单纯追求过快的专利数量增长,而忽略专利质量,就会出现专利质量良莠不齐的现象,对企业绩效的提升作用大大降低;另一方面过快的技术产品更新,可能超过了消费者的接受能力,将导致创新市场达到饱和状态,消费者持观望甚至抵制态度,不利于企业利润的增长。同时,过多专利产品的转化导致其他方面的资金运转困难,不会给企业带来显著的绩效提升。

表 6-7　研发投入强度、专利申请数与企业绩效的门槛回归结果表

研发投入强度	系数	P 值	专利申请数	系数	P 值
RDI≤0.008	97.5510***	0.000	*panum*≤13	0.0261**	0.032
0.008<RDI≤0.032	17.3604***	0.000	*panum*>13	0.0039	0.318
0.032<RDI≤0.051	7.5194***	0.001	—	—	—
RDI>0.051	0.0147	0.669	—	—	—
Age	0.5968***	0.000	Age	0.6057***	0.000
Fsz	0.3530***	0.000	Fsz	0.4092***	0.000
Debt	−1.9589***	0.000	Debt	−2.0243***	0.000
Indepent	−1.8354	0.106	Indepent	−2.0282*	0.077
Ceodual	0.2206*	0.077	Ceodual	0.1923	0.126
Institu	2.2369***	0.000	Institu	2.1007***	0.000
State	0.3833	0.607	State	0.3703	0.617
R^2	0.4832	—	R^2	0.4709	—
F	63.6700***	0.000	F	74.2700***	0.000

注:*** 表示 $p<0.01$,** 表示 $p<0.05$,* 表示 $p<0.1$。

根据表 6-8,在环境动荡性的约束下,当环境动荡性小于等于 0.007 时,研发投入强度显著正向影响企业绩效($\beta=7.1157$);当环境动荡性大于 0.007 时,研发投入强度对企业绩效的无显著促进作用甚至出现负向影响($\beta=-0.0094$)。因此,环境动荡性会影响研发投入强度与企业绩效之间的非线性关系,当环境动荡性高于门槛值时,研发投入强度不能够显著促进企业绩效的提升,假设 H3a 成立。在环境动荡的情况下,企业不能够利用现有的知识获得持续的竞争优势,需要进行创新活动。环境的动荡会带动企业的创新行为,进而提高企业绩效,然而当环境变化过快时,就会给企业带来大量的非结构性问题,企业内部知识的折旧速率也会加快,此时研发投入

强度不能够显著提高企业绩效。

根据表6-8,在环境动荡性的约束下,当环境动荡性小于等于0.006时,专利申请数显著促进企业绩效的提升(β=0.0123);当环境动荡性处于[0.006,0.011]时,专利申请数显著负向影响企业绩效(β=−0.0094);当环境动荡性大于0.011时,专利申请数对企业绩效的影响不再显著(β=0.0058)。因此,环境动荡性会影响专利申请数与企业绩效之间的非线性关系,当环境动荡性高于一定的门槛值时,专利申请数不能够显著促进企业绩效的提升,假设H3b成立。在环境动荡的情况下,企业现有的知识存量不足以应对环境变化导致的知识折旧及其对自身竞争优势的破坏,要想保持竞争优势,必须快速进行创新政策的调整。然而当环境变化过快时,企业会迎来大量非结构性问题,企业内部知识的折旧速率也会加快,此时,专利的竞争优势不能够弥补专利维持费及专利产品开发等费用,专利申请数反而会有损企业绩效。当环境动荡很快时,企业管理者会采取一些相应的措施,故而此时的专利申请数虽然不能显著提升企业绩效但也不会显著负向影响企业绩效。

表6-8　环境动荡性约束下研发投入强度、专利申请数与企业绩效的门槛回归结果表

研发投入强度	系数	P 值	专利申请数	系数	P 值
ENV≤0.007	7.1157**	0.010	ENV≤0.006	0.0123**	0.034
ENV>0.007	−0.0094	0.784	0.006<ENV≤0.011	−0.0094**	0.028
—	—	—	ENV>0.011	0.0058	0.105
Age	0.5817***	0.000	Age	0.6144***	0.000
Fsz	0.3803***	0.000	Fsz	0.3898***	0.000
Debt	−1.8027***	0.000	Debt	−1.9150***	0.000
Indepent	−1.9044	0.096	Indepent	−2.1797*	0.055
Ceodual	0.1859	0.138	Ceodual	0.1839	0.140
Institu	2.1468***	0.000	Institu	2.2044***	0.000
State	0.4739	0.529	State	0.4245	0.562
R^2	0.4724	—	R^2	0.4798	—
F	74.7100***	0.000	F	69.1800***	0.000

注:*** 表示 $p<0.01$,** 表示 $p<0.05$,* 表示 $p<0.1$。

四、研究结论及启示

基于 2011—2015 年我国创业板上市公司的面板数据,使用 stata14.0,采用门槛面板回归模型,研究技术创新的绩效作用机制。得到的主要结论包括:

第一,研发投入强度对企业绩效的影响是非线性的复杂关系,存在门槛效应,并呈现边际报酬递减规律。总的来说,当研发投入强度即研发资金投入占企业销售收入的比例小于 0.051 时,可以显著促进企业绩效的提升;但是当比例超过 0.051 后,研发投入对企业绩效的提升作用不再显著。这与韩先锋等(2018)的研究结论一致,即存在一个临界值,当超过这个临界值时,研发投入便不能够再提高企业绩效。研发投入对绩效的促进作用存在一个度,当其研发投入水平超过一定强度时,其他方面的资源投入便会由于研发投入的挤占而不足,于是产生较高的机会成本,因此,过高的研发投入并不能够继续促进企业绩效的提升。企业在进行研发活动时,不能盲目投入过多,过犹不及,要把握好度,确保有限的资金发挥最大效用。

第二,专利申请数对企业绩效的影响是非线性的复杂关系,存在门槛效应。总的来说,作为技术创新重要产出的专利可以为企业带来竞争优势,提高企业绩效,但是当每年的专利申请数超过 13 后,专利数量的增加不再能显著促进企业绩效的提升。专利申请数对企业绩效的提升作用的最优值为 13。这推进了李强等(2016)引入专利数量的二次项得出专利数量与企业绩效之间是复杂的非线性的研究。李强等(2016)首次使用门槛回归模型得出专利对企业绩效影响的非线性关系,并精确地得到每年专利申请数的门槛值,验证了专利的竞争优势理论和专利的加速化陷阱理论。企业不能够盲目追求专利数量,专利数量过多并不能够提升企业绩效,而是要保证专利数量的合理性,注重专利质量,保证效益最大化。

第三,环境动荡性会影响技术创新与企业绩效之间复杂的非线性关系。总的来说,在环境动荡性较低的情况下,技术创新能够显著提升企业绩效,而当环境动荡性超过一定强度后,技术创新对企业绩效不再有显著促进作用。当环境动荡性小于等于 0.007 时,即当行业销售收入与时间的回归系数的标准差与面板前五年行业销售收入的平滑移动均值的比值小于等于 0.007 时,研发投入能够显著促进企业绩效的增长;当环境动荡性小于等于

0.006，即当行业销售收入与时间的回归系数的标准差与面板前五年行业销售收入的平滑移动均值的比值小于等于 0.006 时，专利申请数对企业绩效有显著正向促进作用。此次研究首次使用门槛面板回归技术，进一步推进了环境动荡性对技术创新与企业绩效之间关系的影响的研究，可以看出，一定程度的环境变化会激励企业从事创新活动以保持企业竞争优势，然而过快的环境变化，则会加速企业内部知识的折旧速率，出现大量非结构性问题，不利于企业绩效的提升。

　　从企业角度来说，企业应该积极进行创新活动，根据不同的投资机会决定最优的研发支出，追求专利产出，但是要保证数量的合理性，不能盲目单纯追求数量，要维持企业的竞争优势。同时，企业不可避免地会受到外部环境的影响，需要时刻关注行业环境的变化，未雨绸缪，根据环境的变化及时调整企业的创新策略，抓住机遇，规避风险，合理配置企业资源，以期获得更多的利润。从政府角度来说，政府需要制定合适的科技创新政策，给企业创新提供一个良好的外部环境，激发企业创新的积极性，积极引导企业进行理性的创新活动，保证创新的收益最大化，提高企业利润，并带动国家经济发展，提高整个国家的创新实力。

第七章 本书结论、应用启示与创新价值

第一节 本书结论

新兴技术创新所呈现的诸多生态特征暗含新兴技术创新的动力源泉与动力机制,也应该区别于传统技术创新,但对此的理论回应明显滞后于新兴技术发展进程,特别是对新兴技术创新来自企业组织内部的生态动力枢纽,鲜有揭示。本书拓展并融合资源基础与网络嵌入两种创新观,揭示新兴技术创新的组织内生态动力机制:知识/研究者双重资源多样性和知识/合作双模网络结构对新兴技术创新绩效的独立效应、交互效应与整合效应。

一、新兴技术创新组织内生态动力实证研究结论

1.新兴技术创新组织内生态动力源泉实证研究结论

以新兴技术创新数量为被解释变量的检验结果表明:在知识动力源泉方面,知识多样性与新兴技术创新数量呈倒 U 形关系,知识网络结构洞与新兴技术创新数量显著负相关,而知识网络中心势与新兴技术创新显著正相关;在研究者动力源泉方面,研究者多样性与新兴技术创新数量呈倒 U 形关系,合作网络结构洞和新兴技术创新数量显著负相关,而合作网络中心势则与新兴技术创新数量显著正相关。以新兴技术创新质量为被解释变量的检验结果表明:在知识动力源泉方面,知识多样性与新兴技术创新质量正相关,知识网络结构洞与知识网络中心势和新兴技术创新质量都显著负相关;在研究者动力源泉方面,研究者多样性与新兴技术创新质量呈倒 U 形关系,合作网络中心势与新兴技术创新质量显著负相关,但合作网络结构假设检验数未通过显著性检验。以新兴技术创新绩效(数量与质量的乘积项)

为被解释变量的检验结果表明：在知识动力源泉方面，知识多样性与新兴技术创新绩效也呈倒 U 形关系，知识网络结构洞与新兴技术创新绩效显著负相关，而知识网络中心势与新兴技术创新绩效正相关；在研究者动力源泉方面，研究者多样性与新兴技术创新绩效呈倒 U 形关系，合作网络中心势与新兴技术创新绩效也呈倒 U 形关系，但是合作网络结构洞与新兴技术创新绩效的负相关关系未通过假设检验。

2.新兴技术创新组织内生态动力机制实证研究结论

以新兴技术创新绩效为被解释变量、相关变量的乘积项作为解释变量的检验结果表明：在知识动力机制方面，知识多样性与知识网络中心势之间在新兴技术创新中具有正向交互效应，而知识多样性与知识网络结构洞之间在新兴技术创新中具有负向交互效应。说明知识网络中心势在知识多样性与新兴技术创新绩效的倒 U 形关系中，起着正向调节作用，知识网络中心势促进了知识多样性的创新功效；而知识网络结构洞则在知识多样性与新兴技术创新绩效的倒 U 形关系中，起着负向调节作用，知识网络结构洞抑制了知识多样性的创新功效。在研究者动力机制方面，研究者多样性和合作网络中心势之间在新兴技术创新绩效中，具有正向交互效应。研究者多样性和合作网络结构洞具有负向交互效应的理论假设，却没有得到验证。

3.新兴技术创新组织内生态动力系统实证研究结论

结构方程模型检验结果（见表 7-1）表明：在"团队—知识"驱动效应方面，"研究者多样性→知识多样性""研究者多样性→知识网络结构洞"的路径系数显著为正，表明研究者多样性越丰富，知识多样性也会越丰富，知识网络结构洞也越多，但是"研究者多样性→知识网络中心势"的路径系数不显著；"合作网络结构洞→知识多样性""合作网络结构洞→知识网络结构洞"的路径系数显著为正，表明合作网络结构洞越多，知识多样性越丰富，知识网络结构洞也越多，但是"合作网络结构洞→知识网络中心势"的路径系数检验却不显著；"合作网络中心势→知识多样性"的路径系数显著为负，说明合作网络中心势越高，将会遏制知识多样性；"合作网络中心势→知识网络中心势"的路径系数显著为正，说明合作网络中心势越高，知识网络中心势也越高；"合作网络中心势→知识网络结构洞"的路径系数检验却不显著。

综合来看,团队动力通过知识动力的中介作用,对新兴技术创新绩效既具有积极影响,又具有消极影响。研究者多样性通过知识多样性的中介作用,对新兴技术创新绩效具有积极影响;研究者多样性通过知识网络结构洞的中介作用,对新兴技术创新绩效又具有消极影响。综合来看,研究者多样性通过知识动力对新兴技术创新绩效的综合影响是消极的,为－0.0152。通过同样方法计算的网络结构洞和合作网络中心势,通过知识动力的中介作用对新兴技术创新绩效的综合影响,分别为－0.0094与－0.0073。这一结论说明,基于知识动力的中介作用路径,团队动力对新兴技术创新绩效的间接影响是消极的。整合团队动力对新兴技术创新绩效的直接效应和间接效应,团队动力对新兴技术创新的整合影响系数为0.0648。在"团队—知识"交互效应方面,研究者多样性与知识多样性的交互效应检验显著。在研究者多样性更高时,知识多样性对新兴技术创新绩效的作用显著增加,表现为知识多样性和新兴技术创新绩效的倒U形关系曲线上移,正向影响部分的斜率增加;反之,在知识多样性更高时,研究者多样性对新兴技术创新的积极作用也将被强化。

表 7-1　实证研究结论表

	动力维度	新兴技术创新绩效		
		数量	质量	数量×质量
独立效应	知识多样性	倒U形	倒U形	倒U形
	研究者多样性	倒U形	倒U形	倒U形
	知识网络结构洞	负相关	负相关	负相关
	知识网络中心势	正相关	负相关	正相关
	合作网络结构洞	负相关	负相关	负相关
	合作网络中心势	正相关	负相关	倒U形
交互效应	交互项	新兴技术创新绩效		
	知识多样性×知识网络中心势	正向交互效应		
	知识多样性×知识网络结构洞	负向交互效应		
	研究者多样性×合作网络中心势	正向交互效应		
	研究者多样性×合作网络结构洞	负向交互效应		

续　表

	交互效应	研究者多样性×知识多样性	正向交互效应	
整合效应	驱动效应		知识多样性	知识网络结构洞	知识网络中心势
		研究者多样性	正相关	正相关	负相关
		合作网络结构洞	正相关	正相关	负相关
		合作网络中心势	负相关	负相关	正相关

注:阴影部分为未通过假设检验。

二、中美企业新兴技术创新组织内生态动力比较实证研究结论

1. 中国企业样本新兴技术创新的总体水平显著落后于美国企业样本

对中美企业样本新兴技术创新绩效的主要变量、定量比较分析结果表明:①基本情况比较。实证研究结果表明,新兴技术创新领域,中国企业与美国企业在总体实力上差距较大,美国企业无论是在研发投入绝对值方面还是在研发/销售比重方面,都显著高于中国企业样本。在发明专利总数方面也同样如此,美国企业样本要显著领先于中国企业。在新兴技术研发经验方面,美国企业进入新兴技术领域的研发,要比中国企业样本平均早 3 年左右。根据对中美新兴技术创新企业样本的基本情况分析可以看出,美国企业样本在企业实力、研发重视程度以及研发成效上都比中国企业更胜一筹,中国企业在新兴技术领域的创新进程处于后发地位。②新兴技术发明专利数量比较。中国企业样本均值为 12.07,美国企业样本均值为 13.52,美国企业在新兴技术发明专利的数量上,要显著高于中国 1.5 个左右。但是,在新一代信息技术、新能源技术、新能源汽车 3 个技术领域,中国企业的发明专利数量平均要高于美国企业样本,而在其他 4 个技术领域,则显著低于美国企业样本。这反映了中国企业在新一代信息技术领域近些年的快速发展,特别是技术发明在数量上已经可以与美国同类企业相媲美,甚至有所超越。③新兴技术发明专利质量比较。中国企业样本均值为 6.68,意味着发明专利平均存续 6.68 年,而美国企业样本均值为 8.51 年,发明专利平均存续年数要比中国企业高出将近 2 年。其中,除了新能源汽车领域的发明专利平均存续年数比美国企业样本要高之外,其他 6 个领域的新兴技术发

明专利质量,全部显著地低于美国企业样本。这组数据进一步验证了中国企业新兴技术创新在获得发明专利数量上快速突破,但新兴技术创新的质量仍然存在瓶颈,亟待产业界与政府的重视。

中国企业新兴技术创新水平显著落后于美国企业,是符合两国产业经济发展基本历史进程和演进趋势的。总体上看,美国作为基础科学领域与尖端科技的全球领导者,自从 20 世纪初就开始引领全球技术发展。21 世纪伊始,美国在新一代信息技术、生物医药技术、新能源技术,以及一系列先进制造技术等领域快速发展,领先优势进一步扩大。而中国企业新兴技术发展则始发于 20 世纪 90 年代,特别是最近 10 年左右发展快速。与美国相比,新兴技术创新水平的历史进程差异巨大,中国企业远远落后于美国企业。从历史的眼光来看,中美两国企业在新兴技术创新中的差距是巨大的、长期的、符合两国基本创新地位的。

进一步考察中美两国新兴技术创新水平在宏观层面上的原因,总体上存在两个根本原因:一是两国基础科学的积累水平具有显著差异。多年以来,基础科学创新的薄弱成为中国高精尖技术创新的瓶颈,是学界围绕中国企业技术创新达成的基本共识之一。相比于中国,美国在基础科学领域的投入巨大、持续时间长。在长达数十年之久的知识创新战略引导下,美国企业特别是新兴技术创新企业取得了非凡成就,强大的基础科学积累为新兴技术创新的"临门一脚"提供了十分雄厚的知识支撑。二是美国在产学研合作上形成了十分强大的知识创新与技术创新机制。雄厚的知识积累是如何转化为引领全球的高科技产品进而实现商业成功的?这取决于实验室里的知识转化为市场的一整套机制,特别是独特的产学研合作机制。美国产学研合作的显著特征是构建了高度专业化基础上的创新链与价值链双向协作机制。按照 STPB 范式的创新链,美国在科学发明(Science Invention)、科技创新(Technology Innovation)、产品开发(Products Development)以及商业模式创新(Business Model Innovation)等四个领域,实现了高度专业化。科学家专注于实验室内的基础科学研究与发明,这种基础科学研究既有可能瞄准具有前瞻性的市场需求,也存在不少纯粹的科学探索,二者相互促进实现知识创新。企业研发人员一方面以市场需求为导向,突破核心技术,进行科技创新,并形成数量众多、规模庞大的科技创新机构,这些机构以明确的现实需求为导向,专注攻克重大核心共性技术;另一方面,企业研发人员以中短期内已渐成规模的市场需求为导向,将核心科技创新转化为新产品,实现产品创新,而具有商业创新精神的企业家,则将产品扩散至全球以实现其商业价值。价值链层面,由于专业化的分工,创新链各个环节得以高效率完成,从而创造出更加丰富的商业价值。这种商业价值通过逆向的市场化传递机制,在商业企业家、企业研发人员以及科学家之间有效分配,激励创新链各个环节的创新效率。

正是这种基于高度专业化的创新链与价值链双向协同机制,美国一大批科学家型企业家不仅仅在新兴技术创新上取得了非凡成就,同时也在全球市场上取得了巨大优势。譬如制药领域的全球领军企业辉瑞,其背后真正的控制权就掌握在几位科学家手中。事实上,美国几乎所有的创新驱动型跨国公司,其背后都有一群能够分享丰厚商业价值的科学家队伍作为支撑。除了基础科学领域的雄厚基础与产学研合作的独特机制之外,美国长期以来形成的国家创新战略、制度(如知识产权制度)与氛围(如车库创新创业文化)等,也更进一步地强化了基础科学与产学研合作机制优势的发挥。与此相比,中国基础科学领域研究的积累相当薄弱,产学研专业化程度不高,网络合作的机制还没有打通,与此相关的一系列宏观创新组织体系、制度安排与创新氛围仍在不断探索中。在此背景下,中美两国在新兴技术创新领域的差距自然巨大,甚至有更进一步拉大的趋势。所幸的是,中国政府和企业逐渐地意识到了这一战略性问题,近年来从中央和地方、国企和民企、科学家和企业家等层面,正在开启一场意图明确、影响深远的创新战略,以实现对欧美国家的技术追赶乃至赶超。

2.美国企业样本的组织内生态资源基础具有更丰富的多样性特征

对中美企业样本新兴技术创新的组织内生态动力基础(生态资源基础与生态网络秩序)定量比较分析结果表明:在知识多样性方面,美国企业在知识丰富性、知识异质性或者知识动态性等构成的知识生态资源基础方面,更具多样性特征。其中,在高端装备制造技术、新能源技术以及新材料技术这3个新兴技术领域中,中国企业样本的知识多样性与美国企业样本程度相当或者略有超出,而在新一代信息技术、生物制药技术、新能源汽车以及节能环保技术等4个领域,中国企业样本的知识多样性程度,要显著低于美国企业样本。可以看出,新兴技术领域的中国企业样本,其知识多样性在总体上要低于美国企业样本。在研究者多样性方面,在新一代信息技术、生物制药技术、高端装备制造技术、新能源汽车,以及节能环保技术等 5 个新兴技术领域,美国企业样本的研究者多样性要显著高于中国企业样本;在新能源技术领域的中美企业样本中,中国企业样本显著高于美国企业样本;而在新材料技术领域,中美企业样本相当。总体上看,美国企业样本的研究者多样性也要高于中国企业样本,但是在部分新兴技术领域,中国企业研究者多样性具有一定优势。

中美两国新兴技术创新中研究者多样性的显著差异,具有深刻的多层次影响因素。首先,中美两国新兴技术企业在组织生命周期上存在明显不同。如前所述,美国新兴技术企业的持续期要显著高于中国企业,美国企业在新兴技术领域的创新经验也更加丰富。相比之下,中国企业在新兴技术领域的创新活动,历史积累相对欠缺,还处在进入初期的探索阶段。这一基本格局决定了中美两国企业在新兴技术创新领域的知识积累特征显著不同。美国企业凭借十分丰富和雄厚的基础科学研究积累,得以在诸多科学领域之间建立联系,创造更加丰富和多元的新知识;而中国企业在新兴技术领域的学科结构相对单一、切入点选择余地有限,企业在新兴技术领域的创新能力薄弱,导致不论是知识基础还是新创知识都受到诸多局限,所以在知识多样性上与美国企业差异显著。其次,企业所处创新生命周期的不同使得企业在创新策略上的选择偏好有所差异。根据 Gartner (2015)对新兴技术发展周期的研究结论,随着企业生命周期由“初创—成长—稳定—衰退—再创业”的演进,企业的技术创新策略存在由“利用创新”向“探索创新”的转变现象。显而易见,美国企业在探索性策略的使用程度上要高于中国企业。从本书对知识动态性指标的考察上看,正是体现了这一差异。相比之下,美国企业在新知识的获取,知识的迭代更替和动态选择上要比中国企业更快。这符合美国企业生命周期的基本特征,也符合美国企业引领新兴技术创新的策略选择。最后,中美两国企业在新兴技术创新领域知识多样性的差异,也体现了一定的文化差异。长久以来,美国企业特别是新兴技术领域的企业,形成了十分浓厚的原始创新氛围,而中国企业在新兴技术领域则更多地表现为追随和模仿。原创和模仿的直接结果,便是知识裂变与创造的速度与强度都显著不同。这在很大程度上造就了中美两国企业在新兴技术领域知识多样性上的差异。

3.中美新兴技术企业样本的组织内生态网络秩序呈现结构性差异

通过对中美新兴技术企业样本的实证比较研究发现,中美新兴技术企业的组织内生态网络秩序(包括知识网络结构洞与中心势,合作网络结构洞与中心势)呈现结构性差异。具体而言,在知识网络结构洞方面,除了生物制药技术领域和新能源汽车两个领域之外,美国企业样本的知识网络结构洞都显著高于中国企业样本。说明在美国企业样本的知识网络中,知识元素节点之间的联结非均衡程度更高,存在更多的节点承担着其他节点之间的桥梁角色。在知识网络中心势方面,中美企业样本基本相当,说明中美两国企业在新兴技术创新中都比较等同程度地专长于某些特定知识领域。中美企业在新兴技术创新中所呈现的知识网络结构差异,主要是两国企业及其技术创新生命周期所处阶段的差异所致。如前所述,美国企业新兴技术创新积累丰富、经验更久,知识资源多样性要高于中国企业样本。更加丰富的知识种族、更强的知识异质性以及更加动态的知识更迭必然会出现部分知识节点之间缺少联结,从而产生更多的结构洞。而中国企业相对有限的知识元素节点之间,则更能产生相互联结从而减少知识网络结构洞。中美两国企业样本组织内部的知识网络中心势大体相当,说明新兴技术创新企业在生命周期的不同时段,都需要一定程度地依赖部分知识领域(即知识专长),这一策略不论是对创新积累和经验更加丰富的美国新兴技术创新企业,还是积累相对薄弱、经验相对欠缺的中国企业而言,都同样适用。

在合作网络结构洞方面,中美两国企业样本也基本相当;合作网络中心势方面,在生物制药技术、高端装备制造技术、新能源技术以及新能源汽车技术4个领域,美国企业样本都显著高于中国企业样本。中美两国企业组织内部合作网络所呈现的结构性差异,与知识网络方面则恰恰相反。在知识网络结构洞方面中美两国存在差异,而合作网络结构洞基本相当;在知识网络中心势方面中美两国基本相当,而合作网络中心势则存在显著差异。中美企业合作网络中心势方面的差异表明,相比于中国企业样本,美国企业样本中组织内部的研发团队"精英策略"倾向更加鲜明,而中国企业样本更倾向于"人海策略"。这与中美两国企业在创新团队构建和研发人员培养方面的积累基础和组织方式不同有很大关系。相比于中国企业,美国企业创新团队的跨组织边界现象更加显著,不少对企业创新工作具有实质性甚至决定性贡献的科学家和研发人员,处于企业组织外部、采用相对松散的合作方式所构建的创新网络中。这使得美国企业得以在更大范围内搜寻创新专家,从而更有可能与更高水平的专家进行合作——科学精英的存在,使得合作网络中心势更高。与此相反,中国企业的研发团队更多地局限在组织内部,创新团队的可选范围就受到了限制,合作网络中心势相对自然较低。这一结论,对中国企业构建新兴技术创新团队具有重要启示,即打破企业研发组织边界,从更加广阔的科学领域搜寻创新专家,除了雇佣之外还可以采用更加多元的创新网络关系机制,来构建网络化创新团队。

4. 中美企业新兴技术创新的组织内生态动力源泉显著不同

以中美两国企业样本的新兴技术创新数量、质量和二者乘积所代表的总体创新绩效为被解释变量的分组回归结果表明:①中国企业样本新兴技术创新的动力源泉更加复杂。相比于中国企业样本,美国企业样本的生态资源基础与生态网络秩序对新兴技术创新绩效的解释力更强(虽然回归系数小于中国企业样本)。这说明中国企业新兴技术创新绩效的影响因素更加复杂。这与中国企业在新兴技术创新中的"新兴"特征紧密相关。与美国企业相比,中国企业在新兴技术领域所处的情境更加动荡和不确定,影响因素从而更加复杂和多元,具有更加鲜明的生态特征属性。而美国在新兴技术创新领域中已经步入了相对稳定、动力较为明确的阶段。②生态网络秩序与生态资源基础的创新贡献差异。美国企业样本更多地来源于生态网络秩序,而中国企业样本则更多地来源于生态资源基础。说明中国新兴技术企业的创新绩效主要来源于知识和研究者这两种创新资源的多样性,而美国新兴技术企业则更有可能取决于这些创新资源是如何组织的;可以看出,中美企业新兴技术创新绩效的差异,可能更多地来源于创新资源基础的多样性,而资源如何组织的即生态网络秩序对绩效差异的影响会更小。③知识动力与研发团队动力的差异。无论是新兴技术创新数量还是新兴技术创新质量,美国企业样本都更多地来源于知识动力,而中国企业样本则更多地来源于研发团队动力。究其原因,主要是中美两国所处技术创新生命周期的差异。处于初始阶段的中国企业新兴技术创新,在知识积累相对薄弱的条件下,关键研发团队的构建就是决定性的。而经过多年积累和探索,知识在组织中积累、存储和转化,企业技术创新对研发团队的依赖会在一定程度上有所降低,这正是美国企业所呈现的情况。

中美两国新兴技术创新动力源泉的差异,蕴含着十分丰富的新兴技术创新策略启示。中美两国企业样本新兴技术创新的动力源泉,中国企业样本更加依赖生态资源基础,而美国企业更加依赖生态网络秩序。这意味着,中国企业新兴技术创新要寻求绩效突破,首先应该通过获取、蓄积并创造更具生态多样性的创新资源基础,其次要在组织内部构建相匹配的生态网络秩序。中国企业新兴技术创新绩效更多地来源于研究者动力源泉,意味着构建更高质量和水平的研发团队是先决之举。

第二节 新兴技术创新的策略与战略启示

一、新兴技术创新的团队动力机制优化策略

根据研究结论,研究者多样性与新兴技术创新绩效呈倒 U 形关系,意味着企业要在适度范围内促进研究者多样性,并且在企业成长的不同阶段围绕情境因素动态去调整研究者多样性,以匹配企业新兴技术创新的多层次情境特征。企业进行新兴技术创新要建立数量丰富的研究者队伍,多元化的价值观、能力结构与创新动机,研发团队的人员流动与项目组织要维持一定水平的动态性。

1.团队动力机制的主要参数

在企业研发实践中,研究者多样性是成本收益均衡框架下的理性选择。收益方面,根据实证研究结论,研究者多样性在 13—15 时,新兴技术创新绩效达到最高水平。这意味着研究者丰富性、异质性与动态性的乘积,为13—15。综合考虑新兴技术领域研究者的获取成本、人力成本,以及管理成本,新兴技术研发团队搭建的基本参数为:①按照发明专利数量平均 9 人左右的研发团队,其中领军型研究者 1 位、骨干型研究者 3 位、操作型研究者 5位;②研究者异质性水平为 2.43,精英型研究者平均发明专利 8 项左右,骨干型研究者平均发明专利 4 项左右,操作性研究者平均发明专利 1 项左右;③研究者动态性水平为 0.6,即每项发明专利的研究者变更 60% 左右。

在适度范围内,提高合作网络中心势可以增进新兴技术创新绩效,这个

度取决于合作网络中心势与新兴技术绩效倒 U 形关系的最优值。可以根据倒 U 形函数计算出合作网络中心势的最优值,根据样本数据计算结果,这个值为 17.58。根据实证研究结论,研究者多样性与合作网络中心势对新兴技术创新绩效的影响具有正向交互效应。因此,合作网络中心势可以取此最优值,来达到相对最优的新兴技术创新绩效。合作网络结构洞方面,由于合作网络结构洞与新兴技术创新数量负相关,而与新兴技术创新质量以及新兴技术创新绩效都未通过显著性检验,因此,适度控制合作网络结构洞,在当前的理论框架下是合理的。按照 Chunlei 等(2014)以研究者作为样本,对研究者个体的合作网络结构洞与探索性创新绩效呈正相关的结论,合作网络结构洞有助于新兴技术创新质量的提升。因此,合作网络结构洞在理论上与新兴技术创新绩效呈倒 U 形关系。但是,由于本研究的样本数据不支持这一假设,故难以根据样本数据确定合作网络结构洞的最优值。

2. 团队动力机制优化策略选择

研究者多样性优化方面:①研究者丰富性策略。企业在新兴技术创新时围绕研究者数量的建设,存在"人海策略"抑或是"精英策略"的困惑。"人海策略"指在一定异质性程度条件下,采用数量丰富的研究者构建团队,也是目前相当多中国新兴技术企业所采取的研发策略;"精英策略"则更加关注研究者的创新能力,基于高水平的精英科学家构建研发团队。根据实证研究结论,"人海策略"与"精英策略"都存在两极化的倾向,"人海策略"达成新兴技术创新数量与规模绩效时,牺牲了质量绩效;而当"精英策略"达成了新兴技术创新质量绩效时,牺牲了规模绩效。相比之下,企业研发团队构建策略,处于"人海策略"与"精英策略"连续谱的中间位置,或可称之为混合策略,可以实现新兴技术创新质量与数量的均衡,企业创新绩效达到最高水平。②研究者异质性策略。根据研究结论,研究者异质性有助于促进新兴技术创新质量,但是会遏制新兴技术创新数量与新兴技术创新绩效呈倒 U 形关系。因此,在适度范围内提升研究者的异质性,可以提高新兴技术创新绩效,但是需要掌握一个适当的度,当超过这个度时,研究者异质性的负面作用就开始显现。③研究者动态性策略。与研究者异质性类似,动态性对新兴技术创新绩效也呈倒 U 形关系。维持一个相对稳定的研究者队伍的同时,保持一定的研究者动态更新速率,把握稳定性与动态性的平衡。同时,促进研究者在不同的研究项目之间轮岗,增强研究者在组织内部进行知识探索与知识整合的能力。

合作网络结构方面,企业可以有两种策略选择,即科层组织策略—动态协作策略。①科层组织策略。科层组织策略基于精英权威或者职位权力,来协调研发团队的协作机制。在科层组织框架下,少数精英研究者或者研究的管理者,处于合作网络的中心地位,负责对研究项目与研发团队进行管理与协调,管理的手段主要为科学权威或者职位权力。研发团队的成员,则围绕既定的研究方向,与精英研究者进行合作。精英研究者的自我中心网络中心度高、密度大,而团队成员之间则缺乏横向连接,精英研究者的自我中心网络存在大量的结构洞。根据实证研究结论,在这种研发团队组织方式下,更有利于新兴技术创新数量的提升,但是却会遏制新兴技术创新质量的提升。②动态协作策略。动态协作策略采用更加扁平的组织方式,研究者之间根据研究任务和个人兴趣,动态地匹配达成在研究中的合作模式。在动态协作组织框架下,研究者之间的横向合作增多,团队没有十分明显的领导者,合作网络中心势低、结构洞数量少,团队内部横向的知识分享与信息流动顺畅。但是由于缺少核心,团队成员的研发方向与成果缺乏整合力,离散程度高,在不同的研究方向上可能会取得较好的创新绩效,但是总体上难以整合成为核心的技术优势。

3. 新兴技术企业团队动力机制优化的具体举措

研究者多样性方面,根据中国新兴技术创新企业样本数据的调查结果,发明专利的平均发明者人数相对充分(7.56 名),但是研究者的异质性水平较低(1.45),且动态性水平也较低(0.42)。这使中国企业样本新兴技术创新的平均绩效只有 77.18,而美国企业样本新兴技术创新的平均绩效达到95.65。从研究者多样性的角度来看,提高新兴技术创新绩效的主要途径在于:提升研究者异质性水平,搭建具有不同文化背景、教育背景、研发履历,特别是不同创新能力的研究者队伍,采取差异化、平滑过渡的研究者梯队结构;促进企业层面的研究者队伍流动,企业可以采取一定的考核办法对研究者队伍进行更新,研发联盟的成员企业之间也可以拟定研究者流动的常规机制,令研究者在研发联盟内部流动。同时,对于部分拥有多个研究中心的企业来说,可以采取灵动的机制,使研究者在企业内部不同研发机构与研发团队之间的轮岗。

合作网络结构方面,需要适度提高合作网络中心势,降低合作网络结构洞。第一,提高合作网络中心势。根据中国企业样本来看,合作网络中心势的均值为 15.42,低于中美两国企业样本的均值 16.02,更低于美国企业样本合作网络中心势的均值 16.62。根据实证研究结论,新兴技术企业合作网络中心势的最优值是 17.58。因此,中国企业样本可以进一步提高合作网络中心势,来达成新兴技术创新绩效的提升。具体举措为:在既定的研发方向下,选择相应的精英科学家或者研发管理能力强的研发管理人员为研发团队的核心,并赋予其相应的组织权力,负责组织和协调研发团队的研发合作。组织权力包括:研发人员任务分工与工作安排,研发项目规划与组织,以及相应的研发人力资源激励权力。但是,为了防止过度职能化导致合作网络中心势过高,同时也要赋予研究者一定的权力,研究者本人可以根据研究兴趣,在不同的研究项目与任务分工间进行有限定条件的选择。第二,适度降低合作网络结构洞。根据合作网络结构洞与新兴技术创新绩效的研究结论,增进研究者之间的横向联系,适度降低合作网络结构洞,可以有效提升新兴技术创新数量,但可能会损失部分创新质量。具体选择上,需要企业在创新数量与质量两个方面权衡考虑,也可以根据研发项目的特点有所选择。例如,对应用开发性的项目强调效率,可以增进研发人员之间的联系。而对于核心技术的突破性研发项目则可以保留部分结构洞,让研究者在不同的研究方向上深入探索,以期产生更具新奇性和创新性的原创成果。

二、新兴技术创新的知识动力机制优化策略

1.知识动力机制的主要参数

根据研究结论,知识多样性与新兴技术创新绩效都呈倒 U 形关系。因此,适度提高知识多样性,可以促进新兴技术创新绩效。度的把握,取决于知识多样性与新兴技术创新绩效倒 U 形函数。根据样本数据实证研究结论,知识多样性取值 26.43 时,新兴技术创新绩效达到最高水平。①知识异质性水平方面,新兴技术横跨 2—3 个科学领域,并在每个领域内的 2—3 个分支领域中进行探索,符合规模中等的样本企业实际情况。此时,知识异质性水平取值范围在 5—7 左右。②当知识动态性达到 0.58 时,新兴技术创

新绩效达到最优。③知识丰富性方面,新兴技术专利的知识元素平均数量为 7 个左右,新兴技术创新绩效达到最高水平。

2.知识动力机制优化策略

根据知识多样性的结构维度,新兴技术企业的知识动力机制具有两种管理策略可以选择:探索/挖潜策略与跨界/同界策略。基于探索的知识策略,将会形成数量丰富、种族宽广与动态性强的知识资源基础和多元化的知识创造方式;而基于挖潜的知识聚集化策略,则在某一类知识上往纵深耕耘,是一种专业化的知识创造方式。①探索/挖潜策略。企业通过知识的探索或挖潜两种方式创造新知识。探索,即通过搜索、学习与吸收,获取具有知识原材料属性的一阶新知识;再将一阶新知识与存量知识进行整合,围绕特定技术研发目标创造二阶新知识。挖潜则是在存量知识领域内,通过对特定知识领域的深度挖掘,或者在两个存量知识领域之间发展新的联结,来创造新知识。②跨界/同界策略。即按照探索/挖潜的知识对象所属知识界域来划分。跨界,即探索或者挖潜的知识对象与企业拥有的存量知识在知识界域上具有显著差异,往往属于完全不同的两个领域,如企业拥有的是微生物发酵知识,而探索的却是海量数据计算的算法知识。同界,即探索或挖潜的知识对象在企业拥有的存量知识在知识界域上的差异不显著,往往属于同一界域内部、具有较小差异的知识,如在微生物发酵知识领域内部,探索/挖潜其不同子分类。

3.中国新兴技术创新企业的知识动力机制优化举措

知识多样性方面,根据知识多样性与新兴技术创新绩效的倒 U 形关系函数的实证研究结论,知识多样性的理论最优值为 26.43,而中美两国企业样本均值为 16.97,其中中国企业样本均值为 14.43,美国企业样本均值为 19.50。可见,中美两国样本企业的知识多样性水平都远低于理论最优值。之所以出现这种情况,主要是因为企业在考虑知识多样性的收益之外,还需考虑知识多样性对创新成本的影响。但是,在有效控制知识多样性管理成本的情况下,仍然可以通过提升知识多样性促进新兴技术创新绩效。①强化知识探索。采用多个领域的知识探索策略,获取新的知识元素,以提升知识丰富性。新兴技术创新具有一个显著的特点,即其知识基础具有无边界性特征,新兴技术的突破性创新,往往来源于多个知识领域的知识整合,而这些知识领域之间的联系是具有创造性的。因此,新兴技术企业采用知识探索为主,知识挖潜为辅,在探索与挖潜之间有效均衡,是提升知识多样性的有效举措。②提升知识异质性。不仅仅强化知识探索,新兴技术创新的突破更发生在不同科学领域的跨界探索。例如,在自动化控制领域打破外资垄断的浙大中控,就在自动化控制与信息安全两个领域实现了异质性知识整合,从而解决了技术瓶颈问题,实现了中国企业在这个领域的突破,取得具有高质量自主知识产权的突破性创新。因此,跨越不同科学领域进行跨界探索,是中国新兴技术企业提升知识多样性的关键举措。

知识网络结构优化方面,在知识探索的基础上,对知识资源基础进行整合,包括两个方面:①进一步凝练和明确优势知识领域,并以这些领域为网络核心,提升知识网络中心势。在知识多样性丰富的情形下,如果知识网络缺乏较高中心势,往往会出现多个方向都能产生一定数量和质量的科技成果,但是在每个方向上又难以转化成具有优势的核心技术能力。这也是相当一部分中国新兴技术企业的创新困境,即从发明专利数量上看,新兴技术创新取得了明显进展,甚至部分科技领域已经超越欧美领先企业。但是这些发明专利往往缺乏质量上的优势,且发明专利之间缺乏整合力,从而导致核心技术能力与国际上领先的企业仍有巨大差距。②强化多样性知识资源整合,降低知识网络结构洞。探索知识资源之间的潜在联结,对知识资源进行整合,是知识网络结构优化,与促进新兴技术创新同样重要的关键举措。

三、新兴技术创新战略

新兴技术创新多维策略的匹配,形成新兴技术创新的战略决策。根据新兴技术创新组织内生态动力枢纽的理论与实证研究结论,对新兴技术创新的多维策略进行多重匹配,构建跨越式新兴技术创新战略,是实现新兴技术领域寻求突破性创新的必然路径(见图7-1)。

新兴技术创新多维策略之间存在匹配效应。从生态动力角度来看,动力源泉、机制与系统存在多维匹配效应,具体包括:知识多样性与知识网络结构的匹配、研究者多样性与合作网络结构的匹配、知识多样性与研究者多样性的匹配,以及知识动力机制与团队动力机制的匹配。例如,知识多样性策略与研究者多样性策略的匹配,形成精英/知识多元化、人海/知识专业

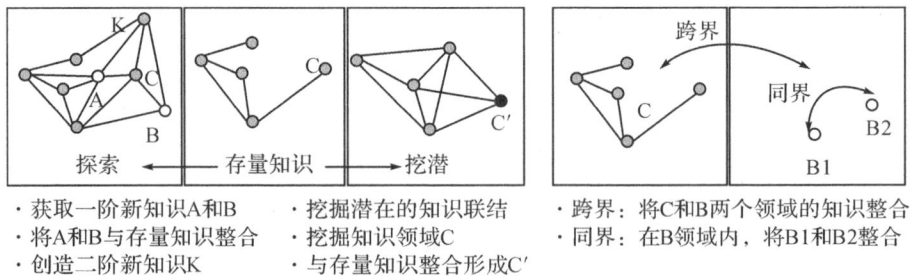

探索 ←	存量知识	→ 挖潜		跨界 →　同界

· 获取一阶新知识A和B
· 将A和B与存量知识整合
· 创造二阶新知识K

· 挖掘潜在的知识联结
· 挖掘知识领域C
· 与存量知识整合形成C′

· 跨界：将C和B两个领域的知识整合
· 同界：在B领域内，将B1和B2整合

图7-1　新兴技术创新的知识动力机制提升策略图

化、精英/知识专业化、人海/知识多元化等战略举措(见图7-2)。从新兴技术创新绩效的角度来看,存在数量突破战略、质量突破战略以及均衡突破战略等。新兴技术企业在不同的发展阶段,需要在新兴技术创新数量与质量之间选择。在不同的战略导向下,需要采取相应的组织内部生态动力匹配战略来支撑。例如,在寻求新兴技术创新质量突破的战略情境下,则宜采用精英/知识多元化战略与之匹配,牺牲一定的创新数量,以达成更好的创新质量。

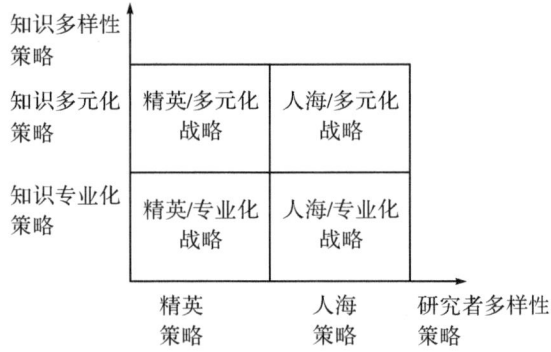

图7-2　创新策略匹配形成突破战略图

1. 由金字塔形的"阵地战"到生态型的"游击战"

技术迭代视角下,技术创新具有"技术粒子←→迭代规则←→问题探索"三位一体、共同演进的总体逻辑。传统技术创新的三个维度都相对明确而稳定,由此决定传统技术创新采取"窄而深"的金字塔形战略路径,打"阵地战"。资源方面,编制创新资源列表、集中国家力量集中资源进行攻关性质的研发;主体方面,确立明确的创新领导者,以领导者为主导进行核心技术攻关,相关创新主体协作进行辅助性的研发活动;机制方面,各创新主体按照既定的角色进行分工协作。

技术迭代视角下,新兴技术创新具有上述共演逻辑的理论属性,但同时也蕴含着新兴技术创新的独特路径和突破口。传统技术创新的资源基础,按照金字塔形进行组织,目标更加明确,资源更加聚焦,组织更有效率。但是,新兴技术创新具有的知识离散与多样性、过程跳跃与非线性和远景混沌与探索性等生态特征决定了生态型战略是新兴技术创新的战略路线。所谓生态型战略,即主导性的知识领域比重下降,丛林性的跨界知识探索成为常态;主导性的科学精英作用下降,来自不同领域和文化背景的大众科学家成为创新的原动力。因此,构筑新兴技术创新生态系统作为新兴技术创新的技术粒子、迭代规则和问题探索共同演进的动力源泉,是必然选择。

2.提升新兴技术创新资源的生态多样性

新兴技术创新的生态特征要求提升原创知识和创新人才这两大创新资源的多样性,蓄积具有生态属性的创新资源基础和生态网络秩序。这也是新兴技术创新的路径选择。原创知识资源方面,需突破直接相关的知识边界限制,在多个基础科学领域设置探索性的研究任务和研发项目,强化新兴技术直接或间接相关的基础科学领域的原创知识创造,大幅度地提升新兴技术粒子的多样性水平。建立跨界知识整合机制,基于跨界寻求科学知识探索、利用、整合与再创造,走"博而深"而不是"窄而深"的创新路径。

创新人才资源方面,大幅度地提升创新人才多样性,运用多种灵活机制,充分利用全球范围内多元文化背景中利用各种科学人才,特别是打造跨文化的科学研究团队,利用不同商业背景、技术专长和个性特征的研究者在地理空间上的高度集聚,打造新兴技术创新集群。这一点,在阿里巴巴、腾讯和百度等先进信息技术企业的实践中得到充分验证。阿里巴巴成立面向全球的达摩院,以人类愿景为驱动力,致力于探索科技未知,在全球范围内多点布局,从事量子计算、机器学习,以及金融科技等涉及基础科学、颠覆性技术和应用技术的研究。达摩院的研究人才高度全球化,来自世界各地、各个科学领域的顶尖水平创新团队,一举将新一代信息技术领域的新兴技术研究推向全球领先水平。

从技术粒子多样性的视角来看,政府需要采用与传统技术创新不同的战略思维,理性看待各类新兴技术创新的指导目录,以及设置各类科技攻关项目。政府在宏观层面做的规划和指导政策,在一些核心技术命题相对明确、需要集中力量进行攻关的技术领域,具有相当的必要性。但是针对新兴技术而言,存在技术路线固化倾向和限制新兴技术创新的潜在风险,不利于企业进行异质性技术探索。特别是针对高端研究人才引进的一系列支持政策,诱导研究机构引进符合政府支持政策的专业对口人才。事实上,非对口的顶尖科学人才,恰恰会带来更加丰富的新兴技术突破机会。

3.构建新兴技术创新的生态系统秩序

多样性的原创知识和创新人才为新兴技术创新提供了生态资源基础,但是新兴技术创新的动力来源于创新资源的生态系统秩序。生态性的本质在于自然法则、优胜劣汰。而系统性则要求在生态的基础上进行系统规则的主观建构。新兴技术创新生态系统的二重性,决定了将具有丰富多样性的原创知识和创新人才用无边界的动态网络结构组织起来,是新兴技术创新生态资源组织的有效框架。其中,"网络"是生态系统组织的基本形态,节点之间的多向联结所形成的网络结构具有丰富的创新价值。在新兴技术创新生态系统中,存在双模网络,即原创知识网络和创新人才合作网络。"动态"则体现了新兴技术创新网络的生态特征,与传统技术创新网络的结构稳定不同,新兴技术创新网络具有更强的动态性和随机性。"无边界"要求新兴技术创新网络具有相当的延展性,网络中的节点进入与退出遵循着优胜劣汰的代谢规律。

与传统技术创新的利用性(Exploitation)处于主导地位不同,新兴技术创新的探索性(Exploration)至关重要。在新兴技术创新情境下,宜选择弱中心势、多结构洞的创新网络结构。一定程度的知识聚焦有助于新兴技术绩效,但是随着聚焦程度的提高,拐点会比传统技术创新更早地到来,过度聚焦会遏制新兴技术创新绩效。研究团队构建方面,构建扁平化、适度弱化研究精英的中心地位,实施"人海策略",而非"精英策略",更有助于新兴技术为创新。这与传统技术创新领域强调以政府、大企业或者权威科学家为主导,建立金字塔形的强大研发阵容以"打阵地战"为主的战略路径有着根本区别,新兴技术创新在一定程度垂直管理的同时,更需要大量小快灵部队的"游击战"。①

四、全球视角下的新兴技术创新位势跃迁②

本书针对技术能力和创新能力等既有范式存在的局限性,提出全球创新位势概念作为创新全球化情境下国内新兴技术企业创新战略的新思维。全球创新位势,是创新组织的创新活动在知识立体地图中的定位,具有平面维度的创新位和海拔维度的创新势两个维度。全球创新活动按照过程和模块两个逻辑解构,同时采用科层和网络两种方式建构,形成全球创新位势演化的组织载体,创新主体的跨国双元学习和"鱼/渔"效应,构成全球创新位势的演化机制。国内创新企业全球创新位势跃迁总体上存在两大典型的战略:突破战略和开拓战略。技术范式特征、市场特征和本土/全球创新位势落差等三大关键因素影响了国内企业全球创新位势跃迁的路径选择。应该前瞻性地实施拓展战略主导的创新政策,以促进国内新兴技术企业全球创新位势跃迁,实现弯道超车。

1. 由技术能力到创新位势:创新战略的范式转变

全球创新格局正在发生新一轮动态演化,国内新兴技术企业的创新活动迎来崭新格局。经过数十年发展,国内新兴技术企业已经积累了强大的技术能力,并借此在国内外市场上建立了比较优势和竞争优势。然而,随着国际产业竞争加剧和资源环境约束等多方面压力的增加,基于技术能力的市场扩张战略已经面临瓶颈,构筑创新能力、走创新驱动发展道路,成为大势所趋。既有的技术能力范式,只衡量了企业所具备的技术能力这一结果。事实上,技术能力的战略价值,仅局限为"鱼"的层面,揭示不了技术构筑企业竞争优势的理论根源。与技术能力作为"鱼"的属性不同,创新能力更进一步具有"渔"的属性,揭示"技术从何而来"。从而更加深刻地揭示了技术竞争优势的根源问题。毫无疑问,创新能力构建是国内新兴技术企业的战

---

① 部分引自俞荣建、李海明、项丽瑶:《新兴技术创新:迭代逻辑、生态特征与突破路径》,《自然辩证法研究》,2019 年第 8 期。俞荣建和李海明完成 150 字。

② 部分引自项丽瑶、俞荣建:《全球创新位势:地图、演化与跃迁》,《自然辩证法通讯》,2019 年第 10 期。俞荣建完成 300 字。

略选择,理论上也取代技术能力成为国内新兴技术企业创新发展的主流范式。不论是技术能力还是创新能力,这两种传统技术研究的基本范式,都缺乏全球视角下的跨国比较,特别是与旗舰企业之间的比较一直以来未被足够重视。在创新全球化和国内新兴技术企业寻求创新驱动发展正处于关键时期的战略背景下,从全球视角来审视国内新兴技术企业在全球创新版图中的相对位置、全球创新高地中的相对优势,范式突破尤为紧迫、理论创新势在必行。

因此,针对传统技术能力与创新能力两种范式的局限性,本书基于全球化创新、与旗舰创新企业比较的视角,借鉴位势思想,整合技术结构范式与知识位势等理论成果,提出并构建全球创新位势这一新的研究范式和理论概念,来审视全球创新格局中国内企业与旗舰创新企业在全球创新版图中所处的相对位置,在全球创新高地中所具有的相对优势。现实中,发达国家旗舰创新企业的创新活动,往往占据创新位的核心位置,且在核心位置具有显著的成果优势,表现为占据创新势的领先地位。相比之下,国内新兴技术企业则处于相对外围的位置,创新成果处于相对劣势地位。国内企业的创新战略取向,正是在创新位上向核心位置迁移,并取得创新势的攀升。

基于技术系统的迭代性、立体性和全球性,知识立体地图全面地刻画全球知识系统的基本格局。创新组织和企业所开展的创新活动,正是发生于这一知识立体地图之中,具有水平维度的创新位和海拔维度的创新势两个空间参数,由此形成全球创新位势的理论概念。全球创新位势是动态演化的,其机制在于创新活动的动态组织和创新主体的学习与创新行为。在揭示全球创新位势动态演化机制基础上,提出本土新兴技术企业全球创新位势跃迁路径,包括决策内容、影响因素和典型路径选择。全球创新位势研究,是创新战略研究的新思维,理论上拓展创新能力研究的全球化视角和分析范式,实践中对本土新兴技术企业创新发展路径选择具有启示意义。

2. 全球创新位势

(1)知识立体地图。技术系统具有迭代性、立体性和全球性。特定领域的技术,基于技术之间的逻辑联结和因果关系,构成具有特定立体结构和范式特征的技术系统。第一,技术系统的迭代性。技术系统具有迭代属性,迭代是从哲学视角、技术本位层面,按照技术的内在逻辑对技术系统的解构。

技术系统包括两大核心要件：异质性知识与迭代规则。其中，异质性知识包含三大范畴，即"科学知识（Science）——技术知识（Technology）——产品知识（Product）"。迭代规则：单一的科学知识粒子本身并不具备解决现实问题的技术功能，多个科学知识粒子通过一定的逻辑架构，聚合在一起才能具备特定的功能含义，形成技术知识。如基础科学领域的生物化学知识，需要与特定病理知识按照一定的因果逻辑关系进行聚合，才能达成药品某一方面的技术知识，这一因果逻辑即为"科学→技术"的迭代规则。同理，单一的技术知识只具备医药产品的某一方面性能，只有多个技术知识按照一定的接口标准和因果逻辑关系进行聚合，通过第二次"技术→产品"的迭代，形成技术系统才能达成完整的产品核心功能。第二，技术系统的立体性。考察技术系统的因果关系框架，技术系统中异质性知识的作用是不同的，部分知识是技术系统的枢纽性知识，在因果逻辑关系网络中处于核心地带，具有较高的网络中心性和知识引用率，是其他知识的逻辑前提，或者影响甚至决定着其他知识的生成与功效，往往具有复杂性、隐蔽性和动态性，需要在长期积累、检验和再生的基础上实现优化升级。另有部分知识是技术系统的辅助性知识，处于因果逻辑关系网络的外围地带。放置在经济和商业环境下考察技术系统，不同知识及其引发的技术系统革新，其经济价值具有显著差异。具有高经济价值和影响的知识，则处于技术系统更加核心的地带。知识的因果网络中心性和经济价值差异性，决定了特定知识处在知识地图中的何种位置，即"知识位"。显然，知识位揭示了知识所处的平面位置，但是并未揭示知识的海拔水平。处于核心位置的知识，并不必然地意味着高水平。因此，技术系统的知识地图，具有立体性。第三，技术系统的全球性。伴随着经济活动全球化的历史趋势，创新活动的全球化也是大势所趋，从全球范围内考察技术系统是技术研究所必需的时空视野。

（2）全球创新位势。创新是技术系统的革新，包括异质性知识的再创造和范式特征的再创造。创新位势，即特定创新活动在技术系统的立体结构中所处的特定空间位置。按照技术系统的立体性，创新位势具有水平的创新位和海拔的创新势两个维度（见图7-3）。

平面维度：创新位。特定创新活动，基于对其他创新活动的影响和创新所引发的经济价值，决定其在创新地图中的位置。部分创新活动处于技术系统的中心地带，这类创新活动具有连锁反应，会按照技术系统的知识逻辑

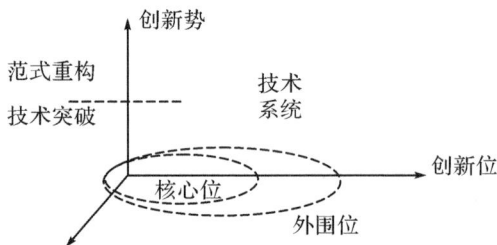

图 7-3　创新位势立体地图图示

强势地产生新的创新活动,或者影响其他创新活动。同时,这类创新活动具有更高的经济价值与商业意义。

海拔维度:创新势。创新势衡量创新所取得的水平高度。按照对技术系统的变革力度,创新势总体上具有显著差异的层次,即基于既有技术范式、在技术系统中实现关键技术的创新,如汽车发动机涡轮增压技术对传统自然吸气技术的突破性创新;基于新的技术范式重构、对既有的技术系统实现颠覆式创新,如新能源汽车发动机技术对传统汽车发动机技术范式的颠覆性创新。

从创新位势的平面和海拔两个维度来考察全球范围的创新活动,可以绘制出全球创新位势立体地图。在全球创新位势立体地图中,不同创新主体的创新活动占据一定立体空间,创新竞赛的本质正是对这种立体空间的争夺。

(3)构筑全球创新位势:国内新兴技术创新的战略新思维。历经数十年技术引进、吸收与追赶,国内企业已经具备了相当的技术能力。然而,获得丰富的技术能力之"鱼",并未从根本上增强国内企业在全球范围的技术竞争力,甚至一定程度上陷入"引进—落后—再引进—再落后"的尴尬困局。伴随着国内企业在技术能力上的提升,构筑创新能力、学会创新之"渔"成为国内企业转型升级战略的主流观点。但主流观点多集中于创新能力构建本身,揭示"何为创新能力""如何构建创新能力"等微观策略问题,而忽略了"在哪里创新"的关键战略问题。创新位势,不是关注"如何构筑创新能力"的问题,而是关注"在哪里构筑创新能力"的问题。因此,突破传统技术能力与创新能力两种范式的局限性,需要基于全球创新位势地图来构筑全球创新位势。

3.全球创新位势演化机制

全球创新位势立体地图,描绘全球创新活动的静态图景。现实中的全球创新活动,存在十分丰富、跨越国界的竞争与合作,通过这种跨越国界的解构与建构,形成动态的全球创新格局。创新活动的全球化解构存在两种机制:过程解构模式和模块解构模式。创新主体之间进行的网络化建构与跨国研发并购两个机制,形成创新流动的全球化组织载体。国内创新正是嵌入在创新活动解构与建构的全球化情境中,且正在实现由技术能力蓄积到全球创新位势跃迁的转变。

(1)创新活动全球化解构的双重机制。第一,创新活动全球化的过程解构。对企业研发活动、生产制造、品牌营销等不同创新环节进行外包,通过差异化分工和网络协作来达成创新。其中研发活动的创新过程还进一步按照"科学发明→技术研究→产品开发"(缩写为STP)所构成的创新过程进行解构。对于粒子式的单体产品而言(如手机屏幕),其创新过程包括基础科学研究、产品核心技术发明、新产品开发和设计、生产制造工艺技术创新、品牌构建和市场营销以及顾客服务创新等方面(见图7-4)。在市场厚度和供应能力充分的条件下,单体产品的生产与创新过程会发生基于过程的解构和分工,并在全球范围内进行空间配置和网络治理,形成创新活动全球化解构的过程逻辑。就国内创新企业在全球流程重构中的地位而言,旗舰创新企业往往承担着核心技术发明、产品设计以及品牌营销等创新流程的高端环节,而国内模块创新企业承担着外围技术研发、产品制造等创新流程的低端环节。

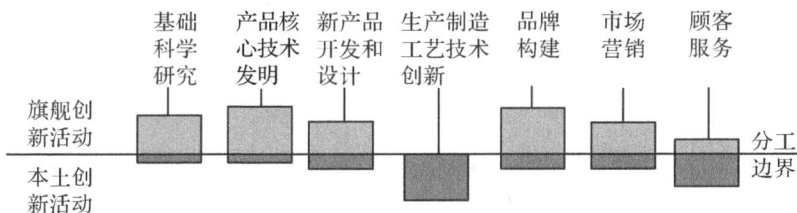

图 7-4 创新活动全球化的过程解构分工模式图

第二,创新活动全球化的模块解构。创新活动由架构产品向模块化产品解构,即以产品为载体的创新活动随着架构产品按照"模块—架构"的产业链纵向逻辑进行解构。伴随着复杂产品全球生产网络成为全球化生产协调的主要组织形态,20 世纪 90 年代模块化理论开始兴起。模块化理论认为,在产品可分解性、界面标准化、市场厚度和供应基地等四个因素驱动下,产品内部会发生模块化分工。而技术创新便伴随着这一分工过程得以扩散,产业创新模式也会发生根本变化,原本以单一组织完成的创新活动解构为架构产品企业的架构产品创新和模块产品企业所开展的模块内部"胶囊式"创新,并通过标准化的界面规则进行模块和架构两个层面创新的协同治理。

(2)全球创新网络建构机制。第一,跨国科层组织机制。在全球创新位势地图中,各创新组织占据一定的创新位势版图,创新位或在核心或在外围,创新势或高或低。在创新竞争格局下,创新组织制定创新战略,并谋划创新位势地图中的目标地域、绘制技术蓝图。为了高效地达成技术蓝图,通过外部获取与内部创造完成知识拼图,完善自身知识体系。创新在自造或者购买的决策中,按照与自有知识逻辑连接的复杂性、对稀缺知识的可控性,以及阻碍竞争对手获取知识的三维决策框架进行。如果知识在创新组织外部,且与自有知识的逻辑连接复杂,可控性差而且可能会被竞争对手获得,创新组织的最佳策略就是采用并购的手段,将创新活动纳入组织内部,通过科层化治理方式获得创新,从而进一步完善创新位势版图。近年来,全球创新位势地图中出现两个趋势:①国际旗舰创新企业在中国等新兴的创新经济体中设立研发机构或者进行跨国研发并购,更多环节的创新活动在创新后发国家落地;②中国本土创新企业为了获取发达国家创新资源,采用逆向研发并购(如吉利并购沃尔沃),或者在发达国家设立研发分支机构以期获得创新溢出的方式,从而实现全球创新位势的攀升。

第二,跨国网络缔结机制。创新活动在全球创新位势版图中的分布,涉及两种基本的企业角色,即模块企业和架构企业。在创新活动解构的基础上,这两类企业进行跨国的网络建构。按照创新过程解构的创新活动,形成两种网络联结:①模块间跨国联结,即"国际旗舰企业的模块创新→本土企业的模块创新"联结,如新松机器人为发那科(FANUC)提供工业机器人减速器的 ODM 业务;②架构间跨国联结,即"国际旗舰企业的架构创新→本土企业的架构创新"联结,如"ABB—上海新松""德国大众—上海大众""苹果—富士康"等。按照创新模块解构的创新活动之间也存在两种典型联结:

①跨国采购联结,即"旗舰模块创新→本土架构创新"所构成的跨国创新联结中,架构创新企业由于缺乏核心模块的关键技术,向旗舰模块创新企业购买架构产品的核心模块。在这种联结中,架构创新企业为购买者角色,而旗舰模块创新企业为供应商角色。②供应联结,即"旗舰架构创新→本土模块创新"所构成的跨国创新联结中,国内模块创新企业为旗舰架构创新企业提供模块化(或定制)的产品零部件,此时国内模块创新企业为跨国供应商角色,而旗舰架构创新企业为跨国购买者角色。

第三,跨国双元学习机制。跨国创新组织方式为创新企业跨国的知识学习构筑了组织载体,创新组织基于创新位势差距和企业家精神与学习才能,利用科层或者网络组织进行跨国的双元学习——跨国探索性学习和跨国利用性学习。国内创新企业采用三种方式进行跨国探索性学习:公共的科学知识系统、伙伴旗舰创新企业的创新溢出或者在发达国家设立研发机构。而核心零部件的跨国采购、跨国研发并购或者承接旗舰创新企业的创新转移,则是跨国利用性学习的三种主要方式。跨国双元学习成为全球创新位势各创新组织间,利用知识流动从而修正全球创新位势版图的关键行为。

第四,全球创新位势演化的"鱼/渔"效应。国内企业嵌入创新活动全球化情境中,全球创新位势立体地图的动态演化,对国内企业具有双重效应——基于技术能力积累的"鱼"效应和基于创新位势跃迁的"渔"效应。处于创新位势地图核心和高端的旗舰创新企业,在其主导的全球创新网络中进行技术转移,对本土创新企业来说,这种技术转移是作为创新成果的知识,具有"鱼"效应;近年来,随着新兴市场的崛起,国际旗舰创新企业为了更好地贴近市场,从发达国家向国内进行的创新转移成为新趋势,创新转移是将知识创造的研发过程进行转移,对国内创新企业来说具有"渔"效应。全球创新位势演化的由"鱼"至"渔"的双重效应,为国内创新组织的全球创新位势跃迁提供了战略机遇。

4. 全球创新位势跃迁路径

全球市场中存在两种战略租金,基于技术能力的市场租金和基于创新位势跃迁的创新租金。这两种租金分别代表着两种发展路径:基于市场规模扩张、攫取市场租金的"平推型"路径和基于创新位势跃迁、攫取创新租金的"攀升型"路径。经过多年发展,国内制造企业积累了相当强的技术能力,虽然"平推型"发展取得巨大成就,但发展瓶颈已经十分突出。国内制造企业转型升级的战略导向,迎来生死攸关的枢纽战役:由基于技术能力提升的创新低位市场扩张战略向基于创新能力构建的创新位势跃迁战略转型。

(1)创新位势跃迁路径的决策内容。国内创新企业在全球创新位势立体地图中实现创新位势跃迁,存在三对需要权衡决策、相机抉择的矛盾情境(见图7-5)。

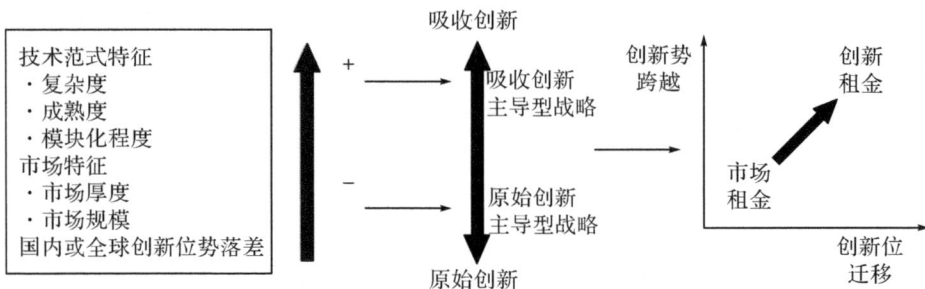

图 7-5　创新位势跃迁路径选择图

第一,原始创新与吸收创新。在创新资源获取路径上,国内创新企业需要权衡原始创新与吸收创新两种源泉。采用原始创新路径,需要国内创新企业通过编织自我中心创新网络,特别是基础科学网络,基于坚实的基础科学研究和知识积累,围绕核心技术进行研究与开发。原始创新需建立在丰富的基础科学研究和知识积累基础上,尽管创新起点高、创新难度大,但是一旦取得突破,对国内创新企业的全球创新位势跃迁具有决定性作用。而吸收创新,则主要是通过蕴含核心技术的关键零部件跨国采购、与国际旗舰创新企业进行合作等方式,来获取发达国家创新资源,特别是知识,在此基础上吸收、整合和再创新。虽然吸收创新是全球创新位势跃迁的有效途径,但是面临着跨国旗舰创新企业的严密封锁和激烈竞争。

第二,创新位迁移与创新势跨越。在创新位势跃迁战略上,国内创新企业需要取舍创新位迁移和创新势跨越两种基本导向。创新位迁移,意味着国内创新企业在全球创新位势地图中进行平面移动,将创新的聚焦点从原来位置向更加核心的位置移动。这需要国内创新企业探索新的知识领域、进行目标位置的选择和定位。创新位迁移存在巨大不确定性,表现在目标位置战略价值的高度不确定性、目标位置的知识产权封锁,以及迁移过程中对异质性、丰富性与动态性的新知识获取和整合的难度上。一旦创新位迁移至更加核心的位置,其对租金攫取绩效,特别是对创新租金攫取绩效的贡献将是突破性的。而创新势跨越,则是在原有全球创新位势地图平面位置上进行创新和突破,通过更深入地研究和开发取得更高水平的创新成果。相比于创新位迁移面临的不确定性,创新势跨越则要求国内制造企业具有更强的科技攻坚和突破性创新能力。

第三,创新租金与市场租金。租金攫取上,协同基于创新位势跃迁的创新租金和基于市场位势的市场租金两种价值。与创新位势原理相同,国内制造企业面临的市场也具有不同的市场范畴和市场梯度。国内制造企业全球创新位势跃迁战略,并非创新本位的技术突破,需要在系统的商业模式视角下将租金绩效纳入框架一并考量。在寻求全球创新位势跃迁获取创新租金的战略进程中,将全球创新位势跃迁成果转化为技术能力提升,并借此向价值更加丰富的核心市场迁移,向更加高端的市场梯度攀升,在全球创新位势和市场位势的协同中实现租金攫取。

(2)创新位势跃迁路径选择影响因素。国内创新企业全球创新位势跃迁,发生在多层次情境条件下。全球创新位势跃迁路径选择,是在跨时期的租金攫取绩效最大化假设下,基于多层次情境进行的路径比较和抉择。技术范式特征、市场特征和国内或全球创新位势落差等三大关键因素,会影响创新企业全球创新位势跃迁的路径选择。

第一,技术范式特征。技术范式复杂性是指基于技术本位的知识粒子及粒子之间二元因果关系的迭代次数。如果知识粒子之间的二元因果关系迭代次数多甚至导致知识之间的逻辑关系不再明确,则技术范式具有高度复杂性;反之,则技术范式复杂性较低。譬如,大飞机技术是更加多元的知识之间经过几乎无数次的迭代之后所形成的复杂巨系统。而智能手机屏幕所涉及的知识粒子种类和数量则少得多,且迭代关系明确,则技术范式复杂性较低。技术范式动态性是指在可以预见的时空范畴内现有技术范式进行突破和范式性创新的可能性。可能性越大往往意味着快速的范式更迭,动态性更高;反之,技术范式则具有稳定性和低度动态性。

第二,市场特征。基于需求视角的市场特征,指客户或者消费者所具有的厚度和梯度。首先,所谓市场厚度,指的是买方角度的规模和购买力。市场规模大、购买能力强,则市场具有高厚度;而市场规模小、购买能力弱,则市场具有低厚度。其次,买方需求的异质性和层次性造就市场梯度,譬如高端手机(Apple)和中低端智能手机(小米),Land Rover 进口品牌越野车和 Land Wind 国产品牌越野车。事实上,正是基于市场厚度和梯度,才造就了在旗舰创新企业强势品牌与市场下国内制造企业宝贵的市场空间。

第三,国内/全球创新位势落差。国内创新企业和国际旗舰创新企业在全球创新位势地图中的位势落差,主要指国际旗舰创新企业和国内创新企业之间,在创新位势上的相对比较关系。在现实条件下,大部分旗舰创新企业在核心技术领域,相比于国内制造企业都具有显著的创新位势优势。国内/全球创新位势落差越大,这种优势越大。国内/全球创新位势落差具有自反馈效应,即在自发演化条件下体现为强者愈强、弱者愈弱。但是,在建构主义条件下则可以实现弱者逆袭。

(3)全球创新位势跃迁路径选择。根据技术范式特征、市场特征和国内/全球创新位势落差等三大关键的情境因素,国内创新企业全球创新位势跃迁总体上存在两大典型的战略路径:突破战略和开拓战略。①突破战略。技术范式越复杂、成熟度越高、模块化程度越大,市场厚度和规模越大,且国内/全球创新位势落差越大,国内创新企业面临更加清晰和狭窄的战略情境,选择在全球创新位势平面地图中的原有位置,基于吸收创新、实现创新势跨越并攫取市场租金的突破战略路径,是理性的战略选择(如传统汽车产业)。②开拓战略。而技术范式越简单、成熟度越低、模块化程度越低,现实的市场厚度和规模越小,且国内/全球创新位势落差越小,国内创新企业面临更加模糊、动荡和宽广的战略情境,重新定位在全球创新位势中的位置,选择基于原始创新、实现创新位迁移并攫取创新租金的跨界战略,是正确的路径选择(譬如新能源汽车产业、人工智能等突破性新兴技术产业等)。跨界战略中蕴含着国内创新企业弯道超车的机会,将突破所谓"刘易斯拐点",从根本上重塑全球创新位势立体地图。事实上,异质性国内创新企业所面临的全球创新位势战略路径,是由突破战略和开拓战略两个典型战略构成的连续谱,更多情况下是突破战略和开拓战略的均衡。就我国国内创新企业在全球创新位势中的追赶地位这一基本格局,前瞻性的创新和科技政策制定应针对不同产业创新的情境特征,在强化部分产业实施全球创新位势跃迁的突破战略基础上,更加注重实施战略性新兴产业的开拓战略,以逆转全球创新位势立体地图、实现国内产业创新位势跃迁。

第三节　创新、不足与展望

一、理论创新

本书的理论创新点有:突出新兴技术创新远景混沌、过程跳跃与资源离散等鲜明的生态特征,拓展并融合资源基础与网络嵌入两种创新观,将研究视角从企业外部的创新环境聚焦到企业组织内部,研究知识/研究者双重创新资源,用资源多样性来刻画两种创新资源的属性特征;将企业组织内部创新网络划分为知识节点相联结构成的知识网络,和研究者之间联结构成的合作网络,运用知识/合作双模网络的研究路径,从组织内部的整体网络而非自我中心网络层面,揭示新兴技术创新的组织内生态动力机理,即知识/研究者双重资源多样性和知识/合作双模网络结构对新兴技术创新绩效的独立效应、交互效应与整合效应。本书对新兴技术创新网络研究的新路径具有范式探索意义,对新兴技术创新组织内生态动力机理理论的构建具有显著理论创新意义。

1.探索新兴技术创新网络研究的新路径

本书探索了资源基础与网络嵌入融合视角下新兴技术创新研究的新路径,具有范式探索意义。资源基础与网络嵌入两个基本视角的创新研究存在诸多范式局限:资源基础视角创新观忽视资源多样性问题;网络嵌入视角创新观将创新网络视作单模网络,存在明显缺陷;资源基础与网络嵌入视角相互割裂,难以揭示战略性新兴技术创新的理论内核。本书拓展了资源基础观与网络嵌入观并加以融合,将资源异质性拓展到资源多样性,将单模网络嵌入拓展到双模网络研究,并针对研究的崭新命题将二者有机整合,构建层次分明、逻辑递进的战略性新兴技术突破研究新范式,具有研究范式创新意义。

2.构建新兴技术创新组织内生态动力机理的新理论

本书整合了知识多样性、研究者多样性和双模网络结构,构建了新兴技术创新的组织内生态动力机理的新理论,具有显著理论创新意义。本书基于资源基础与网络嵌入融合的新范式,构建新兴技术创新组织内生态动力机理理论框架,并进一步构建独立效应模型、交互效应模型与整合效应模型,采用中美企业新兴技术创新大样本实证检验等科学方法:①基于资源基础视角的创新观,从资源异质性、丰富性和动态性的角度理解创新资源多样性,并运用负二项回归等方法,检验了知识与研究者等创新资源的多样性与新兴技术创新数量、质量以及绩效之间的关系;从组织内部整体网络层面的创新网络结构洞与中心势,检验了知识网络结构与合作网络结构对新兴技术创新数量、质量与绩效的关系,揭示了新兴技术创新的组织内生态动力源泉。②运用多元回归方法检验了知识多样性与知识网络结构、研究者多样性与合作网络结构,在新兴技术创新中的交互影响机理,揭示了新兴技术创新的组织内生态动力机制,包括知识动力机制与团队动力机制。③整合创新资源多样性与双模网络结构,运用结构方程模型检验了研究者多样性与知识多样性的交互效应,以及知识动力在团队动力与新兴技术创新绩效之间的中介作用,揭示了新兴技术创新知识动力机制与团队动力机制的整合效应。新兴技术创新组织内生态动力机理理论的建构(包括研究路径和主要研究结论),在创新网络研究、新兴技术创新研究等领域,具有明确的理论创新意义。

二、现实价值

基于新兴技术创新组织内生态动力机理研究的主要结论与翔实的统计数据,对新兴技术企业的战略与策略决策,具有直接应用价值。中美两国新兴技术企业创新比较研究结论,对新兴技术创新政策具有重要启示意义。

1.新兴技术创新战略与策略的应用价值

研究揭示了新兴技术创新来自组织内部的生态动力源泉、生态动力机制与生态动力系统,并对中美企业新兴技术创新水平及其组织内生态动力源泉进行了实证比较分析。相关研究结论对国内企业寻求新兴技术创新、破解战略性新兴技术创新的多重决策困境,在战略和策略上具有直接应用价值。

①新兴技术来自于组织内部的四维度生态动力源泉的研究结论,为新兴技术企业寻找技术创新动力提供了决策依据。②四维新兴技术创新动力

对新兴技术创新数量、质量和绩效的结构性影响,为企业在组织和创新的不同生命周期阶段选择和动态地调整策略提供了理论依据。③新兴技术创新来自组织内部的生态动力机制研究结论,为企业构建知识动力机制、团队动力机制提供了分析框架。为了寻求更高的新兴技术创新绩效,企业必须匹配知识多样性与知识网络结构,在知识多样性丰富的情况下采取更高的知识网络中心势来对知识进行有效组织;研究者多样性与合作网络中心势同样具有此种匹配效应。④对新兴技术创新组织内生态动力系统的揭示,提示企业需要在知识动力与团队动力培育的选择中,首先构建研发团队动力机制,通过研发团队动力来驱动知识动力,并交互地创造更好的新兴技术创新绩效。⑤中美企业新兴技术创新定量比较实证研究结论,特别是对引领全球新兴技术创新的美国企业样本优秀创新经验的揭示,对中国新兴技术创新企业具有重要借鉴价值。对中美两国企业样本新兴技术创新的动力源泉的揭示,即中国企业样本更加依赖生态资源基础,而美国企业更加依赖生态网络秩序,对企业的启示是:新兴技术创新要寻求绩效突破,首先应该通过获取、蓄积并创造更具生态多样性的创新资源基础;其次要在组织内部构建相匹配的生态网络秩序。中国企业新兴技术创新绩效更多地来源于研究者动力源泉,意味着构建更高质量和水平的研发团队是首要之举。

2. 新兴技术创新宏观政策的启示意义

新兴技术创新政策需要打通促进战略性新兴技术创新的政策研究,对政府相关政策的决策具有启示意义。对中美新兴技术创新大样本的研究数据分析与统计表明,中美企业新兴技术创新总体水平存在显著差异,这种差异既有组织内部生态资源基础与生态网络秩序方面的原因,更有宏观层面基础科学研究与产学研创新机制的原因。这一结论意味着,中国想要寻求新兴技术创新、实现技术追赶与"弯道超车",必须构筑国家创新系统,具体而言涉及两大核心枢纽:①以基础科学突破战略为导向,构建科学精英队伍。这需要培养一大批具有创新精神和创新能力的精英,包括高等院校和科研院所的科学家与企业研发精英团队。通过对科学精英团队的构建,在基础科学上进行探索和原始知识创新,实现基础科学的深厚积累和原创性知识基础。这对中国新兴技术创新具有决定性意义。构建面向现实市场需求进行核心共性技术攻关与新产品开发的研发团队,将基础科学转化为技术创新与产品创新。②促进高度专业化基础上创新链与价值链的双向协同。需要构建创新链与基于创新链的价值链,并打通创新链与价值链的逻辑闭环,对现有新兴技术创新的体制和机制进行创新。首先,为"基础科学—核心技术—新产品开发"的高效转化构筑创新链。促进高校科研院所的科学家潜心科学探索与基础科学的原创性研究,发挥其专业化效率。要避免具有科学家属性的高校科研人员直接从事科技成果转化工作,譬如现有的鼓励科学家创业政策就值得商榷;需要破除现有高校科研人员科技成果转化的障碍,促进科学家群体与企业研发机构的合作,促进基础科学知识向核心技术与新产品开发的高效转化。其次,打通和强化价值链与创新链的市场化机制。优秀的科学发现、技术突破与产品开发等技术创新活动在市场上获取的丰厚价值回报按照创新链中的价值创造份额进行合理分配,从而逆向激励创新链各个环节的创新动机。最后,在这两个核心枢纽的基础上,对新兴技术创新进行战略规划、制度安排与创新氛围的塑造,为新兴技术创新宏观层面的两个核心枢纽创造多层次情境条件。

三、研究不足与展望

基于组织内部视阈、融合资源基础创新观与网络嵌入创新观,研究新兴技术创新组织内生态动力机理的创新研究路径,作为一种新的创新范式探索,具有很大的挑战性。因为研究能力的不足和研究条件的局限,本书在理论、方法与数据等方面仍存在明显的不足,主要表现在如下两个方面:①仍然存在诸多理论的阙疑。虽然大部分重要的研究假设得到了数据支持并经过了稳健性检验,但是研究中同样关注的多组变量间关系却未能通过显著性检验,在理论上仍是个"悬疑",这影响了理论的完整性和科学性。包括知识多样性与新兴技术创新质量和绩效之间的倒 U 形关系、合作网络结构洞与新兴技术创新质量和绩效之间的负相关关系、研究者多样性与合作网络结构洞之间的负向交互效应,以及团队动力对知识动力的驱动关系等,未能得到数据支持。②在样本选择、变量测量与检验方法方面存在局限性。在样本选择上,由于新兴技术的内涵和外延都缺少权威和主流的明确界定,本书选择的新兴技术具有很强的主观性,从而可能影响到研究结论的质量;在变量测量上,知识异质性与研究者异质性的测量未能真正体现创新资源的异质性,一些控制变量的测量在统计数据获取、统计口径一致性以及数据客观性方面存在局限；在检验方法方面，由于数据限制，控制变量的设置过少，不同回归方法的结论是否具有可比性值得商榷，特别是研究整合效应的结构方程模型检验结果，与研究独立效应和交互效应的回归模型检验结果，在理论解释上的一致性可能还存在问题。

新兴技术创新代表着我国产业结构转型与升级的战略方向，蕴含着"弯道超车"的机遇，深入系统地揭示新兴技术创新的动力枢纽具有重要的理论与现实意义。基于新兴技术创新动力枢纽命题，后续应围绕如下方向展开进一步理论与实证研究：①理论上，基于资源基础与网络嵌入的融合视角，将探索性/利用性创新和吸收/原创能力等纳入研究范畴，研究探索性创新和原始创新等在新兴技术创新动力与绩效关系中的中介作用；将组织情境特征纳入研究范畴，研究组织的差异化与低成本战略对新兴技术创新的调节作用与权变机制。通过纳入更细粒度和更高层面的关键变量，将更加深入地揭示动力源泉影响创新绩效的过程机理，为本土企业的原始创新战略、策略与动力培育提供更加系统的理论框架和策略依据。②方法上，优化创新资源与创新网络的测量方法、数据获取与研究技术，采用多案例研究、实地调查与基于Mapreduce2.0的发明专利大数据处理技术，以及社会网络动态仿真等研究方法，将更加真实客观、科学系统地揭示企业新兴技术创新组织内生态动力源泉。③将科技政策纳入研究范畴，评价多个层面的科技政策对新兴技术创新的政策效应，研究政策促进新兴技术创新的传导机制，从而将微观层面的新兴技术创新组织内生态动力枢纽与宏观层面的新兴技术政策联系起来，为新兴技术政策选择提供理论依据。

后　记

　　在胡峰教授的指导下,项丽瑶读博时选择了新兴技术创新这个方向作为博士论文选题。当时大数据概念刚刚兴起,起初想法是基于海量发明专利大数据、利用 Mapreduce 等大数据处理和分析工具,进行新兴技术创新的实证研究。构思的是"虎",但画出来的是"猫"。后来在浙江财经大学应用经济学做博士后工作期间,有条件继续研究。虽然没有豁然通达、出手惊艳的才气禀赋,但也算尽力而为了。跛足而行,但坚持走下去也还是有些意义。

　　研究得以完成、专著得以出版,首先要感谢项丽瑶的导师胡峰教授的倾心指导,无论是在学业还是生活方面,她都得到了胡老师巨大帮助。作为学者,胡老师学术之志纯粹而不渝;作为导师,胡老师已经到了忘我境界了——学生的毕业、就业与成长,几乎是胡老师的全部考虑。另外还要感谢浙江财经大学工商管理学院两位前任院长陈惠雄教授和董进才教授,现任工商管理学院院长王建明教授,等等学界前辈和学院领导,以及管理学院和市场营销系各位同仁,在项丽瑶后续研究、教学科研工作上的热心指导和生活上的真诚帮助。

　　本书是在第一作者项丽瑶的博士论文《知识/研究者多样性、双模网络结构与新兴技术创新:中美新兴技术企业实证研究》(浙江工商大学 2016 年优秀博士论文)基础上深化而成,主题是关于新兴技术创新组织内部生态动力机理的中美新兴技术企业比较实证研究。近两年项丽瑶和本书第二作者浙江工商大学全球价值链研究中心主任俞荣建教授及其团队合作,从组织外部视角进行了理论深化、实证研究的拓展和政策框架方面等重要工作。后续研究的深化和拓展,也要感谢全球价值链研究中心李海明博士、程璐和郑佳咪等同学在文献梳理和数据处理等方面的大量工作和无私帮助。可以说，没有团队的支持，这些研究是很难独自完成的。本书的研究，还受到国家自然科学基金面上项目和浙江工商大学全球价值链研究中心的经费资助，一并致以真诚的感谢。

项丽瑶、俞荣建

于西子湖畔

2020-03-10

参考文献

[1] AGRAWAL A，GOLDFARB A，TEODORIDIS F，2012. Does Knowledge Accumulation Increase the Returns to Collaboration? Evidence from the Collapse of the Soviet Union[R]. Rotman School Working Paper.

[2] AHUJA G，2000. Collaboration networks, structural holes, and innovation: a longitudinal study[J]. Administrative Science Quarterly，45(3).

[3] ZAHEER A，BELL G G，2005. Benefit from network position: firm capabilities, structural holes, and performance [J]. Strategic Management Journal，26(9).

[4] ALCACER J，GITTELMAN M，2006. Patent citations as a measure of knowledge flows: The influence of examiner citations[J]. Review Of Economics and Statistics，88(4).

[5] ALCACER J，GITTELMAN M，SAMPAT B，2009. Applicant and Examiner Citations in U. S. Patents: An Overview and Analysis[J]. Research Policy，38(2).

[6] ALEXANDER J，CHASE J，NEWMAN N，et al，2012. Emergence as aconceptual framework for understanding scientific and technological progress. In: 2012 Proceedings of Portland International Center for Management of Engineering and Technology [J]. Technology Management for Emerging Technologies，12(2).

[7] AMABILE T M，PILLEMER J，2012. Perspectives on the Social Psychology of Creativity[J]. J Creative Behav，46(1).

[8] GKYPALI A，ARVANITIS S，TSEKOURAS K，2018. Absorptive

capacity, exporting activities, innovation openness and innovation performance: A SEM approach towards a unifying framework [J]. Technological Forecasting Social Change,132(4).

[9] GORBATYUK A, OVERWALLE G V, ZIMMEREN EV, 2016. Intellectual Property Ownership in Coupled Open Innovation Processes[J]. International Review of Intellectual Property and Competition Law,5(47).

[10] ARRANZ N, ARROYABE J C, 2012. Can innovation network projects result in efficient performance? [J]. Technological Forecasting and Social Change,79(3).

[11] AUDIA P G,GONCALO J A,2007. Past success and creativity over time: A study of inventors in the hard disk drive industry[J]. Management Science,53(1).

[12] MUNOS B H, CHIN W W, 2011. How to Revive Breakthrough Innovation in the Pharmaceutical Industry[J]. Sci. Transl,89(3).

[13] BELL G G, 2005. Clusters, networks, and firm innovativeness[J]. Strategic Management Journal,26(3).

[14] WEBER B, HEIDENREICH S, 2018. When and with whom to cooperate? Investigating effects of cooperation stage and type on innovation capabilities and success[J]. Long Range Planning(51).

[15] BERRY H,2019. Internationalizing firm innovations: The influence of multimarket overlap in knowledge activities [J]. Journal of International Business Studies.

[16] BORGATTI S P,EVERETT MG,FREEMAN C,2002. UCINET VI for Windows: Software for social network analysis [J]. Harvard, MA: Analytic Technologies.

[17] BOUTY,2000. Isabelle. Interpersonal and Interaction Influences on Informal Resource Exchanges between RD Researchers across Organizational Boundaries[J]. The Academy of Management Journal,43(1).

[18] BUCHMANN T, PYKA A, 2015. The evolution of innovation networks: the case of a publicly funded German automotive network [J]. Economics of Innovation and New Technology,24(12).

［19］ BUDDE B，KONRAD K，2019. Tentative governing of fuel cell innovation in a dynamic network of expectations［J］. Research policy，48(5).

［20］ BURT R S,1992. Structural Holes: The Social Structure of Competition ［M］. Harvard University Press.

［21］ CALIA R C，GUERRINI F M，MOURA G L，2007. Innovation networks: From technological development to business model reconfiguration［J］. Technovation,27(8).

［22］ CANTNER U,GRAF H,TOPFER S,2015. Structural dynamics of innovation networks in German leading-edge clusters［R］. Jena Economic Research Papers.

［23］ CARNABUCI G,BRUGGEMAN J,2009. Knowledge specialization, knowledge brokerage and the uneven growth of technology domains ［J］. Social Forces,88(2).

［24］ CARNABUCI G,2010. The ecology of technological progress: How symbiosis and competition affect the growth of technology domains ［J］. Social Forces,88(5).

［25］ CHACAR A S，LIEBERMAN M B,2003. Organizing for Technological Innovation in the US Pharmaceutical Industry［J］. Advances in Strategic Management (20).

［26］ CHANGC L，CHENS P，MICHAELM，2010. Globalization and Knowledge Spillover: International Direct Investment,Exports and Patents［R］. University of Canterbury,Department of Economics and Finance.

［27］ HSUEH C C，CHEN D Z,2015. A taxonomy of patent strategies in Taiwan's small and medium innovative enterprises［J］. Technological Forecasting Social Change,92(7).

［28］ CHEN C,HU Z,LIU S,et al,2012. Emerging topics in regenerative medicine: a scientometric analysis in CiteSpace［R］. Expert Opinion on Biological Therapy.

［29］ CHEN J,HENG C S,TAN B C Y,et al. ,2018. The distinct signaling effects of R D subsidy and non-R D subsidy on IPO performance of IT entrepreneurial firms in China[J]. Research Policy,47(4).

[30] CHEN S H,2004. Taiwanese IT firms' offshore R&D in China and the connection with the global innovation network [J]. Research Policy,33(2).

[31] CHESBROUGH H W,2003. Open Innovation: The New Imperative for Creating and Profiting from Technolog [M]. Boston: Harvard Business School Press.

[32] WANG C,RODAN S,FRUIN M,et al. ,2014. Knoledge networks, collaboration networks,and exploratory innovation[J]. Academy of Management Journal,57(2).

[33] COHEN W M,LEVINTHAL D A,1990. Absorptive Capacity: A New Perspective on Learning and Innovation [J]. Administrative Science Quarterly,35(1).

[34] PHELPS C C,2010. A longitudinal study of the influence of alliance network structure and composition on firm exploratory innovation [J]. Academy of Management Journal,53(4).

[35] CORSARO D,RAMOS C,HENNEBERG S C,et al. ,2012. The impact of network configurations on value constellations in business markets—The case of an innovation network[J]. Industrial Marketing Management,41 (1).

[36] CUI V, DING W W, YANADORI Y, 2019. Exploration versus exploitation in technology firms: The role of compensation structure for RD workforce[J]. Research Policy,48(6).

[37] DAEHYUN K,NAMIL K,WONJOON K,2018. The effect of patent protection on firms' market value: The case of the renewable energy sector[J]. Renewable and Sustainable Energy Reviews (82).

[38] DAHLIN K B,BEHRENS D M,2005. When is an Invention Really Radical? Defining and Measuring Technological Radicalness [J]. Research Policy,34(5).

[39] DE NONI I,ORSI L,BELUSSI F,2018. The role of collaborative

networks in supporting the innovation performances of lagging-behind European regions[J]. Research Policy,47(1).

[40] DUNLAP H D, MASAAKI K, MUDAMBI R, 2010. A story of breakthrough versus incremental innovation: corporate entrepreneurship in the global pharmaceutical industry[J]. Strategic Entrepreneurship Journal, 4(2).

[41] DHANARAJ C, PARKHE A, 2006. Orchestrating innovation networks [J]. Academy of Management Review,31(3).

[42] DOBLINGER C,SURANA K,ANADON L D,2019. Governments as partners: The role of alliances in US cleantech startup innovation[J]. Research Policy,48(6).

[43] DURIAU V J, REGER R K, PFARRER M D, 2007. A Content Analysis of the Content Analysis Literature in Organization Studies: Research Themes,Data Sources,and Methodological Refinements[J]. Organizational Research Methods,10(1).

[44] TURKINA E,ASSCHE A V, 2018. Global connectedness and local innovation in industrial clusters[J]. Journal of International Business Studies(49).

[45] BELLINI E, PIROLI G, PENNACCHIO L, 2019. Collaborative know-how and trust in university-industry collaborations: empirical evidence from ICT firms[J]. The Journal of Technology Transfer (44).

[46] FERRARY M, GRANOVETTER M, 2009. The role of venture capital firms in Silicon Valley's complex innovation network [J]. Economy and society,38(2).

[47] FLEMING L,SORENSONO,2001. Technology as a complex adaptive system: Evidence from patent data[J]. Research Policy,30(7).

[48] FLEMING L, MINGO S, CHEN D, 2007. Collaborative brokerage, generative creativity,and creative success[J]. Administrative Science Quarterly,52(3).

[49] FORD C, 1996. A theory of individual creative action in multiple

social domains[J]. Academy of Management Review(21).

[50] FORMAN C,ZEEBROECK N,2019. Digital technology adoption and knowledge flows within firms: Can the Internet overcome geographic and technological distance? [J] Research Policy,48(8).

[51] FRENKEN K,2000. A complexity approach to innovation networks. The case of the aircraft industry (1909—1997)[J]. Research Policy, 29(2).

[52] FUNK, RUSSELL, OWEN-SMITH, et al. , 2012. A Dynamic Network Approach to Breakthrough Innovation[J]. Social Science Electroinic Publishing.

[53] Grant D, Hwang Y,Qiang T,2013. An empirical investigation of six levels of enterprise resource planning integration[J]. Computers in Human Behavior,29(6).

[54] GABRIELE S,STEFANO B, ARMANDO P,2018. Collaborative modes with Cultural and Creative Industries and innovation performance: The moderating role of heterogeneous sources of knowledge and absorptive capacity[J]. Technovation(6).

[55] GARDET E, FRAIHA S,2012. Coordination modes established by the hub firm of an innovation network: The case of an SME bearer [J]. Journal of Small Business Management,50(2).

[56] GERGO T, BALAZS L, 2019. Inter-firm inventor mobility and the role of coinventor networks in producing high impact innovation[J]. The Journal of Technology Transfer.

[57] GILSING V A, 2005. The Dynamics of Innovation and Interfirm Networks: Exploration,Exploitation and Cow-evolution[M]. Edward Elgar.

[58] GILSING V A,NOOTEBOOM B,2005. Density and strength of ties in innovation networks,an analysis of multimedia and biotechnology [J]. European Management Review,3(2)

[59] ZHANG G, ZHAO S, XIA Y, et al. , 2018. Relating science and technology resources integration and polarization effect to innovation

ability in emerging economies：An empirical study of Chinese enterprises[J]. Technological Forecasting and Social Change (135).

[60] GRANOVETTER M,1985. Economic action and socialstructure：the problem of embeddedness[J]. American Journal of Sociology,91(3).

[61] GUPTA A,THOMAS G,2001. Organizational learning in a high-tech environment：From theory to practice[J]. Industrial Management Data Systems,101(9).

[62] HARHOFF D, NARIN F, SCHERER F M, et al, 1999. Citation Frequency and the Value of Patented Inventions[J]. The Review of Economics and Statistics,81(3).

[63] HARRISSON D, LABERGE M, 2002. Innovation, identities and resistance：The social construction of an innovation network[J]. Journal of Management Studies,39(4).

[64] HEIDENREICH S, LANDSPERGER J, SPIETH P, 2016. Are innovation networks in need of a conductor? Examining the contribution of network managers in low and high complexity settings [J]. Long Range Planning,49(1).

[65] SMALLA H, BOYACKB K W, Klanrans R, 2014. Identifying emerging topics in science and technology[J]. Research Policy, 43 (8).

[66] HOEGL M, WEISS M, GIBBERT M, et al, 2009. Strategies for breakthrough innovation[J]. Leader to Leader(19).

[67] WU J, WU Z,KATHRYN R H,2019. Process quality management and technological innovation revisited：a contingency perspective from an emerging market[J]. The Journal of Technology Transfer, 44 (11).

[68]GOSENS J, Lu Y, 2013. From lagging to leading? Technological innovation systems in emerging economies and the case of Chinese wind power[J]. Energy Policy,60(6).

[69] ASAKAWA K ,PARK Y,SONG J,et al. ,2017. Internal embeddedness, geographic distance, and global knowledge sourcing by overseas

subsidiaries[J]. Journal of International Business Studies,49(3).

[70] KILDUFF M, BRASS D J, 2010. Organizational social network research: Core ideas and key debates[J]. Academy of Management Annals,4(1).

[71] KIM J, 2002. Network building between research institutions and small and medium enterprises (SMEs): dynamics of innovation network building and implications for a policy option [J]. International Journal of Technology,Policy and Management,2(3).

[72] KLEIN,K SEMRAU T, ALBERS S, et al, 2019. Multimarket coopetition: How the interplay of competition and cooperation affects entry into shared markets[J]. Long Range Planning (2).

[73] KOGUT B,2000. The network as knowledge: Generative rules and the emergence of structure[J]. Strategic Management Journal,21(3).

[74] HUANG K F, YU CMJ, 2011. The effect of competitive and non-competitive R&D collaboration on firm innovation[J]. The Journal of Technology Transfer,36(4).

[75] KUUSI O, MEYER M, 2007. Anticipating technological breakthroughs: Using bibliometric coupling to explore the nanotubes paradigm [J]. Scientometrics,70(3).

[76] LANDSPERGER J, SPIETH P, 2011. Managing innovation networks in the industrial goods sector [J]. International Journal of Innovation Management,15(6).

[77] LANDSPERGER J, SPIETH P, HEIDENREICH S, 2012. How network managers contribute to innovation network performance[J]. International Journal of Innovation Management,16(6).

[78] LANJOUW J O, SCHANKERMAN M, 2004. Patent Quality and Research Productivity: Measuring Innovation with Multiple Indicators[J]. Econ,J(114).

[79] LEE J J 2010. Heterogeneity, brokerage, and innovative performance: Endogenous formation of collaborative inventor networks[J]. Organization Science,21(4).

［80］LEENDERS RTAJ，2002. Modeling social influence through network autocorrelation：Constructing the weight matrix［J］. Social Networks，24(1).

［81］LIANG X，LIU A，2018. The evolution of government sponsored collaboration network and its impact on innovation：A bibliometric analysis in the Chinese solar PV sector[J]. Research Policy，47(7).

［82］LIU C H，2011. The effects of innovation alliance on network structure and density of cluster［J］. Expert Systems with Applications，38(1).

［83］LUO Y，2007. A co-opetition perspective of global competition[J]. Journal of World Business，42(2).

［84］LYU L，WU W，HU H，et al，2019. An evolving regional innovation network：collaboration among industry，university，and research institution in China's first technology hub［J］. The Journal of Technology Transfer，44(3).

［85］FRANCO M，HAASE H，2015. University-industry cooperation：Researchers' motivations and interaction channels［J］. Journal of Engineering and Technology Management (36).

［86］CLANCY M S，2018. Inventing by combining pre-existing technologies：Patent evidence on learning and fishing out[J] Research Policy，47(2).

［87］NATALIA WEISZ，ROBERTO S，VASSOLO，et al，2010. Diversity and social capital of nascent entrepreneurial teams in business plan competitions［J］. The Journal of the Iberoamerican Academy of Management，8(1).

［88］NEPELSKI D，VAN R V，PESOLE A，2019. The organisational and geographic diversity and innovation potential of EU-funded research networks[J]. The Journal of Technology Transfer，44(2).

［89］CONNOR G，AYERS D，2005. Building a radical innovation competency ［J］. Research Technology Management，48(1).

［90］OJASALO J，2008. Management of innovation networks：a case study of different approaches [J]. European Journal of Innovation Management,11(1).

[91] OWEN- SMITH J, POWELL W W,2004. Knowledge networks as channels and conduits: The effects of spillovers in the boston biotechnology community[J]. Organization Science,15(1).

[92] PAPAZOGLOU M E,SPANOS Y E,2018. Bridging distant technological domains: A longitudinal study of the determinants of breadth of innovation diffusion[J]. Research Policy,47(9).

[93] PERKS H, JEFFERY R, 2006. Global network configuration for innovation: A study of international fibre innovation [J]. R&D Management,36(1).

[94] PHELPS C C, HEIDL R, WADHWA A, 2012. Knowledge, networks,and knowledge networks: A review and research agenda [J]. Journal of Management,38(4).

[95] PHENE A, FLADMOE-LINDQUIST K, Marsh L, et al. , 2006. Breakthrough Innovations in the U. S. Biotechnology Industry: The Effects of Technological Space and Geographic Origin[J]. Strategic Management Journal(27).

[96] PIERRAKIS Y,SARIDAKIS G,2019. The role of venture capitalists in the regional innovation ecosystem: a comparison of networking patterns between private and publicly backed venture capital funds [J]. The Journal of Technology Transfer,44(3).

[97]PIPEROPOULOS P, WU J, WANG C, 2018. Outward FDI, location choices and innovation performance of emerging market enterprises [J]. Research Policy,47(3).

[98] PODOLNY J, BARON J, 1997. Resources and relations: social networks and mobility in the workplace[J]. American Sociological Review,62(5).

[99] PURCHASE S, OLARU D, DENIZE S, 2014. Innovation network trajectories and changes in resource bundles[J]. Industrial Marketing Management,43(3).

[100] QUIMET M,LANDRY R,AMARA N,2007. Network positions and radical innovation:a social network analysis of the quebec optics and photonics clusters[J]. International Journal of Entrepreneurship and Innovation Management,7(2).

[101] RAFAEL A,CORREDOIRA,BRENT D,et al. ,2018. Federal funding and the rate and direction of inventive activity[J]. Research Policy,47 (5).

[102] RANGANATHAN R,ROSENKOPF L,2014. Do ties really bind? The effects of knowledge and commercialization networks on opposition to standards[J]. Academy of Management Journal,57(2).

[103] ROJAS M G A,SOLIS E R R,ZHU J,2018. Innovation and network multiplexity: R&D and the concurrent effects of two collaboration networks in an emerging economy[J]. Research Policy,47(6).

[104] RYCROFT R W,2003. Technology-based globalization indicators: the centrality of innovation network data[J]. Technology in Society, 25(3).

[105] ZENG S X, XIE X M, TAM C M, 2010. Relationship between cooperation networks and innovation performance of SMEs [J]. Technovation (30).

[106] SEDLACEK S,2013. The role of universities in fostering sustainable development at the regional level[J]. Journal of Cleaner Production (48).

[107] NAJAFI-TAVANI S, NAJAFI-TAVANI Z, NAUDE P, et al. , 2018. How collaborative innovation networks affect new product performance: Product innovation capability, process innovation capability, and absorptive capacity[J]. Industrial Marketing Management,73(4).

[108] SCANDURA A,2019. The role of scientific and market knowledge in the inventive process: evidence from a survey of industrial inventors[J]. The Journal of Technology Transfer,44(7).

[109] SCHOT J,STEINMUELLER W E,2018. Three frames for innovation policy: R&D, systems of innovation and transformative change [J]. Research Policy,47(9).

［110］SHAZI R，GILLESPIE N，STEEN J，2015. Trust as a predictor of innovation network ties in project teams［J］. International Journal of Project Management，33(1).

［111］S RODAN，GALUNIC C，2004. More Than Network structures: How Knowledge Heterogeneity Influences Managerial Performance and Innovation Ativeness［J］. Strategic Management Journal，25(6).

［112］SMITH K G, COLLINS C J, Clark KD, et al. , 2005. Existing Knowledge，Knowledge Creation Capability，and the Rate of New Product Introduction in High-Technology Firms［J］. Academy of Management Journal，48(2).

［113］SONG W，MING X，WANG P，2013. Collaborative product innovation network: Status review, framework, and technology solutions［J］. Concurrent Engineering，21(1).

［114］COMINO S，GRAZIANO C，2015. How many patents does it take to signal innovation quality? ［J］. International Journal of Industrial Organization(43).

［115］STERZI V，2013. Patent quality and ownership: an analysis of UK faculty patenting［J］. Research Policy，42(2).

［116］STRINGER R, 2000. How to manage radical innovation［J］. California Management Review，42(4).

［117］SUN Y，CAO C，2018. The evolving relations between government agencies of innovation policymaking in emerging economies: A policy network approach and its application to the Chinese case［J］. Research Policy，47(3).

［118］TIWANA A，2008. Do bridging ties complement strong ties? An empirical examination of alliance ambidexterity［J］. Strategic Management Journal，29(3).

［119］TRAJTENBERG M，1990. A Penny for Your Quotes: Patent Citations and the Value of Innovation［J］. Rand Journal of Economics，21(1).

［120］TSAI W，2001. Knowledge transfer in intraorganizational network:

Effects of network position and absorptive capacity on business unit innovation and performance[J]. Academy of Management Journal, 44(5).

[121] PENG T A,YEN M H,2017. How rival partners compete based on cooperation? [J]. Long Range Planning (51).

[122] UDELL G G, BOTTIN R, GLASS D D, 1993. The Wal-Mart innovation network: An experiment in stimulating American innovation[J]. Journal of Product Innovation Management,10(1).

[123] UZZI B, 1997. Social structure and competition in interfirm networks: The paradox of embeddedness[J]. Administrative Science Quarterly,42(1).

[124] KOTELNIKOV V, 2000. Radical Innovation versus Incremental Innovation[M]. Harvard Business School Press,Boston.

[125] GILSING V, NOOTEBOOM B, VANHAVERBEKE W, et al. , 2008. Network embeddedness and the exploration of novel technologies: Technological distance,betweenness centrality and density[J]. Research Policy,37(10).

[126] SCALERA V G, PERRI A, Hannigan T J, 2017. Knowledge connectedness within and across home country borders: Spatial heterogeneity and the technological scope of firm innovations[J]. Journal of International Business Studies,49(4).

[127] WANG J, 2018. Innovation and government intervention: A comparison of Singapore and Hong Kong[J]. Research Policy, 47(2).

[128] XIE X,FANG L,ZENG S,2016. Collaborative innovation network and knowledge transfer performance: A fsQCA approach [J]. Journal of business research,69(11).

[129] YAMASHITA N, YAMAUCHI I, 2019. The effects of offshore production on onshore innovation: Evidence from Japanese multinationals[J]. Research Policy,48(9).

[130] BABAA Y,WALSH J P,2010. Embeddedness,social epistemology

and breakthrough innovation：The case of the development of statins[J]. Research Policy(9).

[131] ZHENG Y，YAO F，2011. The Necessity and Countermeasures Concerning China Small and Medium-sized Enterprise Technology Innovation[J]. Energy Procedia 5，(5).

[132] 蔡卫星,倪骁然,赵盼,等,2019.企业集团对创新产出的影响:来自制造业上市公司的经验证据[J].中国工业经济(1).

[133] 曹兴,马慧,2019.新兴技术"多核心"创新网络形成及仿真研究[J].科学学研究(01).

[134] 曹兴,马慧,2019.新兴技术创新网络下多核心企业创新行为机制的仿真研究[J].中国软科学(06).

[135] 曹勇,胡欢欢,2009.辨证分析知识产权对技术创新的影响:理论述评[J].科学学研究(2).

[136] 陈搏,2007.知识距离与知识定价[J].科学学研究(01).

[137] 陈明明,张国胜,张文铖,2019.新一轮科技革命中技术创新的市场选择机制研究[J].当代经济科学(10).

[138] 戴万亮,杨皎平,李庆满,2019.内部社会资本、二元学习与研发团队创造力[J].科研管理,40(01).

[139] 邓志华,肖小虹,张亚军,2019.团队精神型领导与研发团队创新行为的关系——团队自省性和团队外部社会资本的影响[J].商业经济与管理(12).

[140] 樊霞,黄妍,朱桂龙,2018.产学研合作对共性技术创新的影响效用研究[J].科研管理,39(01).

[141] 范钧,郭立强,聂津君,2014.网络能力、组织隐性知识获取与突破性创新绩效[J].科研管理(01).

[142] 高建,魏平,2007.新兴技术的特性与企业的技术选择[J].科研管理(01).

[143] 高宇,高山行,2010.本土企业技术跨越的路径跃迁阈值研究——基于专利竞赛理论的视角[J].科学学研究(08).

[144] 郭尉,2016.创新开放度对企业创新绩效影响的实证研究[J].科研管理(10).

[145] 郭英远,张胜,黄欢,等,2018.研发团队内部知识黏性的理论机制:基于知识驻留的扩展模型[J].情报杂志(04).

[146] 赫连志巍,孟庆洪,卞滨滨,2019.创新网络活跃能力对产业集群升级影响研究——创新基金和税收减免的调节作用[J].数学的实践与认识(20).

[147] 侯杰泰,温忠麟,成子娟,2004.结构方程模型及其应用[M].教育科学出版社.

[148] 黄鹏,李燕萍,陈福时,等,2017.协同·融合:创新生态、创新治理与新兴技术创新——第九届科技进步论坛暨第五届中国产学研合作创新论坛述评[J].科技进步与对策(12).

[149] 黄志坚,陈合华,2009.技术跨越突破点形成的内在机理研究[J].科技进步与对策,26(16).

[150] 康鹏,2019.传统企业新兴技术创新的路径选择——基于云计算专利的实证研究[J].科技与经济(10).

[151] 康志勇,2018.政府补贴促进了企业专利质量提升吗?[J].科学学研究,36(1).

[152] 黎文靖,郑曼妮,2018.何去何从:贸易保护还是开放竞争?—来自微观企业创新的证据[J].财经研究(3).

[153] 李菲菲,崔金栋,王胜文,等,2019.复杂系统视角下我国汽车产业技术创新网络演进研究[J].科技管理研究(21).

[154] 李俊霞,2007.新兴技术企业的研发(RD)人员管理[J].科技管理研究(02).

[155] 李莉,闫斌,顾春霞,2014.知识产权保护、信息不对称与高科技企业资本结构[J].管理世界(11).

[156] 李强,顾新,胡谍,2016.专利数量和质量与企业业绩的相关性研究——基于中国创业板上市公司的实证分析[J].科技管理研究,36(04).

[157] 李新宁,2019.战略性新兴产业技术创新治理:"死亡之谷"的视角[J].西安财经学院学报(11).

[158] 李星宇,马慧,2017.新兴技术协同创新系统共生模型及稳定性研究[J].求索(02).

[159] 李雨浓,王博,张永忠,等,2018.校企专利合作网络的结构特征及其演化分析——以"985 高校"为例[J].科研管理(3).

[160] 刘峰,宋艳,黄梦璇,等,2011.新兴技术生命周期中的"峡谷"跨越——3G 技术的市场发展研究[J].科学学研究(01).

[161] 刘洪民,杨艳东,韩熠超,2018.战略性新兴产业阶段性演进特征及其政策动态调整:一个文献述评[J].科技管理研究(04).

[162] 刘志迎,单洁含,2013.技术距离、地理距离与大学-企业协同创新效应——基于联合专利数据的研究[J].科学学研究,31(9).

[163] 罗利华,胡先杰,冯君,2018.企业创新效率评价指标体系实证比较研究[J].科研管理,39(2).

[164] 吕洁,张钢,2015.知识异质性对知识型团队创造力的影响机制:基于互动认知的视角[J].心理学报,47(04).

[165] 马慧,曹兴,李星宇,2019.中部地区新兴技术产业创新网络的协同度研究[J].经济地理(09).

[166] 梅亮,陈劲,吴欣桐,2018.责任式创新范式下的新兴技术创新治理解析——以人工智能为例[J].技术经济(01).

[167] 蒙大斌,张诚,李宁,2019.空间交易成本对创新网络空间拓扑的影响研究——以京津冀医药产业为例[J].软科学(11).

[168] 彭灿,陈丽芝,2008.突破性创新的战略管理:框架、主题与问题[J].科研管理(1).

[169] 彭凯,孙海法,2012.知识多样性、知识分享和整合及研发创新的相互关系——基于知识 IPO 的 RD 团队创新过程分析[J].软科学,26(09).

[170] 曲彤,卜伟,2019.产业政策与企业创新策略选择研究[J].科学学研究,37(8).

[171] 曲小瑜,2017.研发团队行为整合和双元创新关系研究——基于学习空间的中介作用和团队反思的调节作用[J].研究与发展管理(08).

[172] 沈灏,魏泽龙,苏中锋,2017.多层次视角的新兴技术创新管理研究回顾与展望[J].科技进步与对策,34(8).

[173] 孙华,丁荣贵,王楠楠,2018.研发团队共享领导力行为的产生和对创新绩效的作用:基于垂直领导力的影响[J].管理科学(05).

[174] 孙骞,欧光军,2018.双重网络嵌入与企业创新绩效——基于吸收能力的机制研究[J].科研管理,39(5).

[175] 孙灵希,2017.研发团队差错管理氛围研究[J].财经问题研究(04).

[176] 万小丽,2009.知识产权战略实施绩效评估中的专利质量指标及其作用研究[J].科学学与科学技术管理(11).

[177] 王崇锋,朱洪利,2019.开放式创新背景下网络结构对创新绩效的影响——基于ICT产业的实证分析[J].科学与管理(05).

[178] 王怀祖,黄光辉,2015.产学研合作创新的知识产权风险研究[J].科技管理研究(3).

[179] 王建,胡珑瑛,马涛,2015.吸收能力、开放度与创新平衡模式的选择——基于上市公司的实证研究[J].科学学研究,33(2).

[180] 王伟楠,吴欣桐,2019.梅亮.创新生态系统:一个情境视角的系统性评述[J].科研管理(09).

[181] 王兴元,姬志恒,2013.跨学科创新团队知识异质性与绩效关系研究[J].科研管理,34(03).

[182] 王续琨,刘洋,侯剑华,2011.论战略性新兴技术[J].科学学研究,29(11).

[183] 魏浩,连慧君,巫俊,2019.中美贸易摩擦、美国进口冲击与中国企业创新[J].统计研究(8).

[184] 魏江,黄学,刘洋,2014.基于组织模块化与技术模块化"同构/异构"协同的跨边界研发网络架构[J].中国工业经济(04).

[185] 魏平,高建,2006.跃迁模型:制定新兴技术战略的一种理论方法[J].科学学研究,24(05).

[186] 吴超鹏,2009.知识产权保护薄弱的国家如何发展高科技企业?——来自中国高科技企业的理论与实证证据[D].厦门:厦门大学.

[187] 吴明隆,2009.结构方程模型[M].重庆:重庆大学出版社.

[188] 吴先明,黄春桃,张亭,2016.后发国家研发投入的影响因素分析——知识产权保护的调节作用[J].科学学研究,33(4).

[189] 吴岩,2014.创业团队的知识异质性对创业绩效的影响研究[J].科研管理(07).

[190] 吴宇晨,2018.国家战略下的创新赶超路径研究[J].现代管理科学

(02).

[191] 武建龙,王宏起,2014.战略性新兴产业突破性技术创新路径研究——基于模块化视角[J].科学学研究,32(04).

[192] 肖余春,罗仕文,吴伟炯,等,2019.团队认知协同视角下新产品研发活动研究——基于交互记忆系统和共享心智模型的协同作用[J].科技管理研究(03).

[193] 肖志雄,2014.知识距离对知识吸收能力影响的实证研究——以服务外包企业为例[J].情报科学,32(10).

[194] 谢宗杰,2015.知识异质性特征、研发投资策略与创新联盟稳定性[J].外国经济与管理,37(8).

[195] 徐建中,朱晓亚,贯君,2018.基于演化博弈的制造企业研发团队知识转移网络演化[J].系统工程学报(04).

[196] 许春明,单晓光,2008.中国知识产权保护强度指标体系的构建及验证[J].科学学研究(04).

[197] 许倩,曹兴,2019.基于创新网络的新兴技术企业知识协同及其演化的博弈研究[J].湖南师范大学社会科学学报(07).

[198] 许倩,曹兴,2019.新兴技术企业创新网络知识协同演化的机制研究[J].中国科技论坛(11).

[199] 杨春白雪,曹兴,高远,2018.新兴技术"多核心"创新网络结构形成的影响因素研究[J].中南大学学报(社会科学版)(01).

[200] 杨屹,宋炜,党兴华,2009.企业突破关键技术的动力机理分析:来自A铁路企业的证据[J].科学学研究(06).

[201] 殷德生,吴虹仪,金桩,2019.创新网络、知识溢出与高质量一体化发展——来自长江三角洲城市群的证据[J].上海经济研究(11).

[202] 俞荣建,胡峰,陈力田,等,2018.知识多样性、知识网络结构与新兴技术创新绩效——基于发明专利数据的NBD模型检验[J].商业经济与管理(10).

[203] 俞荣建,李海明,项丽瑶,2018.新兴技术创新:迭代逻辑、生态特征与突破路径[J].自然辩证法研究,34(09).

[204] 张古鹏,陈向东,2012.基于专利存续期的企业和研究机构专利价值比较研究[J].经济学(季刊)(4).

[205] 张洪石,陈劲,付玉秀,2005.突破性创新:跨越式发展之基[J].自然辩证法通讯,27(01).

[206] 张军荣,2017.开放式创新能提升专利质量吗?[J].科研管理(11).

[207] 张可,高庆昆,2013.基于突破性技术创新的企业核心竞争力构建研究[J].管理世界(06).

[208] 张丽华,林善浪,2011.技术距离对于我国区域技术创新产出的影响——基于省级面板数据的研究[J].研究与发展管理,23(02).

[209] 张能鲲,何宇,张永冀,2019.中国医药上市公司并购与技术创新研究[J].科研管理,40(2).

[210] 张胜,张丹萍,郭英远,等,2017.研发团队内部知识黏性研究述评[J].情报杂志,36(02).

[211] 张韬,2009.基于吸收能力的创新能力与竞争优势关系研究[J].科学学研究,27(03).

[212] 张文勤,2017.研发团队学习目标取向与团队绩效的关系:多维团队过程的中介作用[J].研究与发展管理(08).

[213] 张晓洁,刘新梅,2018.团队亲社会动机与团队创造力:一个双中介模型[J].科技进步与对策,35(04).

[214] 周密,赵文红,宋红媛,2015.基于知识特性的知识距离对知识转移影响研究[J].科学学研究,33(07).

[215] 周末,张宇杰,刘经纬,等,2017.高校知识溢出对本地工业企业绩效的空间影响[J].科学学研究,35(7).

[216] 周莹莹,高书丽,陈建斌,2019.研发团队知识协同动机研究——基于组织学习的视角[J].科技管理研究 39(02).